中文社会科学引文索引（CSSCI）来源集刊

珞珈管理评论

LUOJIA MANAGEMENT REVIEW

2018年卷 第2辑（总第25辑）

武汉大学经济与管理学院主办

WUHAN UNIVERSITY PRESS

武汉大学出版社

图书在版编目(CIP)数据

珞珈管理评论.2018 年卷.第 2 辑:总第 25 辑/武汉大学经济与管理学院主办.—武汉:武汉大学出版社,2018.6
ISBN 978-7-307-20170-5

Ⅰ.珞…　Ⅱ.武…　Ⅲ.企业管理—文集　Ⅳ.F272-53

中国版本图书馆 CIP 数据核字(2018)第 098213 号

责任编辑:唐　伟　　　责任校对:汪欣怡　　　版式设计:韩闻锦

出版发行:**武汉大学出版社**　　(430072　武昌　珞珈山)
　　　　　(电子邮件:cbs22@ whu. edu. cn 网址:www. wdp. com. cn)
印刷:武汉中科兴业印务有限公司
开本:787×1092　　1/16　　印张:11.5　　字数:270 千字
版次:2018 年 6 月第 1 版　　2018 年 6 月第 1 次印刷
ISBN 978-7-307-20170-5　　　定价:28.00 元

目　　录

CONTENTS

新企业发展阶段、行业经验对创业激情与绩效间关系的影响研究[*]

● 单标安[1]　闫双慧[2]　鲁喜凤[3]

(1，2 吉林大学管理学院　长春　130022；3 吉林财经大学会计学院　长春　130117)

【摘　要】基于已有创业激情分维度研究不足，本研究揭示两类创业激情（探索激情和发展激情）对新企业绩效的影响，并探讨新企业发展阶段和行业经验的调节效应。基于 207 份新企业调查问卷的实证分析结果显示：(1)探索激情和发展激情均对新企业绩效产生积极影响；(2)新企业不同发展阶段下发展激情对新企业绩效的影响效果存在差异，即随着企业由创建期到成长期，发展激情对新企业绩效的积极作用被强化了；(3)行业经验同样影响创业激情与新企业绩效间的内在关系，即行业经验弱化了探索激情对新企业绩效的正向影响，而强化了发展激情对新企业绩效的正向影响。该研究结论较好地弥补已有理论研究不足，并具有重要的实践价值。

【关键词】探索激情　发展激情　新企业绩效　行业经验　发展阶段

中图分类号：C93-0　　　　文献标识码：A

1. 问题的提出

已有学者的研究表明，相比于缺乏激情的创业者，有激情的创业者成功创业的概率大增。作为一种由身份认同引发的、积极强烈的情感体验，创业激情已成为创业者必备的成功驱动因素之一（Cardon et al.，2013），那些对创业活动充满激情的个体愿意付出足够的时间和精力以克服各种困难，从而实现自己的创业目标（Vallerand et al.，2003）。Cardon 等人(2009) 的研究指出，这种激情的存在将诱发创业者的创造性，持续性地参与到企业创建和发展相关活动中，并激励其在困境面前予以坚守（单标安等，2017），以促进新企业绩效、成长等方面的成果输出。

作为创业领域的前沿问题，创业激情的研究在近年来得到较多学者们的关注。研究者

---

* 基金项目：国家自然科学基金项目"创业者特质对机会驱动型创业行为的影响机理(项目批准号：71402064)"，吉林大学哲学社会科学青年学术骨干支持计划(项目批准号：2015FRGG11)。

通讯作者：鲁喜凤，E-mail：luxifeng621@163.com.

围绕创业激情的概念体系，创业激情对创业意向、新企业关键资源获取、新企业绩效的作用，对影响员工的组织承诺、创新行为等方面的作用展开激烈的探讨，如 Breugst 等人（2012）、Cardon 等人（2013）、Drnovsek，Cardon 和 Patel（2016）、Biraglia，Kadile（2017）等人的研究。其中关于创业激情与绩效间的内在关系是已有研究关注的重要话题，如 Drnovsek 等人（2016）、Ma，Gu 和 Liu（2017）、马翠萍等人（2017）等学者都认为创业激情对新企业绩效产生积极影响，既存在直接作用，也存在间接作用。然而，基于已有研究的总结来看，相关领域依然存在一些不足。

首先，创业激情是多维度概念，已有学者指出其包括探索激情、创建激情和发展激情，且对创业活动的影响机理存在一定的差异性（Cardon et al.，2009）。现有多数研究将其看做单一维度概念分析创业激情的整体作用，并没有考虑到创业激情的这一结构特征；少量研究考虑到了创业激情的维度划分，但仅仅关注其中一个维度，如 Drnovsek，Cardon 和 Patel（2016）。其次，尽管研究者证实了创业激情作为一种积极的情感因素，其对创业活动会产生持续的影响，然而这种影响效果是否会随着新企业发展阶段的演进而变化？已有研究并未予以揭示。最后，创业的成功是多重因素共同作用的结果（单标安等，2017），仅仅考虑创业激情的作用存在一定的局限性，少有学者考虑情境因素的作用，揭示行业经验等不同情境下创业激情对新企业的影响。

基于以上分析，本研究认为有必要考虑创业激情的多维度结构特征，分析不同类型创业激情对新企业绩效的影响。结合已有研究，创业激情包括探索激情（passion for inventing）、创建激情（passion for founding）和发展激情（passion for developing）三个维度（Cardon et al.，2013）。本研究关注的对象是已创建的新企业，因此不分析创建激情的作用，只考虑探索激情与发展激情两个维度。同时，本研究还考虑了新企业发展阶段以及行业经验的调节效应，探讨不同发展阶段（创建阶段、成长阶段）以及是否具备行业经验对于创业激情与新企业绩效二者关系的影响。相关研究有助于弥补已有理论不足，并更好地揭示真实的创业现象。

2. 理论和假设的提出

2.1 创业激情与新企业绩效

作为针对创业活动所体现出来的积极的、强烈的兴趣与情感，创业激情被认为是推动创业者在资源短缺和新生困境下坚持并成功创业的关键心理特征（单标安等，2017）。根据 Cardon 等人（2009；2013）关于创业激情的概念、维度及其内涵的研究，探索激情是指创业者专注于探索性活动，而发展激情是创业者关注提高销售量与利润等新企业成长方面的积极倾向。

新企业的创建与成长源自于通过资源的获取与整合，以将识别的机会转化为价值（蔡莉，柳青，2007；Shane，Venkataraman，2000）。Politis（2005）认为对于新企业的创业者而言首先面临的是如何识别有价值机会这一问题，其次是需要解决资源短缺问题。Strese 等人（2016）专门针对探索激情的研究指出，与一般创业者相比，具有较高探索激情的个体对市场有更加敏锐的观察力，这诱发他们发现更多的潜在市场机会，并且推动创业者将机会商业化，通过强化自身的创新能力来提高企业的绩效水平。另外，创业活动及新企业的持续发展离不开资源支持。具有探索激情的创业者更有可能创造性地解决资源问题，如对手头资源的创造性拼凑，提高资源获取效率（Vallerand et al.，2003）。同时已有研究也指出，创业者展示的探索激情有助于吸引投资者的资金投入，乐意积极开发新的工作网络，探索各种办法聘请专业人才、激励员工等（Chen et al.，2009），从而通过资源获取与利用对新企业绩效产生影响。

发展激情被认为是推动创业者及新企业设立成长目标的关键驱动因素，如 Drnovsek 等人（2016）的研究指出，创业者具有强烈的发展激情将激发其在认知层面设定挑战性目标，并为此不断努力和实践，促进新企业获得快速成长。另有学者指出，激情会促进个体自我效能感的提升，从而激发创业者自信心并进行积极的创业行为（Cardon et al.，2009），并在这一过程中学习创业技能和经验，从而更好地开发机会、提升企业绩效（单标安等，2017）。Mitteness 等人（2012）的研究发现，创业者体现出的强烈的发展激情也会得到各类投资者的充分肯定，从而促使他们为新企业提供资金支持甚至追加投资。发展激情也会促使创业者不断通过经验学习和观察学习帮助新企业明确市场和产品定位，充分利用有限资源，并竭力获得顾客和市场的认可以达到高额效益回报（单标安等，2017）。基于此，我们提出如下假设：

假设 H1a：探索激情正向影响新企业绩效。

假设 H1b：发展激情正向影响新企业绩效。

2.2　新企业不同发展阶段的影响

Cardon 等人（2009）关于创业激情维度的划分源自于创业者在创业活动中对不同身份的认同，并认为在特定时间内个体的这种身份认同是稳定的。不同类型的创业激情反映出创业者的不同心理特征及对应的行为偏好，因而它们对新企业的影响机理也存在差异性。新企业的发展是个动态的过程，其由创建期迈向成长期，在任务目标、面临的困境及战略选择等方面都会发生变革（单标安等，2015）。根据身份认同中心性特征，在同一阶段创业者尽管表现出多种激情并存，但可能对某种身份有强烈的中心性，即对某一类激情表现极为强烈（Cardon et al.，2013）。因此，这种情境的变革将在很大程度上影响不同类型创业激情对新企业的作用。

新企业创建阶段的目标是成功建立一个新组织，该阶段下人力、资金及其他资源都相对匮乏，组织任务是求得生存而不是确定企业的愿景或长期战略（Leung，2003）。因此，在此阶段下创业者需要充分发挥其创造性以克服新生困境，即探索激情将发挥关键作用。那些探索激情较高的创业者，在这一积极情感的推动下扫描外部环境和信息，寻求可替代性资源，借鉴新方法来利用有限的资源。处于成长阶段的新企业组织结构逐步完善、市场份额稳步提升（Miller，Friesen，1984），此时新企业的主要任务目标是获得竞争优势以实现快速增长（单标安等，2015）。在这一背景下，探索激情的作用将被弱化，因为新企业的目标已经明确，创业者需要努力学习和进行创业实践以达到目标，而不是探索新想法和新方法以谋求生存。对于此阶段的新企业而言，为了更好地达到战略目标，依然需要基于一定的资源基础进行企业层面的创新和冒险性活动以搜寻、利用机会（Su et al.，2011），而不是仅依靠创业者或创始人的探索激情。基于此，本研究提出假设：

假设 H2a：发展阶段负向调节探索激情对新企业绩效的影响，即随着新企业由创建期走向成长期，探索激情对新企业绩效的影响被弱化。

与探索激情的作用不同，发展激情的存在会使创业者集中精力开拓新市场、获取资源、构建正式的商业网络等，以试图努力强化新企业能力，促进新企业发展壮大（Cardon et al.，2013）。对于处于创建阶段的新企业而言，由于组织结构并不完善、资源较为短缺，这种发展激情的作用并不能很好地被激发。然而当新企业迈入成长阶段时，一定的财务基础、相对完善的组织结构和明确的人员分工将为新企业快速发展奠定良好的组织内环境。在此阶段下，创业者发展新企业的激情能够被很好地激发出来。正如 Cardon 等人（2009）的研究指出，发展激情较好地体现出创业者在这一阶段下对于发展新企业的强烈身份认同感。这将促进具备发展激情的创业者积极进行与推动新企业成长有关的创业实践活动，提升企业绩效。由此，我们提出假设：

假设 H2b：发展阶段正向调节发展激情对新企业绩效的影响，即随着新企业由创建期走向成长期，发展激情对新企业绩效的影响被强化。

2.3 行业经验的影响

行业经验是指创业者在创建新企业之前在该行业具有工作经历，能够提供有关该行业规则、标准及制度，行业信息和专业知识，顾客和供应商关系网络等（Delmar & Shane，2006）。Chandler（1996）的研究认为，能够对新企业产生影响的行业经验包括任务环境的相似性和知识能力和技能的相似性。研究表明，创业者在相似行业中创业比在不同行业中创业更容易成功（Papakonstantinou，2008）。一些研究者指出，创业仅仅依靠满腔热情是远远不够的，具有行业经验的创业者更能实现新企业的成功创建和成长（Cassar，2014；Delmar，Shane，2006；King，Tucci，2002）。

探索激情强调了利用创造性思维对潜在机会进行搜索及开发，而拥有行业经验意味着创业者对相关领域具备先验知识，可以促进那些具备探索激情的创业者在他人认为混乱或正常的情境下更敏感地发现商业机会（Liew，2008）。行业经验的存在避免了个体盲目的探索，激发出创业者的启发性思维，帮助其更加明确任务目标，以将有限的时间和精力用于开发新企业迫切需要解决的关键问题上。这与 King 和 Tucci（2002）的观点相类似，行业相关经验让个体在面对复杂环境时提高机会的利用程度及避免无效竞争，增加新企业的适应性。相比于没有行业经验的个体，先前在相关行业的经历帮助个体积累一定的人力资本和商业网络，这将积极促进那些有探索激情的创业者获得更专业的信息反馈，以不断优化探索方法和搜寻方向，从而积极提高新企业绩效。

另外，作为一种隐性知识，行业经验帮助创业者建立高效的资源配置能力和战略能力（King，Tucci，2002），这将极大地促进创业者发展激情的效用。例如，具备一定行业经验的个体，能够有效地调动行业社会资本。Gartner（1999）的研究发现，先前的行业经验能够使创业者了解、满足客户相关需求，为创业者提供供应商和分销商网络，并从他们那里获得支持和承诺。这将帮助拥有较高发展激情的创业者获取行业资源，并对其予以快速整合，从而积极提高新企业的成长绩效。因此，本研究提出如下假设：

H3a：行业经验正向调节探索激情对新企业绩效的影响，即行业经验强化了探索激情对新企业绩效的影响。

H3b：行业经验正向调节发展激情对新企业绩效的影响，即行业经验强化了发展激情对新企业绩效的影响。

最终根据以上分析，本研究建立探索激情与发展激情对新企业绩效的影响模型(见图1)，并揭示新企业发展阶段和先前行业经验的调节效应。

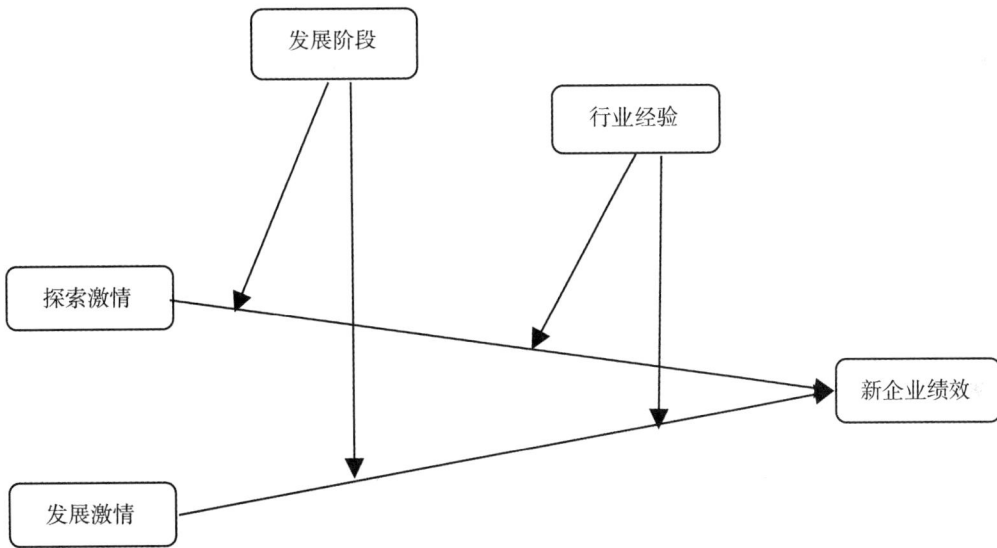

图 1　本研究的理论关系模型

3. 研究设计

3.1 数据收集与样本

本研究通过问卷调查的形式以验证提出的理论假设。问卷的设计考虑到了三个部分，创业者基本信息、新企业基本信息以及与本研究相关的核心变量信息。为保证问卷的有效性，正式进行问卷调查前我们依托吉林大学创业研究中心，向创业者及创业领域的相关专家咨询问卷初稿的合理性。经过调整与完善后，在长春、郑州、唐山市及周边地区进行问卷发放。

随后对获得的问卷进行筛选，剔除填写问卷时随意性强、答题缺失值多以及调研时注册时间超过 8 年的非新企业样本，得到可以进行数据处理的有效问卷 207 份。在这些问卷中，绝大多数被访谈对象为熟知创始人背景及企业运营情况的中层以上管理者。根据样本特征来看，多数创始人没有创业经验，有至少一次创业经历的只占 11.59%。以员工人数为衡量标准来看，新企业的规模都比较小，多达 82.12% 的样本企业员工人数未超过 50人。这些都与新企业的特征极为吻合。

3.2 变量的测量及信度、效度检验

本研究对各核心变量的测量均采用已有成熟的测量量表，包括探索激情和发展激情、新企业绩效、行业经验等变量。随后采用 SPSS 23.0 社会科学统计软件对问卷的有效性进行检验，具体的测量及问卷的信度与效度检验结果如下：

新企业绩效。本研究借鉴了 Antoncic 和 Hisrich（2001）的研究，使用财务绩效和成长绩效两类指标对新企业绩效进行测量，包括市场占有率、销售额增长速度、新员工数量增长速度、市场份额增长速度等指标。均采用李克特五点打分法进行测量。通过验证性因子分析显示，各问题的因子值分别为 0.771、0.756、0.754、0.720，Cronbach's alpha 系数为0.740。结果表明变量的信度和效度都较好地达到了相应的要求。

探索激情和发展激情。对于自变量探索激情和发展激情的测量，本文根据 Cardon 等人（2013）开发的测量量表，分别采用 5 个问题进行衡量，同样用李克特五点打分法。验证性因子分析显示，探索激情各问题的因子值分别为 0.759、0.747、0.696、0.706、0.661，Cronbach's alpha 系数为 0.757，而发展激情各问题的因子值分别为 0.707、0.751、0.641、0.642、0.622，Cronbach's alpha 系数为 0.698。该结果表明探索激情和发展激情两个自变量的信度和效度都达到要求。

新企业发展阶段和行业经验。对于新企业发展阶段的划分，本研究借鉴了 Leung（2003）的研究将其划分为创建期和成长期，并将注册时间在 3 年及以内的新企业看做处于创建期，而注册时间处于 3~8 年的新企业看做处于成长期（汤淑琴等，2015）。在此基础上，设置虚拟变量发展阶段，其中，0 为处于创建期、1 为处于成长期。对于行业经验的测量，则借鉴了 Farmer，Yao 和 Kung-Mcintyre（2011）、Cassar（2014）的观点，采用一个问题予以测量，即创始人在创业之前是否在相似行业中工作过（0 为没有、1 为在相类似行业工作过）。

控制变量：员工人数、新企业所处行业、创始人的创业经验、创建激情。（1）员工人数新企业员工数，1 表示员工人数为 20 以内、2 表示员工人数介于 20~50 之间、3 表示员工人数介于 50~200 之间、4 表示员工人数为超过 200。（2）新企业所处行业，根据是否属于科技型企业设置为虚拟变量，其中，0 表示非科技型企业、1 表示科技型企业。（3）创业经验，根据创始人在创办该企业之前是否参与过其他组织的建立设置控制变量，其中，0 代表未参与创建其他组织、1 代表至少参与创建过一个组织。（4）创建激情，同样借鉴了 Cardon 等人（2013）的测量量表，采用三个问题进行测量：创办新企业时看起来非常兴奋；非常热衷于创办一个新企业；似乎非常享受成功培育出一个新企业。创建激情三个问题的因子值分别为 0.789、0.674、0.637，Cronbach's alpha 系数为 0.659。

4. 假设检验与结果讨论

在进行回归分析验证假设之前，本研究利用 SPSS 23.0 统计软件计算各主要变量的相关系数。根据表 1 的结果来看，核心变量探索激情、发展激情与新企业绩效均存在显著的相关性，这也初步表明了二者存在内在关系。描述性统计分析结果也表明，各变量的平均值和标准差均未出现明显异常现象。

表 1   主要变量间相关系数及描述性统计分析结果

	1	2	3	4	5	6	7
员工人数	1						
创业经验	0.115	1					
创建激情	0.128	0.025	1				
探索激情	−0.017	0.057	0.525 ***	1			
发展激情	0.103	0.043	0.454 ***	0.586 ***	1		
行业经验	0.067	0.125	0.201 **	0.232 **	0.192 **	1	
企业绩效	−0.007	0.009	0.044	0.215 **	0.197 **	0.130	1
平均值	1.67	0.116	3.584	3.474	3.479	0.593	3.087
标准差	0.880	0.321	0.590	0.639	0.599	0.308	0.682

注：新企业发展阶段、所处行业为虚拟变量，故未予以计算。

＊表示 $p<0.05$，＊＊表示 $p<0.01$，＊＊＊表示 $p<0.001$。

为验证相关理论假设，本研究采用层级式多元线性回归分析方法。由于存在交互效应，本文先对各主要核心变量进行中心化处理以避免可能存在的共同方法偏差。随后，在此基础上建立多元线性回归模型。回归模型 1 为各控制变量对因变量新企业绩效的影响模型。

模型 2 用于验证本研究提出的主效应，即两种类型创业激情对新企业绩效的影响。从表 2 的回归分析结果来看，探索激情对新企业绩效的标准化回归系数为 0.208，并且在 $p<0.05$ 显著性水平下显著。这表明探索激情积极影响新企业绩效，即假设 H1a 得到了数据的验证。同时，发展激情对新企业绩效的回归系数为 0.156（$p<0.05$），并且显著。这也支持了假设 H1b：发展激情正向影响新企业绩效。

表2 层级式多元回归分析结果

变量类型	因变量：新企业绩效		
控制变量	回归模型 1	回归模型 2	回归模型 3
员工人数	−0.003	0.006	0.007
所处行业	0.088	0.062	0.016
创业经验	0.036	0.024	0.024
创建激情	0.056	−0.106	−0.116
主效应			
探索激情		0.208*	0.350*
发展激情		0.156*	−0.175*
调节效应			
发展阶段			−0.164*
行业经验			0.016
探索激情×发展阶段			−0.022
发展激情×发展阶段			0.201*
探索激情×行业经验			−0.191*
发展激情×行业经验			0.161*
R^2	0.013	0.071	0.115
调整 R^2	−0.007	0.043	0.059
R^2 改变	0.013	0.058	0.044
F 值	0.668	2.531*	2.074*

注：* 表示 $p<0.05$。

为进一步验证发展阶段和行业经验的调节效应，本研究将两个自变量分别与两个调节变量相乘建立四个新变量，并在模型2的基础上构建了回归模型3。结果显示(见表2)，探索激情与发展激情的交互项的回归系数为−0.022，并且在显著性水平 $p<0.05$ 下并不显著。该结果显示发展阶段在探索激情与新企业绩效间存在的调节效应 H2a 并未得到数据的支持。发展激情与发展阶段的交互项系数为0.201，并且在显著性水平 $p<0.05$ 下显著。该结果较好地支持了假设 H2b：发展阶段正向调节探索激情对新企业绩效的影响，即随着新企业由创建期走向成长期，发展激情对新企业绩效的影响被强化。

行业经验的调节效应方面，根据模型3，探索激情与行业经验交互项的回归系数为−0.191，并且显著($p<0.05$)。该结果表明行业经验的存在将弱化探索激情与新企业绩效间的关系，这与假设 H3a：行业经验正向调节探索激情对新企业绩效的影响，即行业经验强化了探索激情对新企业绩效的影响并不一致。由此，该假设并未得到数据的验证。发展

激情与行业经验交互项的回归系数为 0.161 并且显著（$p<0.05$），这与 H3b：行业经验正向调节发展激情对新企业绩效的影响，即行业经验强化了发展激情对新企业绩效的影响相一致。因此，假设 H3b 得到了数据的支持。

在面临各种新生劣势的背景下，创业激情被认为是推动创业者持续坚持并发展新企业的关键驱动力，极大地激发创业者的创业潜能并在创业过程中灵活运用创造性思维。这种对创业活动所体现出来的积极情感被认为是成功创业者身上普遍具有的特征，因而其对创业活动的影响机理受到学者们的极大关注。基于已有相关理论研究不足，本文在 Cardon 等人（2013）学者的研究基础上，探讨两类关键的激情，即探索激情和发展激情对新企业绩效的影响，并考虑新企业发展阶段和创始人行业经验这两类情境因素的作用。通过 207 份有效样本的实证分析，本研究提出的大部分假设得到了实证数据的支持。

探索激情和发展激情是积极促进新企业绩效的关键要素。新企业往往面临着内、外部的各种不确定性（罗明忠，张雪丽，2016），新和小的劣势让其在充满艰辛的背景下创建和成长。因此，那些成功创建并得到成长的新企业创始人往往具备较高的激情。本文的实证分析数据也表明，探索激情和发展激情都积极影响新企业绩效。这也和以往学者们的观点相一致。不断地扫描外部环境以发现新的商机，乐于探索新方法、利用新思维以更高效地利用手头有限的资源是新企业得以生存并获得绩效回报的重要渠道。新企业创业者应该在创业过程中充分发挥其具有的这种激情，特别是向员工以及投资者展示这种探索激情将推动其获得他们的支持（如 Breugst et al.，2012），从而有助于积极开发新市场、提升绩效。

另外，新企业的持续成长离不开发展激情。创业者所具有的发展激情体现出其对新企业的长远发展目标，怀抱着努力壮大新企业的愿景，将时间和精力投入于如何吸引员工、如何提升市场份额、如何吸引外部投资者的加入（Drnovsek et al.，2016）。因此，具备这一激情的创始人往往不仅仅考虑企业的短期目标。这种积极的情感让其克服潜在困难，并善于抓住机会，特别是对新企业成长绩效产生积极的推动作用。在创业实践中，这种发展激情是推动新企业在激烈的竞争中获得竞争优势的关键驱动力。那些能够持续快速成长的科技型企业，其创始人往往具备较高的发展激情。

同时，本研究还探讨了新企业不同发展阶段对创业激情作用的影响，提出新企业从创建阶段到成长阶段面临的内、外部环境特征以及任务目标存在较大的差异性（Miller，Friesen，1984），这种变革影响创业激情与绩效的关系，减弱探索激情的作用而强化发展激情的作用。实证分析结果显示随着新企业由创建阶段迈向成长阶段，发展激情对新企业绩效的影响效果被强化了。这也较好地证实了本研究提出的部分假设。创建阶段新企业面临更大的不确定性、资源极为匮乏、组织结构不完善，此阶段下以生存为目标，因而缺乏长远发展企业的环境条件和资源基础，故发展激情的作用并不强烈。相反，到了成长阶段稳定的收益和一定的资源基础让创业者有条件实现发展企业的目标，故在该阶段下发展激情对新企业绩效的影响更加显著。

然而，本研究提出发展阶段对探索激情与新企业绩效间的调节效应并未得到数据的支持。这可能与中国情境下独特的环境背景有关。由于转型经济背景，制度环境不完善、要素市场体系还未完全建立起来（蔡莉，单标安，2013），即便在成长阶段下创业者为了更好地发展新企业，依然需要采取各种创造性思维和方法去解决可能存在的合法性、关键资源短缺等问题，以获得持续的绩效回报。因此，发展阶段的变化并未明显影响到探索激情对新企业绩效的作用。

最后，本研究还探讨了行业经验的作用，实证分析结果显示行业经验对不同类型激情的作用的影响存在差异性。行业经验的存在将强化发展激情与绩效间的关系，而弱化了探索激情对新企业绩效的影响。先前的一些研究发现，作为创业者的整体静态知识框架，先前的行业经验对创业能否成功至关重要（Cassar，2014），因为这种相类似行业的工作经历为创业者提供了必要的知识基础、资源与商业网络，这将成为有较高发展激情的创业者进行创业实践的重要基础。这也意味着行业经验为那些在发展新企业方面愿望比较强烈的创业者提供必要的社会资源和知识基础，从而推动其更好地开发市场机会以获得绩效。同时，本研究的数据分析表明行业经验弱化了探索激情对新企业绩效的影响。这与本研究提出的假设并不一致。产生这种问题的原因可能是创业者在创业过程中，往往基于自身拥有行业经验，依赖现有资源，反而限制了创业者的想象力和创造性思维的发挥。

5. 结论和展望

基于已有创业激情分维度研究不足，本研究揭示探索激情和发展激情对新企业绩效的影响，并探讨新企业发展阶段和的调节效应。基于大规模问卷调查的实证分析结果显示：（1）两类创业激情，探索激情和发展激情均对新企业绩效产生积极影响；（2）新企业不同发展阶段下发展激情对新企业绩效的影响效果存在差异，即随着企业由创建期到成长期，发展激情对新企业绩效的积极作用被强化了；（3）行业经验同样影响创业激情与新企业绩效间的内在关系，即行业经验弱化了探索激情对新企业绩效的正向影响，而强化了发展激情对新企业绩效的正向影响。

本文的发现较好地弥补了已有理论研究不足，也具有积极的实践意义。首先，有助于指导创业者在创业过程中积极地展现其自身具备的创业激情。多数创业者并不乐意展示自身的情感特征，然而本研究表明向利益相关者展示探索激情和发展激情有助于引起共鸣，获得他们的支持和认可。其次，有助于指导针对处于不同发展阶段的新企业的创业者，结合自身所处的内、外部环境，科学合理地利用自身具有的创业激情。不同类型的新企业，处于不同发展阶段下所具有的资源基础、外部市场环境等方面都存在较大的差异性，新企业创业者应当予以结合，将自身具有的与之相匹配的激情展示出来并融入创业实践中。最后，有助于指导创业者合理利用自身具有的行业经验。行业经验是一把双刃剑，一方面，带来的资源和知识基础将为创业者发展新企业提供支撑；另一方面，这种经验和资源基础可能反过来限制创业者的创业思维和方法，而不利于激情的发挥。因此，创业者需要结合具体的创业情境，合理地利用行业经验。

本文仍存在一些不足之处，有待后续学者的进一步探讨。第一，本文的研究对象是已经建立的企业，故未予考虑创建激情的作用。对于一些创业企业而言，其建立的目的可能是投资更多的企业，如一些创业投资公司。未来的研究可以综合考虑不同类型的新企业，系统研究三种不同类型的激情对新企业绩效的影响。第二，考虑到数据来源的地域性和样本的有限性问题，我们的研究结果可能会受到样本偏差的影响，未来可以加大实证调查范围以及采取实验研究等其他方法来进一步分析和探讨本研究提出的理论模型，以得出更为可靠稳定的结论。第三，基于新企业特征，本文选择行业经验作为调节变量，未能考虑到个体拥有先前经验的多少、先前经验的丰富程度等因素可能对创业激情与新企业绩效关系产生不同影响。因此，未来研究者可以充分考虑先前经验的特征，深入揭示不同类型创业激情对新企业绩效的影响过程中这一情境变量的作用。

◎ 参考文献

[1] 蔡莉，单标安. 中国情境下的创业研究：回顾与展望 [J]. 管理世界，2013 (12).

[2] 蔡莉，柳青. 新创企业资源整合过程模型 [J]. 科学学与科学技术管理，2007，28 (2).

[3] 罗明忠，张雪丽. 创业风险容忍及其规避：一个文献综述 [J]. 珞珈管理评论，2016 (1).

[4] 马翠萍，古继宝，窦军生，张清琼. 创业激情对新创企业绩效的影响机制研究 [J]. 科学学与科学技术管理，2017，38 (11).

[5] 单标安，蔡莉，陈彪，鲁喜凤. 中国情境下创业网络对创业学习的影响研究 [J]. 科学学研究，2015 (6).

[6] 单标安，于海晶，费宇鹏. 创业激情对新企业成长的影响研究——创业学习的中介作用 [J]. 南方经济，2017 (8).

[7] 单标安，费宇鹏，于海晶，陈彪. 创业者人格特质的内涵及其对创业产出的影响研究进展探析 [J]. 外国经济与管理，2017，39 (4).

[8] 汤淑琴，蔡莉，陈娟艺，李佳宾. 经验学习对新企业绩效的动态影响研究 [J]. 管理学报，2015，12 (8).

[9] Biraglia, A., Kadile, V. The role of entrepreneurial passion and creativity in developing entrepreneurial intentions：Insights from American homebrewers [J]. *Journal of Small Business Management*，2017，55 (1).

[10] Breugst, N., Domurath, A., Patzelt, H., et al. Perceptions of entrepreneurial passion and employees' commitment to entrepreneurial ventures [J]. *Entrepreneurship Theory & Practice*，2012，36 (1).

[11] Cardon, M. S., Gregoire, D. A., Stevens, C. E., et al. Measuring entrepreneurial passion：Conceptual foundations and scale validation [J]. *Journal of Business Venturing*，2013，28 (3).

[12] Cardon, M. S., Wincent, J., Singh, J., et al. The nature and experience of entrepreneurial passion [J]. *Academy of Management Review*，2009，34 (3).

[13] Cassar, G. Industry and startup experience on entrepreneur forecast performance in new firms [J]. *Journal of Business Venturing*，2014，29 (1).

[14] Chandler, G. N. Business similarity as a moderator of the relationship between pre-

ownership experience and venture performance [J]. *Entrepreneurship Theory and Practice*, 1996, 20 (3).

[15]Chen, X. P., Yao, X., Kotha, S. Entrepreneur passion and preparedness in business plan presentations: A persuasion analysis of venture capitalists' funding decisions [J]. *Academy of Management Journal*, 2009, 52 (1).

[16]Delmar, F., Shane, S. Does experience matter? The effect of founding team experience on the survival and sales of newly founded ventures [J]. *Strategic Organization*, 2006, 4 (3).

[17]Drnovsek, M., Cardon, M. S., Patel, P. C. Direct and indirect effects of passion on growing technology ventures [J]. *Strategic Entrepreneurship Journal*, 2016, 10 (2).

[18]Farmer, S. M., Yao, X., Kung-Mcintyre, K. The behavioral impact of entrepreneur identity aspiration and prior entrepreneurial experience [J]. *Entrepreneurship Theory and Practice*, 2011, 35 (2).

[19]Gartner, W. B., Starr, J. A., Bhat, S. Predicting new venture survival: An analysis of " anatomy of a start-up." cases from Inc. Magazine [J]. *Journal of Business Venturing*, 1999, 14 (2).

[20]King, A. A., Tucci, C. L. Incumbent entry into new market niches: The role of experience and managerial choice in the creation of dynamic capabilities [J]. *Management Science*, 2002, 48 (2).

[21]Leung, A. Different ties for different needs: Recruitment practices of entrepreneurial firms at different developmental phases [J]. *Human Resource Management*, 2003, 42 (4).

[22]Liew, Y. Y. How industry experience can help in the teaching of entrepreneurship in universities [J]. *Sunway Academic Journal*, 2008(5).

[23]Ma C, Gu J, Liu H. Entrepreneurs' passion and new venture performance in China[J]. *International Entrepreneurship and Management Journal*, 2017, 13(4).

[24]Miller, D., Friesen, P. H. A longitudinal study of the corporate life cycle [J]. *Management Science*, 1984, 30 (10).

[25]Mitteness, C., Sudek, R., Cardon, M. S. Angel investor characteristics that determine whether perceived passion leads to higher evaluations of funding potential [J]. *Journal of Business Venturing*, 2012, 27 (5).

[26]Papakonstantinou, F. Boards of directors: The value of industry experience[J]. *Mimeo*, 2008(1-2).

[27]Politis, D. The process of entrepreneurial learning: A conceptual framework [J]. *Entrepreneurship Theory and Practice*, 2005, 29 (4).

[28]Shane, S., Venkataraman. S. The promise of entrepreneurship as a field of research [J]. *Academy of Management Review*, 2000, 25 (11).

[29]Strese, S., Keller, M., Flatten, T. C., et al. CEOs' passion for inventing and radical innovations in SMEs: The moderating effect of shared vision [J]. *Journal of Small Business*

Management, 2016.

[30] Su, Z., Xie, E., Li, Y. Entrepreneurial orientation and firm performance in new ventures and established firms [J]. *Journal of Small Business Management*, 2011, 49 (4).

[31] Vallerand, R. J., Blanchard, C., Mageau, G. A., et al. Les passions de l'ame: on obsessive and harmonious passion [J]. *Journal of Personality and Social Psychology*, 2003, 85 (4).

The Impact of New Venture Development Stages and Industry Experience on the Relationship between Entrepreneurial Passion and Performance

Shan Biaoan[1]   Yan Shuanghui[2]   Lu Xifeng[3]

(1, 2 School of Management Jilin University, Changchun, 130022;

3 School of Accounting Jilin University of Finance and Economics, Changchun, 130117)

Abstract: Based on the lack of research on the existing dimensions of entrepreneurial passion, this study reveals the impact of passion for inventing and passion for developing on new venture performance, and explores the moderating effect of new venture development stages and industry experience. The results of empirical analysis based on 207 new venture questionnaires show that (1) two kinds of entrepreneurial passion, passion for inventing and passion for developing have a positive impact on new venture performance. (2) Under the moderating role of different development stages of new venture, there is a difference in the effect of passion for developing on new venture performance, that is, with the establishment stage to growth stage, the positive role of passion for developing to new venture performance is strengthened. (3) Industry experience also affects the intrinsic relationship between entrepreneurial passion and new venture performance, that is, industry experience weakens the positive impact of passion for inventing on new venture performance and reinforces the positive impact of passion for developing on new venture performance. The conclusions of this study can make up for the deficiency of the existing theoretical research and have important practical value.

Key words: Passion for inventing; Passion for developing; New venture performance; Industry experience; Development stages

专业主编：陈立敏

感知制度环境、CEO 管理自主权与企业地域多元化[*]

● 张三保[1]　李　晔[2]

（1，2 武汉大学经济与管理学院　武汉　430072）

【摘　要】运用世界银行企业层次的大样本调查数据，本文探讨了中国转型条件下企业地域多元化的制度动因及其作用机制。研究表明：企业与其主要合作伙伴之间的信任水平促进了 CEO 管理自主权；企业感知的政府干预制约了 CEO 管理自主权，而感知的政府支持、司法公正、融资便利和用工自由均提升了 CEO 管理自主权；在控制地区因素的前提下，CEO 管理自主权越大，则企业在本市及本省发展程度越低，而跨国发展程度越高；管理自主权中介了制度环境与企业地域多元化之间的关系。我们不仅在理论上构建并验证了"制度环境—管理自主权—企业战略"的分析框架，实现了宏观与微观领域的连接，而且在实践上为企业地域多元化战略的选择、制度企业家的成长路径提供了启示，更为中国全面深化改革进程中转变政府职能、建设国内统一市场指明了方向。

【关键词】制度感知　管理自主权　地域多元化　制度企业家

中图分类号：F 272.2　　　　　文献标志码：A

1. 引言

2013 年初，中国最大、全球第五的工程机械制造商——三一重工，正式宣布将注册地点由长沙改为北京。事实上，早在 1992 年，这家创立于 1989 年的企业，就有过将总部从湖南涟源迁至省会长沙的先例。那么，除了其宣称的"加速推动公司国际化进程"之外，是什么驱动了企业的迁移行为？这种驱动作用的机制如何？

为了探讨企业多元化的动因，学界从制度基础观（Institution-based View）提出以来，已不再局限于产业基础观（Industry-based View）所关注的产业环境，或资源基础观（Resource-

　＊　基金项目：教育部人文社会科学基金青年项目"宏观制度环境、CEO 管理自主权与微观企业战略"（项目批准号：13YJC630226）；中央高校基本科研业务费专项资金武汉大学自主科研项目"中国企业地域多元化的制度动因与作用机制"；武汉大学马克思主义青年团队项目"政治经济学理论和应用研究"。

　通讯作者：张三保，E-mail：zhang@whu.edu.cn。

based View）所聚焦的企业资源，转而愈发强调企业外部的制度环境（Peng，2002）。然而，探索企业地域多元化制度动因的既有研究（蓝海林等，2010），均直接考察制度环境对企业战略的效应，而忽略了高阶理论（Upper Echelons Theory）所强调的战略领导的重要作用（Finkelstein，Hambrick & Cannella，2009），因而未能厘清制度环境作用于组织行为的具体机制。

为了厘清这种机制，我们运用世界银行在中国情境下的大样本数据，考察了企业的制度环境感知作用于其地域多元化的机制。本研究至少具有以下三个方面的贡献：第一，理论发展上，我们整合多元化动因的两大理论，构建出"制度环境—管理自主权—企业地域多元化"的分析框架，并实证证实了管理自主权的中介作用，既挖掘了制度理论的微观基础，又拓宽了高阶理论的宏观动因，从而实现了宏观与微观的有效连接，为后续考察其他战略的形成机制提供了借鉴。第二，方法运用上，我们不仅系统梳理出中国情境下地域多元化的制度动因，而且还一改既往制度实证研究中常用的客观测量指标（Crossland & Hambrick，2011；张三保和张志学，2012），使用了能更精确反映企业外部环境的感知制度指标——因为不同企业即使同处一地，其感知的制度环境也不尽一致。第三，现实启示上，我们在探讨企业地域多元化动因的过程中，不仅探明了制度企业家（Institutional Entrepreneurship）的成长路径，而且还发现了国内区域制度差异背后的地区市场分割现象，从而为全面深化改革进程中的政府职能转变、国内统一市场建设等重要议题提供了现实启示。

本文各部分安排如下：第一部分整合制度基础观和高阶理论，构建出一个系统分析框架，并在提炼中国制度环境指标的基础上，提出相应研究假设；第二部分介绍数据来源、样本选择和指标测量方法；第三部分实证检验假设和分析框架，并进行稳健性检验；文章最后总结了研究结论、启示、局限与未来研究方向。

2. 文献综述与研究假设

2.1 多元化动因的理论与分析框架

2.1.1 制度基础观：制度环境

对多元化动因的早期研究以五力模型为分析工具，属于产业基础观的范畴。它区分了几种不同形式多元化的动因：相关多元化，是为了实现成本领先与差异化；收购等方式实施的地域多元化，是为了打破目标产业或国家的进入壁垒、实现投资组合多元化；产品相关多元化及地域多元化两种战略的组合，则是为了应对供应商、买方的议价能力与替代品的威胁（Porter，1980；Porter，1985）。然而，一些在产业基础观看来并不具有吸引力的产业，为什么企业进入后却获得了成功？并且，即使在同一产业，为什么一些企业总比其他企业绩效更好？为了回答这些问题，资源基础观指出，获取有价值的、稀缺的和难以模仿的资源，以及有效组织这些资源的能力，是企业实施地域多元化的动力（Barney，1991）。区别于产业、资源基础观，制度基础观认为，正式和非正式的制度条件直接形塑了多元化战略（Peng，2002）。中国转型背景下，企业所面临的外部制度显著区别于西方发达国家。

因此，探讨中国企业多元化战略的动因，除强调产业结构、企业资源条件外，还应关注特定的制度环境(Peng,2002)。

2.1.2 高阶理论：管理自主权

高阶理论认为，高层管理者对组织行为与产出具有极大影响。其行动逻辑建立在根据自身经验、信念与价值观，而形成的对事物认知解读的基础上(Hambrick & Mason,1984)。作为高阶理论的重要变量，管理自主权意指管理者的行为自由度(Latitude of Action)——如果管理者具有较大的战略选择自由度，则企业行为与结果将更紧密地反映其认知;若管理者的行为受到严重制约，即缺乏自主权，则其独特的认知解读将不再决定企业采取特定战略的行为(Hambrick,2007)。因而，作为一种行为自由度，CEO 管理自主权的大小，必然影响企业跨地域发展的程度。

2.1.3 本文分析框架

可见，资源基础观强调企业内部资源与能力，却忽略了外部环境;制度基础观注重外部制度环境，却忽略了战略领导的能动作用。战略管理研究者们指出，管理的精髓在于 CEO 的管理自主权，在于战略与内部资源和外部环境的匹配，而不仅仅是政策、制度与行业环境的问题(许德音、周长辉,2004)。因而，结合制度与战略领导进行分析十分必要。

然而，由于分属不同学科领域，目前结合制度基础观与高阶理论的研究还不多见。并且，已有的少数研究又往往以市场国家为情境，证明国家制度环境通过 CEO 管理自主权影响企业的静态绩效(Crossland & Hambrick,2011)。以中国为情境的后续研究证实，CEO 管理自主权中介了省份制度环境对企业风险承担的影响(张三保和张志学,2012)。与前者相比，后者将静态绩效结果拓展到动态企业战略，并将分析层次从国家内化到省份，把握了一国内部不同地区间制度差异(Chan,Isobe & Makino,2010;Luo,2001;Meyer & Nguyen,2005;Wright et al.,2005)。如前所述，即使同处一地的不同企业，其感知的制度环境也不尽一致。那么，管理自主权还能中介这种感知的制度环境与企业战略之间的关系吗?为了回答这一问题，我们构建出如图 1 所示的分析框架，并计划使用感知的制度环境，在企业分析层次提出相应假设，实证检验该分析框架。

图 1 本文分析框架

2.2 中国情境下的制度动因与研究假设

2.2.1 中国情境下的制度动因

关于多元化动因的认知，尽管中西方都重视资源和资产组合，但西方理论界更强调资源、交易费用和代理因素，中国企业界则更重视资产组合、政府政策和制度因素(贾良定等，2005）。正式制度的缺失与非正式制度的约束、企业对政府的依赖和妥协迁就、政策多变和管制放松带来的市场机会诱惑，是中国情境下企业多元化经营的三个成因（谢佩洪和王在峰，2008）。可见，中国由于尚处转型阶段，对制度因素的关注仍是重点。

那么，中国情境下哪些制度要素形塑了企业地域多元化？非正式制度方面，社会资本较高地区的人际信任水平也相应较高，企业更倾向于相信他人而对外投资；而且，来自人际信任水平较高地区的企业，其投资行为也更容易被投资地所接受（潘越等，2009）。正式制度方面，研究表明，多元化行为取决于金融系统的发展水平和资源配置功能的有效性（朱武祥，2001）；法律制度和产权保护制度显著影响了地区出口的差异（金祥荣、茹玉骢和吴宏，2008）；政府干预会加速政府直接控股的上市公司实施多元化经营（陈信元和黄俊，2007）；国家政策和资本市场强有力地形塑了上市公司的多元化；从行政级别来看，县乡镇与中央控股企业多元化程度较低，而省级与市级政府控股企业的多元化程度较高——呈倒 U 形关系；从地理位置来看，沿海企业比内陆企业多元化程度更高；总资产收益率或公司规模均与多元化程度无关（杨典，2011）。可见，中国情境下的政府干预、法治环境、融资约束均影响了企业的多元化。

2.2.2 中国情境下的研究假设

（1）非正式制度与 CEO 管理自主权。

作为一种非正式制度，信任是除物质资本和人力资本之外，决定经济增长和社会进步的主要社会资本（福山，1998）。它与权力、市场一起，构成维系经济合作行为的三种机制（Powell，1990）。一般而言，人类之间的合作行为至少需要满足两个条件：第一，有可供选择的合作对象；第二，就是行动者之间的相互信任（赵泉民和李怡，2007）。在中国的文化传统中，人情与面子决定了在与长期合作伙伴的交易过程中，人们不会优先倾向采用正式的合同或法律手段来加以约束（Boisot & Child，1996；Child，Chung & Davies，2003；Xin & Pearce，1996）。因而，以中国为情境的研究，已经当然地将关系依赖和契约依赖作为两种对立的合作方式（Zhou & Poppo，2010；Yang，Su & Fam，2012）。也就是说，在中国情境下，企业在与其主要合作对象——包括价值链上游的供应商和下游的客户的合作过程中，采用关系依赖（通常不需签订正式合同）而非契约依赖（如签订正式合同），可以反映出合作双方之间更高的信任水平。进一步，这种更高的高社会信任度，有助于提高企业乃至社会的运转效率，从而为主导企业发展的高管提供了更大的行为自由度。相反，低社会信任度使得人们对生产交易缺乏安全感，需要附加强制条件才能完成交易，也就相对增加了企业乃至社会的运转成本（鲍丹，2011）。据此我们提出：

H1：企业间的信任程度越强，则其 CEO 管理自主权越大。

（2）正式制度与 CEO 管理自主权。

早期研究基于定性分析与直观判断，将政府管制程度作为管理自主权的重要制约因素之一（Finkelstein & Hambrick，1990；Hambrick & Finkelstein，1987；Hambrick，Geletkanycz & Fredrickson，1993）。随后的实证探讨也将政府管制程度作为计算行业管理自主权综合指数的一个重要指标（Haleblian & Finkelstein1993）。近期，一些研究开始在国家层次探讨管理自主权的系统差异。比如，就 CEO 影响企业绩效的程度，美国企业比德国和日本企业更大，这与三国在法律传统、企业所有制分散程度、董事会治理和文化价值观密切相关(Crossland & Hambrick，2007)。进一步的实证表明，如果一个国家的企业雇主灵活性越大，法律体系采用普通法系而非大陆法系，则该国 CEO 管理自主权越大。并且，由于管制相对宽松，英美比北欧和东亚企业的 CEO 管理自主权更大(Crossland & Hambrick，2011)。此外，伴随许多国家在宏观管制上的日趋放松，企业 CEO 管理自主权迅即扩大(Hambrick et al.，2004)。以放松管制后的用工为例，企业可以选择雇佣固定编制工人或临时工(Finkelstein，Hambrick & Cannella，2009)。以中国为情境的研究表明，除政府干预程度外，地区金融发展水平、司法公正程度及用工自由度，均与总部位于该省的企业 CEO 管理自主权正相关(张三保和张志学，2012)。据此我们提出：

H2：企业感知的政府干预程度越大，则其 CEO 管理自主权越小；相反，企业感知的政府保护程度越大、对司法公正程度的信心越高、从正规渠道融资便利程度越大、用工自由度越大，则 CEO 管理自主权越大。

(3)CEO 管理自主权与企业地域多元化。

早期对战略领导影响企业多元化的探讨，聚焦于高管人口统计特征等个人因素。比如，企业家学历、曾任职的企业数量与多元化程度正相关，而企业家年龄与多元化程度呈倒 U 形关系；企业家为男性或拥有技术类专业背景时，企业多元化程度更高，而拥有财务背景时，企业多元化程度更低(陈传明和孙俊华，2008)。事实上，个人因素早期也常被作为管理自主权的测量方法。后续研究则开始结合个人与企业两个方面。比如，经济理性动机尤其是组织理性动机和个人理性动机，影响着上市公司对多元化经营模式的选择；公司规模、股权结构、上市时间长短及其所处行业等因素，也对上市公司实施多元化与程度产生显著影响(姜付秀，2006)。进一步的研究则关注公司的内外部治理结构。内部方面，基于委托代理理论和资源依赖理论的研究表明，中小企业的董事会结构显著影响公司多元化战略(谢绚丽和赵胜利，2011)。外部方面，在区域制度差异的前提下，总部位于该省的 CEO 管理自主权越大，则企业的国际化程度越高(张三保和张志学，2012)。循此逻辑，我们提出：

H3：CEO 管理自主权越大，则企业的地域多元化程度越高。

(4)CEO 管理自主权的中介效应。

在经典的高阶理论中，管理自主权被作为重要的调节变量(Hambrick，2007)。近来，其中介效应正被一些开拓性的研究所证实。比如，国家层次的管理自主权，中介了国家层次的制度环境与企业绩效(Crossland & Hambrick，2011)。省份层次的管理自主权，也对省份层次的制度环境与企业风险承担具有中介效应(张三保和张志学，2012)。根据前述整合制度基础观与高阶理论的分析框架，我们可以合理假定，企业层次的管理自主权也可中介宏观制度环境与微观企业地域多元化。并且，从传统的中介效应检验方法来看，既然制度环境对企业地域多元化的主效应已经得到大量研究的证实，那么，当"制度环境与管理自主权"、"管理自主权与地域多元化"两个方面的关系均得以证实时，我们也可合理假定管理自主权的中介功能。据此我们提出：

H4：CEO 管理自主权中介了感知制度环境与企业地域多元化的关系。

3. 数据、样本与测量

3.1 数据来源与样本说明

本研究样本选自世界银行联合国家统计局于 2005 年对中国 30 个省份 120 个城市 12400 家企业开展的"投资与经营环境调查"。该调查采用问卷形式进行。问卷分为三大部分,除了"城市概况"外,其余两个部分分别由企业 CEO、财务经理或人事经理填答。

样本企业的城市分布方面,除北京、天津、上海、重庆各抽样 200 家企业外,其余城市各含 100 家。其中,8% 为国有控股企业,28% 为外资企业,64% 为非国有企业。行业方面,由于一些服务性企业(如金融服务业)容易受到更多的政策限制,为了保证一致性,样本企业主要分布于制造业的 21 个行业。规模方面,每一行业中的企业均被分为大、中、小三种类型,每类企业占行业全部收入的 1/3,且三种规模不同的企业数量相同。若某一行业的大企业数量不足,则国家统计局的各地方调查中心将剩余的样本重新分为大、中、小型企业,之后再从新的大型企业中抽取样本,直到符合该行业所包含的大企业数量要求(世界银行,2007)。样本中的每家企业至少有 10 名雇员。我们根据研究问题选取相关指标,并剔除包含明显奇异特征值的观测企业之后,最终样本一共包括 12301 家企业。

3.2 变量测量

3.2.1 主要变量的测量方法

根据分析框架和所提假设,本文以企业感知的正式与非正式制度两个方面的多个指标为自变量,以 CEO 管理自主权为中介变量,并以三种不同程度的地域多元化指标作为因变量。这些指标均由公司 CEO 汇报,具体测量方法如表 1 所示。

表 1   **主要变量测量方法**

变量		指 标 说 明
自变量	contract	信任:企业与其主要客户及供应商是否签订书面合同? 1~4 由小到大
	gov_int	政府干预:公司负责人每月与政府有关部门交往平均天数? 1~8 由小到大
	loc_pro	政府保护:过去或未来 5 年资产并购,当地政府愿意为企业的生产经营提供的保护程度? 1~5 由低到高
	leg_jus	司法公正:商业或其他纠纷中合法合同或财产权得到保护的比例?(%)
	fin_dev	融资便利:从正规金融机构贷款的难易程度变化? 1~5 由难到易
	lab_fle	用工自由:2004 年劳动力情况? 1~3 用工自由度由小到大

变量		指 标 说 明
中介	tot_dis	管理自主权：CEO 在企业生产、投资、用工三个方面拥有自主权程度的均值？1~8 由小到大。这里为作者计算的总体均值。)
因变量	city	本市发展程度：2004 年产品在本市销售所占总体销售比例？（%）
	prv1	本省发展程度：2004 年产品在本市和市外省内销售比例？（%）
	inter	国际化程度：2004 年产品在境外（包括中国港、澳、台地区）销售所占比例？（%）

3.2.2 控制变量的测量方法

在考察管理自主权分别与其前因、效应关系的过程中，我们根据张三保和张志学（2014）的归纳，控制了 CEO 个人、企业及城市等三个层次多个变量的潜在影响。其中，个人层次指标均由 CEO 汇报，包括教育程度、任期、是否政府任命、是否兼任董事长、与中层经理的薪酬差距；企业层次的 5 个指标来自财务经理，包括企业年龄、规模和所有制结构（包括国有、外资和民营成分各自所占比例）；城市层次指标由世界银行提供，为城市经济规模（见表 2）。

表 2 　　　　　　　　　　　　　**控制变量的测量方法**

层次	变量	指 标 说 明
个人	edu	CEO 的教育程度：1~8 由低到高
	tenure	CEO 任期：任现职的年数
	pol_app	CEO 是否由政府指派？1 否，2 是
	duality	CEO 是否董事会主席？1 否，2 是。未成立董事会记为 1
	sal_gap	CEO 年收入大约是中层管理人员的几倍？1~5 由小到大
企业	firm_age	企业年龄：2004 减去企业成立年份？
	lnsales	企业规模：2002—2004 三年主营业务收入均值的自然对数
	state_own	公司总资本中，国有成分所占比重(%)?
	for_own	公司总资本中，外商所占比重(%)?
	prv_own	公司总资本中，集体、企业和私人资本比重合计(%)?
城市	per_gdp	企业所在城市的人均 GDP？

注：为节约篇幅，下文表 4 和表 6 中均省去了控制变量的详细回归结果，感兴趣的读者可来信索取。

4. 实证分析与稳健性检验

4.1 假设检验

4.1.1 相关分析

从表 3 中制度环境与管理自主权的相关分析结果来看，企业间的信任水平（contract）与管理自主权显著正相关，H1 得以初步验证。此外，企业所在地的政府干预程度（gov_int）与 CEO 管理自主权负相关。并且，政府保护程度（loc_pro）、对当地司法公正的信心程度（leg_jus）、企业从正规渠道融资便利程度（fin_dev）及用工自由度（lab_fle），均与 CEO 管理自主权正相关。由此初步验证了 H2。管理自主权与地域多元化指标的相关分析结果显示，CEO 管理自主权与企业的本市发展程度（city）和本省发展程度（prv1）显著负相关，而与国际化程度（inter）显著正相关，从而初步验证了 H4。

表 3 主要变量的描述性统计与相关关系

变量	N	Mean	S.D.	1	2	3	4	5	6	7	8	9
1. city	12300	23.17	31.94	1								
2. prv1	12300	44.05	37.31	0.748**	1							
3. inter	12300	16.49	31.58	−0.325**	−0.500**	1						
4. tot_dis	12223	7.194	1.523	−0.046**	−0.042**	0.043**	1					
5. contract	12301	1.110	0.274	0.128**	0.114**	−0.037**	0.032**	1				
6. gov_int	12166	2.568	1.273	−0.011	−0.013	−0.001	−0.044**	−0.019*	1			
7. loc_pro	11132	3.772	0.795	−0.056**	−0.038**	−0.010	0.047**	−0.048**	−0.013	1		
8. leg_jus	11504	78.52	26.28	−0.081**	−0.056**	0.039**	0.097**	−0.059**	−0.084**	0.141**	1	
9. fin_dev	11791	2.936	1.179	−0.072**	−0.103**	0.135**	0.024**	−0.054**	−0.091**	0.062**	0.119**	1
10. lab_fle	12301	2.036	0.525	−0.111**	−0.131**	0.193**	0.097**	0.028**	−0.025*	−0.009	0.048**	0.084**

注：**表示 $p<0.01$，*表示 $p<0.05$。

4.1.2 回归分析

为了进一步检验 H1 和 H2，并控制制度变量之间的共线性问题，我们借鉴前人研究方法（Crossland & Hambrick，2011；张三保和张志学，2012），在控制 CEO 个体、企业及其所在城市等不同层次变量的基础上，在回归模型中逐一加入制度指标，回归结果如表 4 中的模型（1）~（6）所示。此外，对管理自主权与地域多元化三个变量的回归，同样控制了三个层次变量的潜在影响，以检验 H3。

第一，从非正式制度环境与管理自主权的关系来看，模型(1)表明，企业感知的信任水平越高，则其CEO管理自主权越大($\gamma = 0.016$)，尽管回归系数不显著，但作用方向仍然与假设相同，在一定程度上验证了H1。并且，在表6模型(10)所示的所有变量回归结果($\gamma = 0.161$，$p < 0.1$)，进一步证实了这一结论。H1由此得以验证。

第二，正式制度环境与管理自主权方面，模型(2)表明，企业感知的政府干预程度越大，其CEO管理自主权越小($\gamma = -0.043$，$p < 0.01$)；模型2显示，企业感知或预期的政府保护促进了CEO管理自主权($\gamma = 0.078$，$p < 0.01$)；模型(3)说明，企业对当地司法公正程度的信心越高，其CEO管理自主权越大($\gamma = 0.006$，$p < 0.01$)；在模型(4)中，企业向法定金融机构融资便利程度越大，则其CEO管理自主权越大($\gamma = 0.038$，$p < 0.01$)；模型(5)显示，企业用工自由度越大，其CEO管理自主权越大($\gamma = 0.167$，$p < 0.01$)。此外，在模型(10)中，加入所有制度指标的分析结果证明，正式制度对管理自主权的影响，均与模型(2)~(9)中分析结果保持一致，由此进一步验证了H2。

第三，管理自主权与企业地域多元化方面，模型(12)~(13)依次表明，CEO自主权越大，企业在本市发展程度越低($\beta = -1.097$，$p < 0.01$)，本省发展程度越低($\beta = -1.259$，$p < 0.01$)，国际化程度越高($\beta = 0.779$，$p < 0.01$)。H3从而得到验证。这意味着，在控制市场容量的前提下，企业所感知的制度差异，更多存在于省份而非省内城市之间。

表4 　　　　　　　　　　　制度环境、管理自主权与地域多元化回归分析

变量	(1)	(2)	(3)	(4)	(5)	(6)	(7)	(8)	(9)
	tot_dis						city	prv1	inter
contract	0.106								
	(0.069)								
gov_int		-0.043**							
		(0.013)							
loc_pro			0.078**						
			(0.021)						
leg_jus				0.006**					
				(0.001)					
fin_dev					0.038**				
					(0.015)				
lab_fle						0.167**			
						(0.032)			
tot_dis							-1.097**	-1.259**	0.779**
							(0.207)	(0.250)	(0.212)
控制	YES	YES	YES	YES	YES	YES	YES	YES	YES

变量	(1)	(2)	(3)	(4)	(5)	(6)	(7)	(8)	(9)
	tot_dis						city	prv1	inter
常数	8.103**	8.353**	7.871**	7.808**	8.164**	7.886**	35.25**	80.30**	-41.39**
	(0.267)	(0.253)	(0.274)	(0.259)	(0.252)	(0.259)	(5.090)	(6.147)	(5.206)
观测值	8572	8492	7856	8100	8296	8572	8571	8571	8571
F	20.39**	20.70**	20.47**	25.09**	20.43**	22.55**	51.44**	78.03**	206.43**
R^2	0.028	0.028	0.03	0.036	0.029	0.031	0.067	0.099	0.224

注：**表示$p<0.01$，括号中为标准误。

4.1.3 管理自主权的中介效应

基于制度环境与地域多元化关系的理论与研究基础，并结合上述分别对制度环境与管理自主权、管理自主权与地域多元化关系的研究结论，我们已经可以证实管理自主权的确具有连接制度环境与地域多元化的中介效应（温忠麟和叶宝娟，2014），从而初步验证了H4。此外，我们还运用 Sobel 方法进行了检验（Sobel，1982）。检验结果如表 5 所示，管理自主权完全中介了信任、政府干预、政府保护、司法公正和劳动力灵活性分别与企业三种地域多元化指标的 15 对关系，部分中介了金融发展水平与三种地域多元化指标的 3 对关系。由此，H4 所提及管理自主权的中介效应告以成立。

表5　　　　　管理自主权中介效应的 Sobel 检验

变量	city	prv1	inter
contract	-0.185, -2.973, $p<0.01$	-0.196, -2.883, $p<0.01$	0.161, 2.853, $p<0.01$
gov_int	0.050, 3.472, $p<0.01$	0.055, 3.377, $p<0.01$	-0.046, -3.354, $p<0.01$
loc_pro	-0.069, -3.042, $p<0.01$	-0.071, -2.796, $p<0.01$	0.074, 3.216, $p<0.01$
leg_jus	-0.005, -4.115, $p<0.01$	-0.005, -3.728, $p<0.01$	0.005, 4.027, $p<0.01$
fin_dev	-0.024, -2.198, $p<0.05$	-0.023, -2.054, $p<0.05$	0.024, 2.199, $p<0.05$
lab_fle	0.210, 3.702, $p<0.01$	-0.201, -3.108, $p<0.01$	-0.143, -2.669, $p<0.01$

注：每组数据依次为 Sobel 系数，Z 值和对应的 p 值。

4.2 稳健性检验

4.2.1 应用不同方法：中介效应检验

由于管理自主权的中介效应是本研究的关键所在，这里首先根据 Baron 和 Kenny （1986）的逐步检验法（Causal Steps Approach），对其进行稳健性检验。如前述文献回顾所言，自变量（制度环境）与因变量（地域多元化）之间的关系已得到诸多研究支持，无须赘言。并且，就制度环境与管理自主权的关系而言，无论是表6中模型(1)~(6)的单一制度指标回归，还是模型(10)中的所有制度一起回归，都证明了自变量与中介变量之间的关系。进一步，我们由模型(11)~(13)中自变量和中介变量一起对因变量的回归结果可知，在加入前述三个层次的控制变量后，管理自主权与三个地域多元化指标的回归系数均显著。因而，当三个模型中的制度指标回归系数不显著时，说明该制度变量与某种地域多元化指标被完全中介；回归系数显著时，则为部分中介。可见，无论是完全中介还是部分中介，都证实了管理自主权的中介效应，从而进一步验证了H4。

表6　　　　　　　　　　管理自主权中介效应的稳健性检验

VAR	(10) tot_dis	(11) city	(12) prvl	(13) inter
contract	$0.161^{\dagger}$	2.177	0.552	0.162
	(0.077)	(1.471)	(1.786)	(1.485)
gov_int	-0.038^{*}	-0.091	-0.407	0.719^{**}
	(0.013)	(0.257)	(0.312)	(0.259)
loc_pro	$0.054^{\dagger}$	-1.008^{*}	-1.164^{*}	$0.804^{\dagger}$
	(0.022)	(0.425)	(0.516)	(0.429)
leg_jus	0.005^{*}	-0.010	0.016	0.009
	(0.001)	(0.014)	(0.017)	(0.014)
fin_dev	0.012	-0.272	-0.902^{*}	1.172^{**}
	(0.016)	(0.297)	(0.361)	(0.300)
lab_fle	0.172^{*}	-5.918^{**}	-8.052^{**}	7.197^{**}
	(0.033)	(0.644)	(0.782)	(0.650)
tot_dis	$-$	-0.818^{**}	-0.788^{**}	0.534^{*}
		(0.225)	(0.274)	(0.228)
控制	YES	YES	YES	YES
常数	6.960^{*}	45.85^{**}	94.03^{**}	-59.46^{**}
	(0.311)	(6.185)	(7.512)	(6.247)
观测值	7,301	7,301	7,301	7,301
F	19.06^{*}	34.94^{**}	49.58^{**}	121.17^{**}
R^2	0.043	0.079	0.109	0.230

注：＊＊表示$p<0.01$，＊表示$p<0.05$，†表示$p<0.1$，括号中为标准误。

4.2.2　应用不同指标和数据：前因与效应检验
(1)应用不同指标

基于 2005 年的调查数据,我们分别采用 CEO 在生产、人事和投资三个方面的自主权,逐一替代前述表 4 回归模型中的三者的均值——总体自主权(tot_dis)进行回归。实证结果与使用总体自主权的结论保持了高度一致。

(2)应用不同数据

我们运用世界银行与国家统计局 2003 年在中国 18 个大、中城市共计 2400 家企业的调查数据进行稳健性检验。并且,由于 2003 年调查与前述 2005 年调查在关于制度指标的问卷设计上存在较大差异,这里仅能检验管理自主权对企业地域多元化效应的稳健性。该调查样本在给定城市、行业范围和规模层次后随机抽取,每个城市选择 100~150 家企业,且企业规模和所有权类型充分多样。行业分布方面,调查包括随机选择的 10 个制造业和服务业行业。相应变量的异常值被剔除后,进入回归模型的有 2147 家企业。

变量测量。对于因变量,调查询问了 CEO 所在企业主要产品的主要市场范围:①本市,②本省,③中国,④中国与海外,1~4 反映地域多元化程度由小到大。自变量的测量与 2005 年数据相同,是 CEO 汇报的生产、人事和投资三种自主权的加权平均值。控制变量包括个人和企业两个层次共 8 个指标:前者包括 CEO 的受教育程度、任期、是否政府任命、是否兼任董事长、与中层经理的薪酬差距;后者则包括企业年龄、私有化程度和企业规模。测量方法也与 2005 年数据大体相同,分别由 CEO 或财务经理汇报。

回归分析。我们运用 OLS 回归分析的结果显示:在控制相应变量的潜在影响之后,CEO 管理自主权越大,企业地域多元化的程度越高($\gamma = 0.015$,$p < 0.1$),从而进一步验证了 H3。

5. 结论、启示、局限与未来方向

5.1 理论发现

通过实证考察企业层次 CEO 管理自主权的前因与效应,我们研究发现:第一,在中国情境下,企业间的信任水平,有助于提升其 CEO 的自主权;第二,企业感知的政府干预制约、而企业所受的政府保护、对司法公正的信心、从正规渠道融资便利程度,均扩大了 CEO 管理自主权;第三,CEO 管理自主权越大,则企业在本市和本省的发展程度越低,而国际化程度越高。第四,管理自主权中介了制度前因与地域多元化战略之间的关系。也就是说,政府干预的挤出效应,以及企业间信任、政府保护、司法公正和用工自由的溢出效应,形成了对 CEO 管理自主权的合力,进而决定了企业的地域多元化战略。

本研究不仅系统梳理了中国情境下的正式与非正式制度要素,构建并证实了"制度环境—管理自主权—地域多元化"的分析框架,而且还进一步将管理自主权的传统调节效应,拓展到连接宏观制度环境与微观企业战略的中介效应,从而为应用上述分析框架探索企业其他战略的动因与机制打下了坚实基础。

5.2 实践启示

5.2.1 企业战略选择与制度企业家成长

在制定企业战略的过程中，高层管理者应综合考虑外部制度环境与企业所处生命周期阶段。在初创阶段，企业可以寻求地方政府保护、避免过热竞争，以把握后发优势、寻找立足之地。在成长阶段，企业应避免过于依赖地方保护而丧失竞争能力，着力培育值得信赖的商业伙伴，打造合作伙伴之间良好的信任关系；进入成熟阶段，则可考虑在不同地理区域投资以降低投资组合风险（Zucchi，2010），比如进入制度发展相对完善的省份开拓业务，甚至进入国际市场整合资源。值得注意的是，企业应尤其避免与地方政府发生严重冲突。当然，这并不意味着企业高管就应甘于"在商言商"、无所作为。事实上，制度企业家完全可以运用其掌握的管理自主权，实现企业战略与内部资源、外部制度的最佳匹配，推动企业乃至整体经济发展，进而倒逼宏观制度变革。

5.2.2 政府职能转变

尽管转型条件下中国地方政府十分强势，但其对企业的影响并非完全消极。尽管地方政府之间的竞争确实引发了地方债等重大风险，但这种竞争确实为企业发展提供了一定空间。当然，政府职能尚需重新界定，以提供更多诸如制度、规则和政策之类的无形公共产品。结合本文假设，我们认为政府可在以下几个方面发挥更积极作用：其一，重组国有银行，推进银行商业化和利率市场化，深化资本市场改革，健全法律和监管体制，提高长期风险资本对于新设民营企业的可及性。其二，加快户籍制度改革、调整企业工资政策，确保现有劳动者在全国范围内有序、自由流动；在高素质人力资本储备上，建设一批与产业紧密联系的世界一流研究型大学，着力提高大学毕业生技能和认知能力（世界银行和国务院发展研究中心联合课题组，2013）；在人口红利保持上，须细化配套监测和奖励机制，改革带薪休假制度，保障已婚女性的自由、工作和健康权益，同时完善幼儿托辅、基础教育和公共医疗服务，降低生育的心理成本和机会成本，以提高生育率（朱兰和张三保，2017）。其三，从意识形态、法律机制、社会习俗乃至宗教信仰诸方面，克服社会信任危机。

5.2.3 国内统一市场建设

省份之间的制度差异，在一定程度上反映了中国地区市场分割的现状。对此，中央政府可采取三个方面的措施打破省际壁垒：其一，继续发挥宏观调控功能，优化配置各省资源，缩小省际发展差距；其二，增加省份发展自主权，比如适时推广地方政府自主发债试点（许超声，2014），实现省份公平竞争；其三，酝酿重新细分省级行政区划，削弱地方政府的强势地位。中央和地方政府权责配置的优化，应遵循的总体方向是：决策权和监督权向中央或更高层级的地方政府集中，执行权和管理权则应适度下放到低层级的地方政府；此外，对于那些溢出边界模糊、难以明确界定的职责，应尽量归属于中央政府或高层级地方政府；县及县以下地方政府则应逐步退出非公共服务领域，从长期而言实现彻底退出经济发展领域（孙志燕，2013）。

5.3 研究局限与未来方向

首先，本文实证分析中的主要指标均来源于企业负责人，可能存在一定程度的同源误差问题。我们通过三种途径来降低这一问题的严重性：（1）本文使用的制度环境来自企业感知，更为准确地反映了客观现实。比如，调查询问企业 CEO 在遇到必要监管时与政府官员打交道的时间，而不是问官僚主义在多大程度上阻碍企业发展（杜大伟等，2003）；（2）选取了来自财务、人事等不同主体的测量指标；（3）采用了不同数据来源与测量指标进行稳健性检验并通过了验证。

其次，由于数据限制，我们未能在回归模型中明确控制行业的影响因素。需要指出的是，从样本说明来看，本研究采用的世界银行问卷调查数据均来源于制造业企业，且抽样调查的实施过程已经较为恰当地考虑了企业的行业分布，从而最大程度上降低了行业的潜在影响。

再其次，本文证实了政府干预的挤出效应，以及信任、政府保护、司法公正和用工自由的溢出效应。未来可进一步实证比较正式与非正式制度的替代效应与互补效应（Holmes et al.，2013），以及某些正式制度的挤出效应与另一些正式制度的溢出效应。

再次，本文采用企业间的合作方式（关系依赖或契约依赖），测量中国情境下的企业间信任水平。未来研究可深入挖掘华人社会的信任机制，开发信任的其他测量方法，以及中国情境下的其他非正式制度指标。在此基础上，进一步考察它们对企业战略选择或公司治理问题的影响，以弥合管理学（行为自由度）与经济学（目标自由度）对管理自主权本质认知的分歧，促进学科融合，连接微观与宏观领域。

最后，我们使用了 10 年前的调查数据，来研究制度环境影响管理自主权、进而作用于企业地域多元化的机制问题。值得解释的是，理论问题本身并不具有时效性，加之制度本身存在一定程度的惯性，且研究发现以及在此基础上提出的实践建议，仍对国家全面深化改革具有重要意义。据此我们认为，文中使用的数据，并未削弱本研究的理论意义与现实价值。尽管如此，除了上市公司数据库，我们特别期待出现有关当前中国企业情况的类似大规模数据库，以便包括我们在内的国内外学者可以更新有关中国企业的研究。近期，国家自然科学基金委员会大力资助的"北京大学管理科学数据中心"，已成为有益尝试。

◎ 参考文献

[1] 鲍丹. 谣言泛滥体现出社会信任度降低 [N]. 人民日报，2011-09-01.

[2] 陈传明，孙俊华. 企业家人口背景特征与多元化战略选择——基于中国上市公司面板数据的实证研究 [J]. 管理世界，2008（5）.

[3] 陈信元，黄俊. 政府干预、多元化经营与公司业绩 [J]. 管理世界，2007（1）.

[4] 杜大伟，王水林，徐立新和时安卿. 改善投资环境，提升城市竞争力：中国 23 个城市投资环境排名 [R]. 世界银行研究局，2003.

[5] 福山. 信任：社会道德和繁荣的创造 [M]. 李宛蓉，译. 呼和浩特：远方出版社，1998.

[6] 贾良定，张君君，钱海燕，崔荣军，陈永霞. 企业多元化的动机、时机和产业选择——西方理论和中国企业认识的异同研究 [J]. 管理世界，2005（8）.

[7] 姜付秀. 我国上市公司多元化经营的决定因素研究 [J]. 管理世界，2006（5）.

[8]金祥荣,茹玉骢,吴宏.制度、企业生产效率与中国地区间出口差异[J].管理世界,2008(11).

[9]蓝海林,汪秀琼,等.基于制度基础观的市场进入模式影响因素:理论模型构建与相关研究命题的提出[J].南开管理评论,2010(6).

[10]李健.进一步加快学校科学发展——在2011年工作研讨会上的讲话(摘要)[EB/OL].http://news.whu.edu.cn/info/1009/30941.htm,2011-02-25.

[11]潘越,戴亦一,等.社会资本、政治关系与公司投资决策[J].经济研究,2009(11).

[12]世界银行.政府治理、投资环境与和谐社会:中国120个城市竞争力的提升[M].北京:中国财政经济出版社,2007.

[13]世界银行和国务院发展研究中心联合课题组.2030年的中国:建设现代、和谐、有创造力的高收入社会[M].北京:中国财政经济出版社,2013.

[14]孙志燕.中央—地方政府权责配置优化的原则思路及关键环节[EB/OL].《调查研究报告》2013年第125号(总第4374号).http://www.drc.gov.cn/xscg/20130719/182-224-2875626.htm.

[15]温忠麟,叶宝娟.中介效应分析:方法和模型发展[J].心理科学进展,2014(5).

[16]谢佩洪,王在峰.基于制度基础观的ICP范式的构建及其分析——对我国企业多元化经营的剖析[J].财经科学,2008(2).

[17]谢绚丽,赵胜利.中小企业的董事会结构与战略选择——基于中国企业的实证研究[J].管理世界,2011(1).

[18]许超声.国务院批准地方自主发债[N].新民晚报,2014-05-22.

[19]许德音,周长辉.中国战略管理学研究现状评估[J].管理世界,2004(5).

[20]杨典.国家、资本市场与多元化战略在中国的兴衰——一个新制度主义的公司战略解释框架[J].社会学研究,2011(6).

[21]张雷.基于制度视角的企业多元化分析框架研究[J].山东大学学报(哲学社会科学版),2011(5).

[22]张三保,张志学.管理自主权:融会中国与西方、连接宏观与微观[J].管理世界,2014(3).

[23]张三保,张志学.区域制度差异、CEO管理自主权与企业风险承担——中国30省高技术产业的证据[J].管理世界,2012(4).

[24]赵泉民,李怡.关系网络与中国乡村社会的合作经济——基于社会资本视角[J].农业经济问题,2007(8).

[25]朱兰,张三保:中国已婚女性生育二孩的机会成本分析与政策启示[R].武汉大学经济与管理学院工作论文,2017。

[26]朱武祥.金融系统资源配置功能的有效性与企业多元化——兼论企业集团多元化测量[J].管理世界,2001(4).

[27]Barney, J. Firm resources and sustained competitiveadvantage [J]. *Journal of Management*, 1991, 17 (1).

[28] Baron, R. M., Kenny, D. A. The moderator-mediator variable distinction in social psychological research: Conceptual, strategic, and statistical considerations [J]. *Journal of Personality and Social Psychology*, 1986, 51 (6).

[29] Boisot, M., Child, J. From fiefs to clans and network capitalism: Explaining China's emerging economic order [J]. *Administrative Science Quarterly*, 1996, 41(4).

[30] Chan, C. M., Makino, S., Isobe, T. Does subnational region matter? Foreign affiliate performance in the United States and China [J]. *Strategic Management Journal*, 2010, 31 (11).

[31] Child, J., Chung, L., Davies, H. The performance of cross-border units in China: A test of natural selection, strategic choice and contingency theories [J]. *Journal of International Business Studies*, 2003, 34 (3).

[32] Crossland, C., Hambrick, D. C. Differences in managerial discretion across countries: How nation-level institutions affect the degree to which CEOs matter [J]. *Strategic Management Journal*, 2011, 32 (8).

[33] Crossland, C., Hambrick, D. C. How national systems differ in their constraints on corporate executives: A study of CEO effects in three countries [J]. *Strategic Management Journal*, 2007, 28 (8).

[34] Finkelstein, S., Hambrick, D. C., Cannella, A. A. J. *Strategic leadership: Theory and research on executives, top management teams, and boards* [M]. England: Oxford University Press, 2009.

[35] Finkelstein, S., Hambrick, D. C. Top-management-team tenure and organizational outcomes: The moderating role of managerial discretion [J]. *Administrative Science Quarterly*, 1990, 35 (3).

[36] Haleblian, J., Finkelstein, S., Top management team size, CEO dominance, and firm performance: The moderating roles of environmental turbulence and discretion [J]. *Academy of Management Journal*, 1993, 36 (4).

[37] Hambrick, D. C., Finkelstein, S., Cho, T. S., Jackson, E. M. Isomorphism in reverse: Institutional theory as an explanation for recent increases in intra-industry heterogeneity and managerial discretion. In: Staw, B. M., Cummings, L. L. *Research in organizational behavior* [M]. Greenwich, CT: JAI Press. 2004.

[38] Hambrick, D. C., Finkelstein, S., Managerial discretion: A bridge between polar views of organizational outcomes. In: Staw, B. M., Cummings, L. L. *Research in organizational behavior* [M]. Greenwich, CT: JAI Press, 1987.

[39] Hambrick, D. C., Geletkanycz, M. A., Fredrickson, J. W. Top executive commitment to the status quo: Some tests of its determinants [J]. *Strategic Management Journal*, 1993, 14 (6).

[40] Hambrick, D. C., Mason, P. A. Upper echelons: The organization as a reflection of its

top managers [J]. *Academy of Management Review*, 1984, 9 (2).

[41] Hambrick, D. C. Upper echelons theory: An update [J]. *Academy of Management Review*, 2007, 32 (2).

[42] Holmes, R. M., Miller, T., Hitt, M. A., Salmador, M. P. The interrelationships among informal institutions, formal institutions, and inward foreign direct investment [J]. *Journal of Management*, 2013, 39 (2).

[43] Luo, Y. D. Determinants of entry in an emerging economy: A multilevel approach [J]. *Journal of Management Studies*, 2001, 38 (3).

[44] Meyer, K. E., Nguyen, H. V. Foreign investment strategies and subnational institutions in emerging markets: Evidence from Vietnam [J]. *Journal of Management Studies*, 2005, 42 (1).

[45] Peng, M. W. Towards an institution-based view of business strategy [J]. *Asia Pacific Journal of Management*, 2002, 19 (2-3).

[46] Porter, M. E. *Competitive advantage: Creating and sustaining superior performance* [M]. New York: The Free Press, 1985.

[47] Porter, M. E. *Competitive strategy: Techniques for analyzing industries and competitors* [M]. New York: The Free Press, 1980.

[48] Powell, W. W. Neither market nor hierarchy: Network forms of organization. In : Staw, B. M. and Cummints. L. L. (Ed.), *Research in organizational behavior* [M]. Greenwich, CT: JAI Press. 1990.

[49] Sobel, M. E., Asymptoticconfidence intervals for indirect effects in structural equation models. In: S. Leinhardt (Ed.), *Sociological methodology* [M], Washington, DC: American Sociological Association, 1982.

[50] Wright, M., Filatotchev, I., Hoskisson, R. E., Peng, M. W. Strategy research in emerging economies: Challenging the conventional wisdom [J]. *Journal of Management Studies*, 2005, 42 (1).

[51] Xin, K. R., Pearce, J. L. Guanxi: Connections as substitutes for formal institutional support [J]. *Academy of Management Journal*, 1996, 39(6).

[52] Yang, Z. L., Su, C. T., Fam, K. S. Dealingwith institutional distance in international marketing channels: Governance strategies that engender legitimacy and efficiency [J]. *Journal of Marketing*, 2012, 76 (3).

[53] Zhou, K. Z., Poppo, L. Exchange hazards, relational reliability, and contracts in China: The contingent role of legal enforceability [J]. *Journal of International Business Studies*, 2010, 41 (5).

[54] Zucchi, K. 地域多元化失败之后 [EB/OL]. http: //3g. forbeschina. com/review/ 201007/0002561. shtml, 2010-7-21.

Perceived Institutional Environments, CEO Managerial Discretion and Firm Geographical Diversification

Zhang Sanbao[1]   Li Ye[2]

(1, 2 Economics and Management School of Wuhan University, Wuhan, 430072)

Abstract: Using Investment Climate Survey data from World Bank, this paper explored the institutional causes and mechanism of firm geographical diversification in transitional China. We found that: (1) Trust between Firm and its main cooperators was helpful to boost CEO managerial discretion. (2) Firm perceived local governmental interventions constrained managerial discretion, while perceived local protection, legal justice and labor flexibility promoted managerial discretion. (3) On the premise of controlling market capacity, the greater degree of CEO managerial discretion, the lower proportion of firms' development within cities and provinces, while the higher proportion in other nations. (4) Managerial discretion mediated the relationship between perceived institutions and firm geographical diversification. We successfully constructed and verified the framework of "institutional environments - managerial discretion - firm strategies", and achieved to linking macro and micro domains. These conclusions provided implications for firm strategic choices and growth path for institutional entrepreneurships in china context, and indicated directions for transforming governmental function, and building uniform domestic market in the process of comprehensive reform for transitional China.

Key words: Perceived institutions; Managerial discretion; Geographical diversification; Institutional entrepreneurship

专业主编：陈立敏

领导者创新鼓励对组织创新性格的作用机制 *

● 赵书松[1]　谭蓓菁[2]　朱　越[3]

（1 中南大学公共管理学院　长沙　410083；2 华中科技大学管理学院　武汉　430074；

3 西北工业大学教育实验学院　西安　710072）

【摘　要】组织创新性格研究是组织性格研究中的一个重要组成部分。组织创新性格能够推动员工创新思维从产生到实现的过程。本文主要探讨推动组织形成创新性格的重要因素：领导者创新鼓励。针对组织创新性格的层次性与结构性，研究认为，领导者创新鼓励通过推动与聚合两个阶段塑造组织性格，同时，组织创新文化也始终作用于这一过程，在此基础上提出了一个组织内领导者创新鼓励到组织创新性格作用过程的综合模型，总结了对管理实践的启示，并指出了实证研究方向。

【关键词】领导者创新鼓励　组织创新文化　个体创新性格　组织创新性格

中图分类号：C93　　　　　文献标识码：A

1. 问题提出

市场竞争日益激烈的当今时代，几乎所有组织都面临着以技术更替迅速、产品周期缩短为特征的动态竞争环境。创新成为影响企业等组织能否获得持续发展的关键因素。一些组织展现了持续的创新能力，另一些则面临创新困境。不同企业间此种分化的根源何在？人的特质是决定组织行为产生的根本因素（Schineider，1995），即组织由人组成，将组织看做一个有生命的机体，组织性格决定组织命运。研究发现组织性格对员工组织承诺（Wright & Goodsrein，2007）、员工间关系质量（Megleno，Ravlin & Adkins，1989）、组织声誉（Bridges，2000）等具有显著影响。作为组织性格一个维度，组织创新性格是组织发展与形成过程中逐步内化的一种有助组织创新与创造的性格特征，是促进组织创新绩效的关键因素之一。培养与塑造组织创新性格将是提升组织创新水平的重要途径。组织性格领域未来研究的重要方向之一就是探讨组织创新性格的形成机制（赵书松和谭蓓菁，2017）。

如何促进企业形成以创新为主要特征的组织性格呢？组织的创建者或高层领导对组织性格的形成具有关键作用（Newman，1953；Miller，1991；Schneider，1987），是影响组织

---

* 通讯作者：赵书松，E-mail：zhaoshusong306@163. com.

性格的重要前因变量(Moore，2015)。有研究认为，领导的一个重要职责就是促进员工创新行为的产生，并最终获得持续的组织竞争优势和组织成功(Shalley，Zhou & Oldham，2004；Zhang & Bartol，2010)。始终强调探索、创新以及挑战性经营模式的领导行为会促使组织产生与开放性类型相一致的集体性格(Stewart，2003)，变革性领导与组织性格开放性以及责任性高度相关，而被动型领导则与集体性格责任性负相关(Hofmann & Jones，2005)。可见，积极的领导行为能够促进组织内个体、集体层面的积极性格。值得关注的是，在多数创新绩效、创新氛围的研究中，领导对于创新的重视常常被定义的较为发散与模糊，而领导者创新鼓励(leader encouragement of creativity)的提出恰好填补了空白。

所谓领导者创新鼓励是指领导者对员工创新与创造能力的支持性态度和行为，反映领导者对员工创造力及员工积极参与创新成果产出过程的重视程度，可以通过评价员工感知加以测量(Zhang & Kathryn，2010)。根据 Paglis 和 Green(2002)的研究，领导者创新鼓励还包括制定变革和改进的策略来实现团队目标，激励并督促下属的创新目标承诺以及带领团队克服创新过程中遇到的障碍等积极的领导行为。综上可知，领导者创新鼓励的本质不仅在于领导者对于创新的重视程度，而且更在于领导者亲自参与创新过程的行为与表现。Mumford(2002)提出，在考察组织创新时，应当重视组织情景、组织成员与领导行为之间潜在的交互效应。作为组织的领头羊式人物，领导者创新鼓励行为的积极作用同时体现在个体和组织等多个层面。领导者创新鼓励将会如何影响组织创新性格呢? 本文试图从个体和组织两个层次，个体激活、个体聚合和组织社会化三种机制探索领导者创新鼓励对组织创新性格的影响过程。

2. 组织创新性格的概念

Bridges(2000)将区分个体性格的 MBTI(myers-briggs type indicator)理论应用到组织层面，根据四个方面的评价提出了 8 种类型的组织性格(organization character)，并结合众多案例，提取了事实型(sensing)、直觉型(intuitive)两种组织创新倾向代表组织创新性格，前者最主要的特点是擅长收集大量数据、遵循惯例，进行渐进式改变;后者则强调目标与愿景，有前瞻性及通常进行激进式的变革。组织创新性格是以事实型或直觉型思维为核心成分，揭示了组织作为一个有机体在认知与行为模式上本质特征。换句话说，组织创新性格是个体通过组织社会化过程而形成的稳定的创新思维模式。富有创新性格的组织，其成员共享基于事实或直觉的思维模式。相比缺乏创新性格的组织，富有创新性格的组织表现得更具开放性、包容性和探索性。同时，组织创新性格是一个组织层次的概念，与群体及个体层次的创新性格既密切相连又有所不同。组织创新性格为组织内的不同群体或个体所共享，在具有创新性格的组织中，组织内社会化过程将激发那些进入组织的个体的创新性格(Wright，1968)。但是，并非所有组织都必然在整体上表现出一致性的创新特征。有些组织只有个别群体或个体具有基于事实或直觉的思维特征;当组织内的群体和个体更多具备创新思维时，组织作为一个整体更容易塑造出创新性格。Dubais(1944)指出群体性格既体现群体间个体的差异性，又体现群体内不同个体的相似性。

个体创新性格是组织创新性格形成的起点。尽管在概念上，组织创新性格与个体创新性格处于两个不同层面，但早期研究指出组织创新特质中大部分特性和富有创新的个人相似，例如，更具有创新性的大型公司组织，如同拥有高收入高社会地位的个人一样（Everett，2003）。个体创新是组织创新的源泉（Hirst，et al.，2009；孙悦，2010）。这类观点进一步证实，组织创新性格与个体创新性格之间存在着一系列共同的创新要素，正是这些共同创新要素聚合在组织层面使得组织整体表现出一种区别于其他组织的创新特征。值得注意的是，部分创新组织的特质则是个体不具备的，如组织结构特性中的体系开放性（指体系内成员和体系外成员接触互动的过程）和"形式化"（指组织对体系成员规范化及制约的程度）。组织创新性格的内在结构由两个部分构成：一部分是组织成员的个体创新人格；另一部分则是由成员个体创新人格聚合而成的组织结构性创新特征。由此我们认为，组织创新性格的形成往往需要经历两个阶段，即成员个体创新人格的激活和成员个体创新人格的结构化聚合，而组织创新文化的社会化作用则会强化这两个阶段。

3. 领导者创新鼓励影响个体创新性格的激活机制

3.1 领导者创新鼓励激活个体创新性格

任何个体的创新都不会独立于其所处的社会环境（Drazin，Kazanjian，1999），如组织成员身处富于挑战且领导支持的工作环境当中，其创新能力将会获得最大程度的激发（Amabile，1988；Oldham & Cummings，1996），而领导者创新鼓励在这一过程中发挥着关键作用。鼓励创新的领导者通常会委任员工创新目标，并鼓励其完成任务，增强员工探索新事物的动机。有研究证实，领导创新期望正向影响员工内部动机从而增加其创新行为（孙悦、张文勤和陈许亚，2012）。当个体得到创新指示和创新要求，置身于实际的创造性任务体系，他们更可能在工作中尝试新颖的方法与步骤（Shally，1991）。领导者通过不断地口头表扬与劝说，表明其对员工创新能力的信任、对员工创新行为的赞赏（Carmeli & Schaubroeck，2007），有助于增强员工创新效能感。员工会根据任务在社会环境中搜集有用的信息来构建自我效能感（自我意识），强化对自身能力的认知，从而建立或强化自信心（Ford，1996）。自信心是进行创新活动必不可少的重要人格特质，能够提供个体能动性和促进创新人格的不断发育。领导者一系列表彰支持员工参与创新的措施，更使其他处于相似地位的成员获得相似的间接经验，增强的创新意识。在创新过程中，领导可提供员工创新成功所缺乏的必要信息和资源，解除员工的后顾之忧，提升员工经验开放性特征。此外，在领导者鼓励创新的情境下，个体被持续鼓励追求解决问题的创新思维，其对创新过程中不可预知风险的容忍度会随之增加，这有助于提升员工在创新过程中所必需的耐挫性特质。综上推断，领导者创新鼓励激活个体创新性格。

3.2 领导者创新鼓励激活个体创新性格的边界条件

领导者创新鼓励激活个体创新性格并非一个自然而充分的过程，自我决定理论对于理解这一过程富有启发。根据自我决定理论，个体动机状态影响个体是否能将体验到的领导者创新鼓励行为内化为自身的性格成分。研究也证实，领导者创新期望是通过内部动机的中介作用促进员工创新的(孙悦、张文勤和陈许亚,2012)。创新本质上是个人兴趣驱动的探索性过程,此过程中的直觉型或事实型等创新性思维与个体对新奇事物的好奇与兴趣等内在动机密切相关。由此推断,内部动机越强的个体越容易形成创新性格。从逻辑上讲,创新的探索过程又是一件有趣的事情。在有趣的工作情景下,当外部环境能够满足人的自主需求、胜任需求和关系需求三个基本需求时,个体外部动机将会向内部动机转化(Deci & Ryan, 1985; Ryan & Deci, 2000)。一方面,如果企业制度设计能够促进员工在工作自主性、胜任能力和人际关系等方面的基本需要,那么员工工作的内部动机将会得以激活,员工工作过程中的创新性思维更加活跃,此时领导者创新鼓励对个体创新性格的激活作用更大。因此,能够满足员工自主、胜任和关系三种基本需要的企业,领导者创新鼓励对个体创新性格的影响更大。另一方面,领导者创新鼓励本身也有助于满足员工的三种基本需要,从而提升强化对个体创新性格的积极作用。领导者创新鼓励通过给予员工自主选择、发表看法以及对创新失败给予理解等行为让个体体验到充分的工作自主性;领导者通过激励并督促下属对创新目标的承诺以及参与创新过程等方式,强化个体创新效能感;领导者通过制定支持性的外部制度以及创造共同的组织价值观为个体提供归属感,个体关系需求满意度高时,通常会表现出较强的主动创新动机以及组织环境适应能力。这三种需求的满足能从内部驱动个体更长久地坚持某项创新活动,强化领导者创新鼓励对个体创新性格的塑造作用。

4. 领导者创新鼓励影响组织创新性格的聚合机制

4.1 领导者创新鼓励推动个体创新性格的聚合

Slaughter 和 Stanto 等人(2005)通过大学招聘检验了组织性格吸引力的影响以及组织内同质化的互动模式。该研究证实领导者创新鼓对组织创新性格作用过程存在领导者-个体-组织的次序关系,组织创新性格不是一蹴而就的,是随着组织发展由成员个体创新性格逐渐沉淀聚合而成。这一过程是如何实现的呢?一方面,领导者创新鼓励激活个体创新性格并非组织创新性格形成的充分条件,只有当个体创新性思维在领导与组织成员之间、组织成员彼此之间、成员与组织之间充分社会互动基础上逐渐成为群体共性创新思维倾向时,领导者创新鼓励才真正激活了组织创新性格;另一方面,领导创新鼓励对不具备创新思维能力的个体产生净化淘汰作用。鼓励创新的领导自身可能具备创新人格特质,尤其在一些特定的行业中,创新、洞察力等似乎是组织领导者的天赋。根据 Shineider(1995, 1998)所提出的吸引-选择-减少过程理论(attraction-selection-attrition, ASA),组织的创始人及高层领导会通过制定组织目标、运营风格等使组织性格形成最初的基调,从而会对与组织性格具有相似人格特质的求职者产生吸引力。求职者选择组织的同时,组织也会相应的选择其成为组织内部成员。鼓励创新的领导者会通过公司战略、营销宣传等方式使外界感知该组织的创新理念,而新进入组织的成员会因与组织特质相符合而很快适应,进而促进组织创新性格的聚合。在组织创立的早期,我们经常发现合伙人或者共同创建者在一些想法上的不同而产生冲突,这种冲突促使一些人离去,一些人留下,导致组织形成一个更加同质的性格、文化。

4.2 个体创新性格聚合的边界条件

组织认同的调节作用。在个体创新性格到组织创新性格的聚合阶段，组织与个体之间以及个体之间在不断互动中共同演化，此时，成员对组织的认同感的高低制约着个体创新性格向组织创新性格的聚合过程。组织认同指个体是否认为自己是组织的一员，是否认同组织的使命、愿景、价值观和目标（Miller，2000），个体对组织产生的归属感或共同感，当成员与组织强烈地联系在一起的时候，他们自身的命运就与组织的命运联系在一起了。组织认同强度高的个体在这一阶段容易形成区别于其他组织成员而拥有的共同身份认同（Ashforth & Mael，1989）例如阿里巴巴员工对"阿里人"的身份认同），而组织认同感较低的个体则难以获得组织成员共同身份的认知。Brewer（1979）提出组织认同能将自我概念提升到群体水平，并增强组织内员工间的人际互动。组织认同不仅积极影响员工的工作敬业度（简浩贤、徐云飞、曹曼和赵曙明，2017），而且 Dukerih 等人（2002）的研究也表明，组织认同的强度会对组织内部合作产生显著影响。可见，组织认同程度高的个体，会更为积极地与已经具备创新性格的个体互动，通过共同的创新目标以及共同的创新经历塑造共同的创新思维倾向。此外，组织认同强度影响自我调整以适应组织要求的倾向，组织认同程度高的个体，更有可能通过调整自身思维以适应组织的创新要求。

团队凝聚力的调节作用。在个体创新性格聚合成组织创新性格的过程中，团队凝聚力是重要的影响因素。团队凝聚力是指团队成员为共同追求组织目标与任务达成，而紧密结合在一起的动态过程（Carron，1982）。高凝聚力团队的典型表现在于成员的建设性互动、分担工作、参与群体决策、坦诚沟通、有共同目标等（Carless & De Paola，2000）。团队凝聚力蕴含人际吸引和团队精神，反映团队成员在认知和情感方面的涌现状态，即个体的认知、情感、行为通过个体的交互而放大，在更高层次上展现出集体共同现象（Kozlowski，2012）。因此，团队凝聚力越高，团队越容易作为整体对外界刺激产生共鸣。一方面，面对组织和领导的创新鼓励，在高凝聚力的团队中，成员越容易将注意力更多地聚焦于团队创新目标和创新要求，成员彼此之间围绕创新目标展现出更多的合作行为，分散在组织成员个体的创新思维和创新特质在这一群体性过程中得以不断整合与提升，形成组织共同的创新性格；另一方面，当团队中存在富有经验开放性和创新思维的个体时，团队凝聚力会使得个体的创新经验在团队合作过程中得以有效扩散，逐渐成为团队共同的创新倾向。反之，当团队凝聚力较低时，人际互动程度降低，不仅团队成员作为整体对领导者创新鼓励的共同反应较弱，而且组织成员间的异质性会加大，拥有高创新经验和倾向的个体得到的团队内部合作较少，组织创新性格的聚合进程会更漫长。

5. 领导者创新鼓励影响组织创新性格的社会化机制

领导者价值观往往是影响组织文化的核心因素。创新鼓励的领导者不仅注重与个体微观心理层面上的创新互动，还会通过塑造精神层面（如价值系统、潜在假设）以及制度层面（如激励制度、容错制度）的组织创新文化为员工提供一种鼓励创新的文化氛围，引导员工敢于尝试甚至冒险来完成创新工作。高层领导支持和鼓励是创新性组织文化的重要特征(云鹏、彭剑锋和杨晨，2015)。Shalley 和 Gilson(2004)指出，如果组织价值观看重创新过程以及创新结果，那么员工会更加积极寻求和实践创新观念。在实际情景中，一些领导在重视创新的同时还通过亲自参与创新过程、制定创新目标及策略的(如 APPLE 公司，乔布斯)方式向员工传递组织重视创新的文化价值观，使员工在潜移默化中感知组织的创新文化观念。个体在感知组织意图后会与自身价值观比较，比较的结果会影响个体的行为和态度，那些与组织价值观匹配的员工会有更强烈的内部动机(Amabile，1996)。领导参与创新会促使员工对组织创新价值产生深刻的文化认同和内在化，那些与组织价值观契合的员工在组织中会感觉融洽，也会更坚持留在组织中。当组织形成一种重视主动创新的文化时，员工甘冒风险，能接受富有挑战性的任务，并发自内心地感到工作是一种享受(Jung，D.，2003)。

组织文化对组织行为产生直接作用的同时还塑造着同一组织内个体间的相似性，通过改变成员个体而间接影响组织(schneider，1987)。组织创新文化由鼓励创新的组织创始人或领导者缔造，组织成员会始终处于文化环境的包围之中，构成了任何个体都无法逃避的创新环境，个体对这种环境的适应逐渐影响其性格结构和思维方式，这一机制在社会学中被称为社会化(Socialization)。因此，处于同一创新文化之中的不同个体，受到这种相似环境因素的影响，在长期创新互动中遵守一些共同的文化价值观和潜在"惯性"，会形成彼此更为相似的心智结构和行为模式，在性格上表现出相似性特征。对于进入组织前不具备创新性格的成员而言，社会化过程可能在其价值观念中植入创新理念、在其思维方式中植入直觉性思维倾向。领导者创新鼓励通过组织创新文化影响组织创新性格的社会化机制本质上是组织文化对员工创新思维的内部整合过程，这一过程为员工提供了鼓励创新和冒险、容忍失败和错误的文化氛围。正如研究证实的，这种高聚合型组织文化对员工创新的促进作用最大(杨晶照、杨东涛和孙情景，2012)。因此，领导者创新鼓励通过塑造组织创新文化，为组织创新性格的塑造提供了一条有效的社会化路径，无论是员工个体，还是员工群体，都将沿着这一路径形塑创新特质。

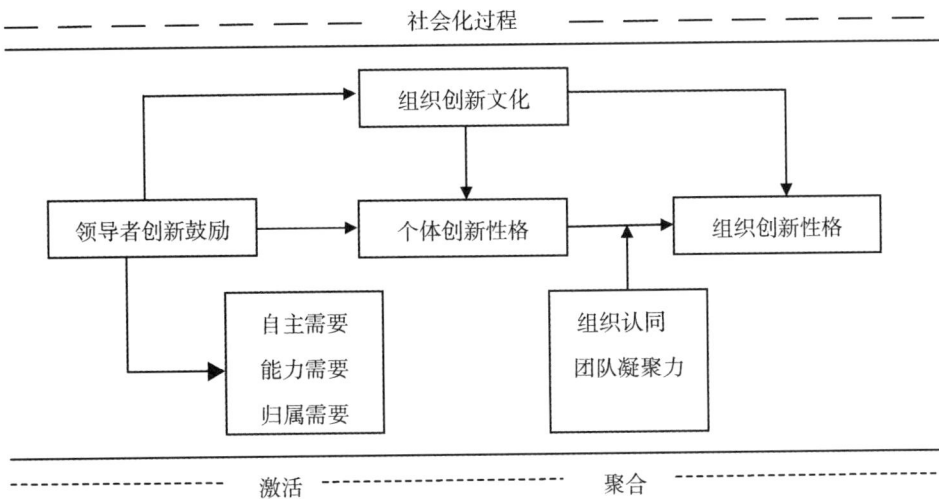

图1　领导者创新鼓励-组织创新性格的综合模型

基于上述理论分析本文提出领导者创新鼓励影响组织创新性格的综合模型，如图 1 所示，影响过程分为领导者创新鼓励对个体创新性格的激活机制、个体创新性格到组织创新性格的聚合机制和领导者创新鼓励通过塑造组织创新文化影响组织创新性格的社会化机制。无论是领导者创新鼓励影响个体创新性格的激活阶段，还是个体创新性格向组织创性格的聚合结果，组织创新文化都发挥着重要促进作用。

6. 研究启示与未来方向

6.1 研究启示

在组织环境变得日益复杂及难以预测的情况下，组织开始更多依赖于内部主动创新的人。学术界长期以来基于个体观以及环境观的视角解释创新行为及创造性绩效的发生机制（Kirton，1984；Gryskiewicz & Hills，1992），组织创新性格则为该领域的提供了新的思路，探讨个体以及组织的创新不仅仅是把行为主体"隔离"起来，而且应该充分考虑行为主体间的社会互动以及个体在组织环境中地嵌入情况。本文基于领导者创新鼓励对组织创新性格的微观心理作用机制的探讨，获得了一些管理启示。

首先，本文分析对于理解领导者创新鼓励影响组织创新性格的内在机理富有启发意义。研究结果表明，这一过程通过三种互动方式实现，分别是领导者与员工、组织环境与员工以及员工与员工之间的互动，随着时间的推移，互动过程受到个体微观心理因素以及团队层面因素的影响。领导者对组织创新性格的塑造发挥着重要影响作用，组织创新性格的前期激活离不开组织领导者对组织创新目标、战略的定位；组织创新性格的后期聚合离不开领导者对组织创新文化的培育。领导者鼓励创新是形塑组织创新性格的重要途径，组织仅仅通过招聘手段吸引创新人才来提升组织整体创新绩效是远远不够的。领导者创新鼓励所推动的组织创新性格，可以提升组织成员对创新的价值认同和参与程度，从而成为推动组织持续创新的关键力量。

其次，组织创新性格并非个体创新性格的简单累加，而是一种与组织架构紧密关联的结构性因素。领导者创新鼓励对组织创新性格的关键影响是构建一个利于成员创新的组织架构，包括岗位设计、制度设计、文化设计在内的组织架构性因素是组织创新性格的重要载体，当组织架构呈现出分权化和低正式化特征时，能更好地满足团队合作要求和员工基本心理需求，组织更容易塑造创新性格。换句话说，如果组织架构与组织创新需求相背离，那么即使领导者鼓励创新，组织也难以形成创新思维模式并持续创造出创新绩效。一个高度集权的组织结构会阻碍部门和专业协调与合作，阻碍个体的创新努力，即使高层管理者支持创新也无济于事（胡泓、顾琴轩和陈继祥，2012）。Damanpour（1991）早年研究也证实正式化是阻碍组织创新的。

6.2 未来研究方向

本文关于领导者创新鼓励对组织创新性格影响机制的分析属于理论探讨，其有效性尚有待检验。我们建议未来重点从以下三个方面展开：第一，根据本研究提出的理论框架，开展实证研究，检验文中理论有效性；第二，开展组织创新性的质性研究，在中国文化背景下更深入剖析组织创性格的内涵与结构，并在此基础上开发更具针对性的测量量表；第三，结合组织结构和战略性因素，更加全面考察领导者创新鼓励对组织创新性格影响的边界条件，为组织创新性格的培育提供更充分的理论指导。

◎ 参考文献

[1] 郭士伊，席酉民，郎淳刚. 组织性格：个体在组织中的同质化现象[J]. 管理评论，2008，20(1).

[2] 简浩贤，徐云飞，曹曼，赵曙明. 基于组织认同视角的包容性领导与员工敬业度关系研究[J]. 管理学报，2017，14(1).

[3] 胡泓，顾琴轩，陈继祥. 变革型领导对组织创造力和创新影响研究述评[J]. 南开管理评论，2012，15(5).

[4] 云鹏，彭剑锋，杨晨. 魅力型领导与创新型组织文化——人力资源管理的作用[J]. 中国人力资源开发，2015(10).

[5] 杨晶照，杨东涛，孙倩景. 组织文化类型对员工创新行为的作用机理研究[J]. 科研管理，2012，33(9).

[6] 赵书松，谭蓓菁. 组织性格研究述评与展望[J]. 管理学报，2017，14(1).

[7] Amabile, T. M. A model of creativity and innovation in organizations [J]. *Research in Organizational Behavior*，1988，10(10).

[8] Amabile, T. Creativity in context：update to the psychology of creativity [J]. *High Ability Studies*，1996(2).

[9] Ashforth, B. E., Mael, F. Social identity theory and the organization [J]. *Academy of Management Review*，1989，14(1).

[10] Bridges, W. *The character of organizations：Using personality type in organization development* [M]. California：Davies-Black Publishing，2000.

[11] Brewer, M. B. In-group bias in the minimal intergroup situation：A cognitive-motivational analysis. [J]. *Psychological Bulletin*，1979，86(2).

[12] Vakulov, B. G., Samko, S. G. Bruce, R. A. Determinants of innovative behavior：A path model of individual innovation in the workplace. [J]. *Academy of Management Journal*，1994，37(3).

[13] Carless, S. A., De Paola, C. The measurement of cohension in teams [J]. *Small Group Research*，2000，3(1).

[14] Carmeli, A., Schaubroeck, J. The influence of leaders' and other referents' normative expectations on individual involvement in creative work [J]. *Leadership Quarterly*，2007，18(1).

[15] Carron, A. V. Cohesiveness in sport groups：Interpretations and considerations [J]. *Journal of Sport Psychology*，1982，4(2).

［16］Drazin，R.，Kazanjian，R. K. Multilevel theorizing about creativity in organizations：A sense-making perspective ［J］. *Academy of Management Review*，1999，24(2).

［17］Dukerich，J . M.，Golden，B. R.，Shortell，S . M. Beauty is in the eye of the beholder：The impact of organizational identification，identity，and image on the cooperative behaviors of physicians［J］. *Administrative Science Quarterly*，2002，47(3).

［18］Damanpour，F. Organizational innovation：A meta-analysis of effects of determinants and moderators ［J］. *Academy of Management Journal*，1991，34(3).

［19］Ford，C. M. A theory of individual creative action in multiple social domains ［J］. *Academy of Management Review*，1996，21(4).

［20］Hatch，M. J.，Schultz，M. The dynamics of organizational identity ［J］. *Human Relations*，2002，55(8).

［21］Jung，D. I.，Chow，C.，Wu，A. The role of transformational leadership in enhancing organizational innovation：Hypotheses and some preliminary findings ［J］. *Leadership Quarterly*，2003，14(4-5).

［22］Kirton，M. J. Adaptors and innovators—Why new initiatives get blocked ［J］. *Long Range Planning*，1984，17(2).

［23］Kozlowsk，S.，Chao，G. The dynamics of emergence：Cognition and cohesion in work teams［J］. *Managerial and Decision Economics*，2012，33(5/6).

［24］Miller，D. Stale in the saddle：CEO tenure and the match between organization and environment ［J］. *Management Science*，1991，37(1).

［25］Miller Vernon，D.，Allen，M.，Casey，M. et al. Reconsidering the organizational identification questionnaire［J］. *Management Communication Quarterly*，2000，13(4) .

［26］Mumford，M. D.，Scott，G. M.，Gaddis，B.，Strange，J. M. Leading creative people：Orchestrating expertise and relationships. ［J］. *Leadership Quarterly*，2002，13(6).

［27］Newman，W. H. Basic objectives，Which shape the character of a company ［J］. *Journal of Business*，1953，26(8).

［28］Oldham，G. R.，Cummings，A. Employee creativity：Personal and contextual factors at work ［J］. *Academy of Management Journal*，1996，39(3).

［29］Paglis，L. L.，Green，S. G. Leadership self-efficacy and managers' motivation for leading change ［J］. *Journal of Organizational Behavior*，2002，23(2).

［30］Ryan，R. M.，Deci，E. L. Self-determination theory and the facilitation of intrinsic motivation，social development，and well-being. ［J］. *American Psychologist*，2000，55(1).

［31］Rogers，E. M. A diffusion of innovations ［J］. *Journal of Continuing Education in the Health Professions*，2008，17(1).

［32］Shalley，C. E. Effects of productivity goals，creativity goals，and personal discretion on individual creativity. ［J］. *Journal of Applied Psychology*，1991，76(2).

［33］Schneider，B. People make the place ［J］. *Personnel Psychology*，1987，40(3).

［34］Schneider，B.，Golstein，H. W.，Smith，D. B. The ASA framework update ［J］.

Personnel psychology, 1995, 48(4).

[35] Schneider, B., Smith, D. B., Taylor, S. et al. Personality and organizations: A Test of homogeneity of personality hypothesis [J]. *Journal of Applied Psychology*, 1998, 83(3).

[36] Shalley, C. E., Zhou, J., Oldham, G. R. The effects of personal and contextual characteristics on creativity: Where should we go from here? [J] *Journal of Management*, 2004, 30(6).

[37] Stewart, G. L. Toward an understanding of the multilevel role of personality in teams. In: Barrick, M. R ., Ryan, A, M. *Personality and work: Reconsidering the role of personality in organizations* [M]. San Francisco: Jossey-Bass, 2003.

[38] Slaughter, J . E., Stanton , J . M., Mohr, D. C., et al. The Interaction of attraction and selection: Implications for college recruitment and schneider's ASA model [J]. *Applied Psychology*, 2005, 54(4).

[39] Wright, R. The application of a conceptual scheme to understand organization character [J]. *Academy of Management Journal*, 1968, 11(4).

[40] Zhang, X. Linking empowering leadership and employee creativity: The influence of psychological empowerment, intrinsic motivation, and creative process engagement [J]. *Academy of Management Journal*, 2010, 53(1).

The Mechanism of Leader Encouragement of Creativity for Organizational Creative Character

Zhao Shusong[1]   Tan Beijing[2]   Zhu Yue[3]

(1 Public Management School of Central South University, Changsha, 410083;

2 Management School of Huazhong University of Science and Technology, Wuhan, 430074;

3 Honors College of Northwestern Polytechnical University, Xi'an, 710072)

Abstract: Organizational creative character is an important part of organizational character research, which can promote employee creative thinking from generation to realization. This paper focuses on a key factor promoting organizations to form a creative character: leader encouragement of creativity. Aiming at the hierarchy and structure of organizational creative character, the research argues that the Leader encouragement on creativity shapes the organizational character through the two stages of promotion and polymerization, while the organizational innovation culture also has an effect. In this case, this paper proposes a comprehensive model of the process of organizational creative character, summarizes the implications for management practice, and points out the direction of future empirical researches.

Key words: Leader encouragement of creativity; Organizational innovation culture; Innovative personality; Organizational creative character

专业主编：杜旌

直接融资与企业创新：来自中国 A 股市场的证据[*]

● 张光明[1]　赵常村[2]

（1，2 武汉大学经济与管理学院　武汉　430072）

【摘　要】运用 2006—2013 年中国 A 股上市公司的数据，考察了直接融资对于企业创新产出及其质量的影响，并进一步考察了两职合一对于直接融资与企业创新产出关系的调节效应。结果表明：直接融资对企业创新产出具有显著的正向影响；直接融资能激励企业去从事更高质量的创新性活动从而增加发明专利的产出；同时，两职合一负向调节直接融资与企业创新产出的关系。

【关键词】直接融资　企业创新　两职合一　间接融资

中图分类号：F832.5　　　　　文献标识码：A

1. 引言

创新作为发展的第一驱动力（Porter，1992），其重要性毋庸置疑。当前我国"大众创业、万众创新"的发展战略就是以创新驱动经济增长的典型例证，其核心是创新的激励问题。企业作为国民经济的创新主体，政府等监管机构应如何改善金融环境或制定相关法律法规以激励企业创新，这自然成为国家推动"双创"战略实施工作中亟待攻克的难题。《国务院关于大力推进大众创业万众创新若干政策措施的意见》（以下简称《意见》）在企业创新问题上明确提出"搞活金融市场，实现便捷融资"的工作思路。

学术界关于金融市场对企业创新作用的研究也颇为丰富。现有文献已经证明了金融市场的资金融通功能降低了企业外源融资的交易成本，使企业可以更容易地筹得资金，促进企业创新（Brown，2012；Cornaggia，2015）。从金融发展作用于企业创新的结构观来看，不同金融安排对企业创新的作用效果不尽相同。关于商业银行，有学者认为，商业银行因其风险规避的属性不利于企业创新（Boot，2000；La Porta，2002），而从银行业竞争程度的角度分析，不同学者关于商业银行融资是否有利于企业创新的研究结论则有所冲突（Cetorelli，2001；Carlin，2003）。一般认为，股权融资是有利于企业创新的（Allen，

---

* 通讯作者：赵常村，E-mail：1872212567@qq.com。

1993），而风险投资在促进中小企业创新活动中发挥着重要的作用（Keuschnin，2004）。同时，金融市场对企业创新作用机理的研究也颇为丰富，Grossman（1976），Allen and Gale（1999），Rajan and Zingales（2001），Beck and Levine（2002），Levine（2005），Brown，Fazzari and Petersen（2009）等学者在本研究领域作出了重大贡献。

从研究内容上看，目前关于资本市场对企业创新作用的微观渠道机制研究还很欠缺，尤其在我国。我国不乏关于创新影响因素的定性和定量研究（周亚虹和贺小丹等，2012；王文春和荣昭，2014），然而宏观层面的研究并不足以为企业创新提供更具针对性的有益参考，企业融资作为创新的输入项，其对于创新的重要性毋庸置疑，然而有关企业融资类型与创新的微观实证研究尚不多见。

朱欢（2010）以研发强度衡量上市公司技术创新水平，得出权益融资比债权融资更有利于企业技术创新的结论。李汇东、唐跃军和左晶晶（2013）以创新投资作为企业创新水平的衡量指标，发现权益融资对创新投资的影响更大，而债权融资对创新投资的影响并不显著。翟舸和白宪生（2015）的研究表明，上市公司资本结构与研发资金投入强度负相关。国内现有文献主要关注了权益融资与债权融资对企业创新的影响，实证数据窗口期短、研究行业单一。没有文献把债权融资细分，探讨何种债权融资更有利于促进企业创新，另一种债权融资方式——债券融资在创新研究中缺失，而且很多文献更关注于创新的投入项（R&D支出、技术人员投入等），而非把融资类型与企业创新产出联系起来。

从研究基础上看，需要特别注意的是以上学者关于作用机理的分析都是基于金融市场的功能——即资金融通、降低交易成本、风险管理、信息处理、公司治理等而作出的。

Manso（2011）提出激励创新的最优方案就是给予创新活动的早期失败以更大的宽容度和给予创新活动的最终成功以奖励。受当前中国"双创"发展战略、Manso（2011）和Atanassov（2007）的启发，本文认为资本市场至少还可以通过另一个途径影响企业创新——即是否给予企业的创新活动以宽容度从而激励企业创新。通过对现有文献的回顾，本文利用全行业上市公司数据，基于"激励"的影响路径，把债券融资考虑在内，将企业的外源融资划分为直接融资和间接融资，认为直接融资和间接融资会给予企业的创新活动以不同的宽容度，从而产生不同的激励作用继而影响创新产出。

股票和债券是中小企业直接融资的重要渠道（薛莹和焦璐，2016），在我国直接融资主要由非金融企业境内债券和非金融企业股票融资两大部分组成（张灿和刁节文，2016）。董楠等人（2017）使用债券融资份额和股票融资份额来衡量直接融资市场的发展，综上本文参照现有研究的做法，将企业的外源融资划分为直接融资和间接融资，直接融资包括权益融资和债券融资，间接融资包括银行等金融机构长期借款。

2. 理论分析与研究假说

2.1 直接融资、间接融资与企业创新产出

通过债券融资不会分散企业的所有权和控制权，同时债券投资者没有权利参与企业的经营决策管理（薛莹和焦璐，2016）。债券融资的公众投资者并不具备专业的信贷知识，

获取企业内部信息能力处于劣势，而且较为分散的公众投资者也并不具备监督企业资金实际使用情况的能力（付雷鸣、万迪昉和张雅慧，2010）。权益融资虽然会分散企业一部分所有权和控制权，但一般情况下控股股东对于企业的总体发展战略具有足够的把控力，特别是在如今上市公司股权越来越分散的背景下（马立行，2013），中小股东很少参与到企业管理（刘洋、郭欢，2008）。根据代理理论，公司的股东被认为是风险中性的，他们能够通过多元化的投资组合分散风险，进而规避了企业异质性的风险（解维敏和唐清，2013），因而他们是风险偏好的，所以直接融资会促进企业的风险投资，资金更可能流入创新性研发活动等高风险、高收益的投资项目。银行等金融机构可以对公司项目实施持续性的监控，尤其是当公司拟实施研发周期较长且研发风险较大的创新性项目时，银行等金融机构会设置严格的条款向公司施加压力或拒绝贷款，从而会抑制企业的风险投资，导致企业求稳经营而缺乏激励去实施高风险与收益并存的创新性项目。

由于股票投资者只能转让不能退股，权益融资一旦投入就成为企业永久性资金，且企业进行权益融资时没有固定的股利负担，债券投资者在债券到期之前不能向企业索取本金。而企业进行间接融资时，不得不面对可能出现的因绩效和现金流水平达不到贷款条款规定而被要求立即还款的风险，财务杠杆会在项目失败的情况下加剧企业亏损，增大企业破产概率（刘洋和郭欢，2008）。创新性活动不可能一蹴而就，在创新性战略正确的前提下需要容忍项目早期失败的风险，持续的资金供给对于企业创新活动的最终成功至关重要（刘培森和李后建，2016），相较于间接融资，直接融资给予了企业更大的资金回旋余地，保证了企业资金供给的持续性与稳定性，给予企业实施更具创新性的项目以更大的空间和宽容度。

在证券二级交易市场上，证券价格可以汇总分散的投资者信息并最终反映出对公司价值的精确评估，这有助于管理者根据广大投资者的信息汇总来改善决策（Baumol，1965；Bond，2012）。Allen and Gale（1999）认为创新性项目通常难以评估，投资者通常会对项目前景持有不同的观点，在权益融资市场中，股票价格反映了大范围内投资者的投资选择，因此，对企业的管理者而言，资产价格对如何更有效地经营管理企业提供了多种观点反馈的一个平台，进而权益融资市场提供的信息将逼近企业的真实信息集合和企业的真实价值，而正是这种信息显示的有效性为技术创新企业的融资提供了经济基础。通过债券融资对于企业的发展经营能力提出了较高的要求，如果企业的经营措施不当，则极易造成企业财务风险的发生，因而债券融资可以促使企业经营管理者慎重决策，也有助优化企业的经营决策体系。所以直接融资能通过激励管理层更加慎重、科学地选择创新性项目，并不断地优化经营决策来促进企业创新。综上，本文认为直接融资会促进企业的风险投资并增加企业的资金回旋余地，使企业拥有更大的自主性、灵活性并给予企业从事创新性实验活动以更大的容忍度，所以提出假设：

H1：直接融资相对于间接融资更能激励企业去从事创新性活动从而增加创新产出。

同国家之间的竞争相似，现代企业之间的竞争也是核心竞争力的竞争。创新是企业核心竞争力的源泉,在我国衡量企业创新的产出性指标——专利包括发明、实用新型和外观设计三种,其中发明专利的有效状况,最能够反映企业的科技创新力和市场竞争力(杨中楷和孙玉涛,2009)。现代企业的创新注意力会更多地配置在更高质量的创新项目中(吴建祖、曾宪聚和赵迎,2016),企业直接融资获得的资金更可能分配到能增强企业核心竞争力的创新性项目之中,因此本文在假设1的基础上提出:

H1a:直接融资能激励企业去从事更高质量的创新性活动从而增加发明专利的产出。

2.2 两职合一与企业创新产出

企业创新战略的成败取决于高管团队战略决策和战略实施的有效性(吴建祖、曾宪聚和赵迎,2016)。

从战略决策的角度讲,本文认为两职合一对于企业融资类型与创新产出关系的调节效应体现在以下两个方面:

2.2.1 董事长和CEO合二为一

既列席董事会,参与制定企业的投资经营决策;又负责投资经营活动的具体执行工作,并对其结果承担直接责任。创新性研发活动作为高风险与高收益并存的投资决策,其早期失败、研发失败的可能性较大,CEO出于自身风险和责任分担的考量,可能具有明显的风险厌恶倾向(Lewellyn K.,2012)。在融资结构已给予了企业实施创新性活动以较大的风险宽容度和自主性的前提下,仍倾向于求稳经营。而CEO同时作为董事长,确实有能力通过控制董事会来掌握公司信息和干预任命新的董事,从而对董事会决策产生重大影响(Dayton K.,1984),审议决定实施风险收益一般的项目。另外,Krista和Maureen(2012)认为,公司的管理者是自利的,拥有较大的权力会增加其追求自身利益的动机和能力,从而使得他们出于其自身利益考虑会抑制公司的风险投资行为。

2.2.2 合理的公司治理结构有利于企业充分地评估内外部环境以作出科学决策

不同的融资类型会给予企业不同的资金回旋余地,从而影响到企业投资经营决策的风险承担,进一步会影响到资金流向,在公司管理层结构合理的情况下,回旋余地大的资金更可能流入创新性研发等高风险高收益的投资活动之中,所以这有利于直接融资对企业创新产出作用的发挥。

从战略实施的角度讲,由于企业创新性项目的高风险性和高复杂度,创新性项目的实施需要企业高管团队合理、有效的评估和监控。Jensen(1993)指出,两职合一弱化了董事会对CEO决策的监督功能,强化了CEO决策的权力地位,CEO在缺乏配合与监督的情况下,以自身的知识、经验和能力可能并不足以处理好创新性项目的实施工作从而影响企业的创新产出。

综上,本文认为,两职合一会抑制公司的风险投资行为且不利于创新性项目有效、科学地实施,这在融资结构已给予了企业实施创新性活动以较大的风险宽容度和自主性的前提下,是不利于企业创新产出增加的,所以提出假设:

H2:两职合一负向调节企业直接融资与创新产出的关系。

3. 研究设计

3.1 变量说明

3.1.1 因变量——企业创新

本文选用上市公司的年度专利申请数据和有效专利数据作为企业创新产出的衡量指标，理由有二：

第一，相对于研发支出和技术人员投入等近似替代性指标，专利数据客观真实，更为直接与合理，而且专利标准变化缓慢，适合长时段的面板研究（Arundel，2001）。

第二，专利申请比专利授权更能反映创新的真实水平，因为专利申请更接近于实际的创新时间（Jensen，1993），考虑到专利从申请到授权的时间差，因此选用各年度专利的申请量（刘凤朝和沈能，2006；黄鲁成、袁艳华和李江，2006）。有效专利作为专利申请量的有益补充，更能准确反映权利人对专利权的实际拥有量。

3.1.2 自变量——直接融资和间接融资

参照刘伟和王汝芳（2006）的做法，对自变量设计如下：

直接融资：包括上市公司的权益融资和债券融资，本文针对债券融资设置了哑变量和相对数值两种表示指标。其中，如果企业当年的资产负债表中"应付债券"科目有余额，那么债券融资哑变量取1；反之，取0。

间接融资：指上市公司的银行等金融机构长期借款，关于间接融资与企业创新的负相关关系已经得到较为充分的理论和实证研究，学术界已经取得了基本一致的结论。本文在数据回归中重点关注直接融资与企业创新产出的关系，在稳健性分析中会加入对间接融资的验证分析。

3.1.3 控制变量

控制变量的选取主要参考 Atanassov（2007）及刘伟和王汝芳（2006）的研究，具体测量见表1。

3.2 数据和处理方法

由于在2006年之前只有极少数公司在管理费用中披露了研发费用信息，2014年新的公司债券发行管理办法实施后，中国债券市场发生了巨大变化，本文采用的数据窗口为2006—2013年，数据均来自于国泰安 CSMAR 数据库，选择披露了当年企业研发费用的非金融类A股上市公司作为研究样本，删除首年上市和ST、PT的股票，并剔除了关键变量数据缺失的股票，对变量进行1%的 Winsorize 处理，本文的数据分析软件为 Stata12。

本文的数据处理方法：考虑到本文的被解释变量——专利申请和有效专利属于计数变，所以考虑使用泊松回归。因为很多公司某些年度的专利申请量为0且各行业、各公司之间专利申请、有效专利量差异较大，被解释变量可能存在"过度分散"的特征，所以本文先进行了零膨胀负二项回归，根据回归结果得出的 voung 值，初步判定应该采用标准负二项回归，而标准负二项回归输出的 LR 检验结果也证实了被解释变量确实存在

"过度分散"的特征，所以本文确定采用标准负二项回归，并使用 mfx 指令对回归结果求边际效应。

表1　　　　　　　　　　　　　　　　变量名称、符号和定义

	名称		符号	定　义
被解释变量	专利申请		PATENT	上市公司年度专利(在我国包括发明、实用新型和外观设计三种)的申请数量
	有效专利		PATENTINF	上市公司年度在有效期内的专利持有量
	发明有效专利		INVENTION	上市公司年度在有效期内的发明专利持有量
	实用新型有效专利		UTILITY	上市公司年度在有效期内的实用新型专利持有量
	外观设计有效专利		DESIGN	上市公司年度在有效期内的外观设计专利持有量
解释变量	直接融资	股权融资	Equity	t 期期末上市公司股本与资本公积之和/期末总资产
		债券融资	Bond1	哑变量，如果上市公司在 t 期有债券融资，则取 1；否则，取 0
			Bond2	t 期期末上市公司应付债券账面价值/期末总资产
	间接融资	长期借款	Debt	t 期期末上市公司长期借款账面价值/期末总资产
调节变量	两职合一		Dual	哑变量，如果上市公司的董事长与 CEO 两职合一，取 1；否则，取 0
控制变量	资金集中度		Cash	t 期期末上市公司货币资金的账面价值/t 期期末总资产
	资产有形性		Tangible	t 期期末上市公司固定资产的账面价值/t 期期末总资产
	企业年龄		Age	(t 期年份-上市公司成立年份+1)的自然对数
	托宾 Q		Q	t 期期末上市公司市场价值/期末总资产
	企业规模		Size	企业销售总收入的自然对数
	资产收益率		ROA	t 期期末上市公司净利润/期末总资产
	有效税率		ETR	t 期期末上市公司所得税费用/利润总额
	赫芬达尔指数		HHI	产业市场集中度测量指标，用一个行业中各市场竞争主体所占行业总收入或总资产百分比的平方和表示
	赫芬达尔指数平方		HHI^2	赫芬达尔指数的平方项
	股票年收益率		RET	t 期上市公司(年末股价-年初股价)/年初股价
	研发投入		RD	企业研发总投入的自然对数
	存货集中度		Inventory	t 期期末上市公司存货的账面价值/期末总资产

4. 实证结果分析

4.1 描述性统计

从描述性统计中,可以很直观地看出我国各行业、各公司之间的年度专利申请量和有效专利量存在很大差异。从自变量的描述性统计中,可以看出我国上市公司债券融资的发展水平的确低于股票和金融机构长期借款,这种局面产生的重要原因是我国曾长期忽视公司债券市场的发展,片面地将发展资本市场理解成为发展股票市场(兰邦华和尹中立,2005),致使我国企业的债券融资先天不足。自2005年以来,支持我国企业进行债券融资的制度创新层出不穷,债券市场在稳步快速地向前发展(黄鲁成、袁艳华和李江,2006),目前我国债券市场已有了长足的进步(见表2)。

表2 变量的描述性统计

	均值	最大值	最小值	标准差
PATENT	35.764	662	1	88.010
PATENTINF	81.070	1449	1	193.849
Equity	0.409	2.274	0.593	0.307
Bond2	0.010	0.165	0	0.032
Debt	0.058	0.433	0	0.092
Cash	0.182	0.665	0.05	0.138
Tangible	0.257	0.763	0.023	0.181
Age	2.118	3.045	0.693	0.689
Q	2.624	13.225	0.923	1.986
Size	21.097	25.147	16.841	1.504
ROA	0.035	0.211	−0.269	0.065
ETR	0.171	0.84	−0.657	0.184
HHI	0.114	0.536	0.021	0.114
HHI^2	0.026	0.287	0.004	0.55
RET	0.392	4.022	−0.755	0.942
RD	8.166	20.516	0	8.604
Inventory	0.172	0.762	0	0.158

4.2 回归分析

4.2.1 直接融资与企业创新产出关系的回归结果

表3中前6列详细地汇报了直接融资与企业创新产出关系的回归结果，表3中的回归系数表示因变量和自变量之间的边际效应，在前3列中，我们使用上市公司的年度专利申请数作为因变量进行标准负二项回归。其中，在第1列中，本文单独回归估计了企业股权融资与创新产出之间的关系。在第2列中，在股权融资的基础上，加入了一个表示企业是否进行债券融资的哑变量，如果企业当年的资产负债表中"应付债券"科目有余额，则取1；否则，取0。在第3列中，我们使用企业的股权融资和债券融资相对数来表示企业的直接融资。在第4~6列中，我们使用上市公司的年度有效专利数作为因变量进行标准负二项回归，自变量设计思路同上。以下重点汇报前3列，即使用专利申请数作为因变量进行回归时的回归结果。

回归结果表明企业的直接融资与创新产出之间呈显著的正相关关系。其中，企业股权融资和债券融资相对数的回归系数为正且在10%的显著性水平上显著，企业债券融资虚拟变量的回归系数为正且在1%的显著性水平上显著。企业债券融资虚拟变量的回归结果表明相较于没有进行债券融资的企业，进行债券融资的企业的年度专利申请数会平均多出4.916件。回归结果表明：股权融资自变量每增加1%，会使企业的专利申请量增加约4.89%，而债券融资自变量每1%的增加则会带来专利申请量18.89%的增加。本文的上述回归发现与现有文献有所不同，大多数现有文献已发现了企业股权融资与R&D支出之间的正相关关系（朱欢，2010；李汇东、唐跃军和左晶晶，2013），但本文在控制了企业的R&D支出的同时，发现了企业的直接融资与创新产出之间显著的正相关关系，从而表明直接融资对于企业创新产出的影响并不一定要通过R&D起作用。

同理，在使用上市公司的年度有效专利数作为因变量进行回归时，回归结果更佳。HHI和HHI^2的回归系数分别为正和负，这与现有研究的结论是一致的（刘凤朝和沈能，2006）。本研究的回归结果验证了企业R&D支出与有效专利数之间存在显著的正相关关系，但使用专利申请数作为因变量时，R&D支出的回归结果与经验有所偏差，一个合理的解释是企业研发活动的长期性导致研发投入无法在短期内转化成专利申请量，但毫无疑问是有利于企业创新产出的累计数——即有效专利量的增加的。

在稳健性检验中，我们在回归中加入企业的间接融资项（Debt），股权和债券融资保持着与企业创新产出之间显著正相关的关系，而企业的间接融资则与创新产出呈显著的负相关关系，间接融资的回归结果与大部分国内的研究结论是一致的，所以对于间接融资与企业创新产出之间的关系，本文不作重点探讨。

4.2.2 直接融资与企业创新产出质量关系的回归结果

专利的有效状况，特别是发明专利的有效状况，更能够反映企业的科技创新力和市场竞争力（杨中楷和孙玉涛，2009）。所以针对假设H1a，本文认为企业的直接融资与企业有效专利中的发明专利可能存在有待验证的相关性，所以我们作了以下回归加以验证，如表3中第7~9列所示，回归发现，当我们把有效专利数据拆分来看时，直接融资只与发明有效专利呈显著的正相关关系，所以本文合理推断直接融资能激励企业去从事更高质量的创新性活动从而增加发明专利的产出。

表3　　　　　　直接融资与企业创新产出、直接融资与创新产出质量的回归结果

	PATENT			PATENTINF			INVENTION	UTILITY	DESIGN
	(1)	(2)	(3)	(4)	(5)	(6)	(7)	(8)	(9)
Equity	4.546*	4.995*	4.891*	19.516***	21.276***	21.009***	4.679***	3.137	9.316***
	(1.76)	(1.93)	(1.89)	(4.12)	(4.47)	(4.41)	(4.31)	(1.33)	(4.87)
Bond1		4.916***			14.172***				
		(3.51)			(4.94)				
Bond2			18.888*			74.688***	11.619**	46.791***	2.784
			(1.62)			(3.28)	(2.28)	(3.60)	(0.31)
Cash	2.580	3.299	2.703	−3.953	−3.296	−4.199	−4.854***	−7.493**	5.135*
	(0.72)	(0.92)	(0.75)	(−0.58)	(−0.48)	(−0.61)	(−3.16)	(−2.21)	(1.90)
Tangible	−7.438**	−6.674*	−7.246**	−26.705***	−26.770***	−27.162***	−5.536***	−7.562**	−10.939***
	(−2.15)	(−1.93)	(−2.10)	(−4.13)	(−4.16)	(−4.20)	(−3.73)	(−2.37)	(−4.35)
Age	−3.197***	−3.024***	−3.167***	−7.882***	−7.377***	−7.777***	−0.625**	−5.452***	−1.294***
	(−5.06)	(−4.77)	(−5.01)	(−6.59)	(−6.14)	(−6.48)	(−2.33)	(−9.27)	(−2.78)
Q	2.080***	1.994***	2.051***	2.724***	2.578***	2.667***	0.238*	0.453	0.633***
	(6.14)	(5.87)	(6.05)	(4.39)	(4.16)	(4.30)	(1.71)	(1.47)	(3.03)
Size	13.815***	13.327***	13.701***	29.222***	28.033***	28.847***	4.997***	10.297***	5.007***
	(35.30)	(29.75)	(34.50)	(36.55)	(34.32)	(35.89)	(29.01)	(26.37)	(17.12)
ROA	20.471**	24.112***	21.916***	−3.444	5.774	1.342	1.313	5.425	−4.929
	(2.46)	(2.89)	(2.63)	(−0.24)	(0.41)	(0.09)	(0.41)	(0.76)	(−0.93)
ETR	−11.082***	−11.131***	−10.982***	−9.113**	−9.298**	−8.770**	−2.564***	−2.814	−0.972
	(−4.71)	(−4.72)	(−4.67)	(−2.24)	(−2.29)	(−2.15)	(−2.74)	(−1.30)	(−0.65)
HHI	20.802	20.261	20.468	68.892*	68.960*	67.524*	21.352**	51.479***	−17.359
	(1.00)	(0.97)	(0.98)	(1.89)	(1.90)	(1.86)	(2.53)	(2.98)	(−1.42)
HHI^2	6.273	7.298	7.232	−152.001**	−152.913**	−148.325**	−36.900**	−130.40***	46.583**
	(0.15)	(0.18)	(0.18)	(−2.14)	(−2.16)	(−2.09)	(−2.28)	(−3.96)	(1.96)
RET	−0.116	0.049	−0.040	−1.191	−0.652	−0.863	0.022	−0.949	−0.294
	(−0.16)	(0.07)	(−0.06)	(−0.90)	(−0.49)	(−0.65)	(0.07)	(−1.47)	(−0.64)
RD	−0.085	−0.086	−0.088	0.605***	0.599***	0.598***	0.231***	0.032	0.047
	(−1.02)	(−1.04)	(−1.06)	(3.95)	(3.92)	(3.90)	(6.82)	(0.45)	(0.90)
Inventory	2.579	3.719	2.904	10.362	12.821	11.617	−4.092**	−6.213	4.946
	(0.57)	(0.82)	(0.64)	(1.24)	(1.53)	(1.39)	(−2.21)	(−1.50)	(1.51)

	PATENT			PATENTINF			INVENTION	UTILITY	DESIGN
	(1)	(2)	(3)	(4)	(5)	(6)	(7)	(8)	(9)
Constant	−9.150***	−8.797***	−9.072***	−9.080***	−8.666***	−8.953***	−10.248***	−10.621***	−11.454***
	(−21.95)	(−20.60)	(−21.62)	(−25.57)	(−23.88)	(−25.06)	(−23.32)	(−21.66)	(−11.54)
Obs	5325	5325	5325	6637	6637	6637	6,637	5,136	5,136
INDUS-TRY FE	YES	YES	YES	YES	YES	YES	YES	YES	YES
YEAR FE	YES	YES	YES	YES	YES	YES	YES	YES	YES
Log-likeli-hood	−22,442	−22,434	−22440.353	−32751.23	−32735.76	−32745.61	−21596.583	−20234.39	−13585.853

注：* * *表示 $p<0.01$，* *表示 $p<0.05$，*表示 $p<0.1$。

4.2.3 两职合一对直接融资与企业创新产出关系的调节效应回归结果

如表4所示，在分析两职合一对直接融资与企业创新产出关系的调节效应时，重点关注交乘项的符号和显著性，回归结果发现：不论是采用专利申请，还是有效专利作为因变量，两职合一对于直接融资与企业创新产出关系的影响均显著为负，这说明上市公司两职合一的情况不利于企业创新。

表4　　　　　　　两职合一对直接融资与企业创新产出关系的调节效应回归结果

	PATENT	PATENTINF
Equity	8.517***	37.583***
	(2.79)	(5.40)
Dual_Equity	−10.348***	−34.982***
	(−2.72)	(−3.88)
Bond2	31.617**	101.664***
	(2.45)	(3.37)
Dual_Bond2	−52.829*	−95.22*
	(−1.94)	(−1.68)
DUAL	9.831***	31.317***
	(4.27)	(5.46)
Cash	2.221	−3.628
	(0.62)	(−0.44)

续表

	PATENT	PATENTINF
Tangible	−7.756**	−27.028***
	(−2.25)	(−3.36)
Age	−2.513***	−3.845***
	(−3.94)	(−2.60)
Q	2.076***	3.494***
	(6.13)	(4.52)
Size	13.780***	34.560***
	(31.46)	(34.90)
ROA	20.383**	−9.986
	(2.45)	(−0.54)
ETR	−11.258***	−9.087*
	(−4.80)	(−1.79)
HHI	22.235	46.849
	(1.08)	(1.00)
HHI^2	1.098	−118.683
	(0.03)	(−1.31)
RET	0.117	−0.266
	(0.17)	(−0.16)
RD	−0.103	0.375*
	(−1.25)	(1.92)
Inventory	1.716	10.91
	(0.38)	(1.04)
Constant	−9.288***	−9.227***
	(−21.92)	(−25.72)
Obs	5.325	5.536
INDUSTRY FE	YES	YES
YEAR FE	YES	YES
Log-likelihood	−22423.793	−32714.944

注：＊＊＊表示 $p<0.01$，＊＊表示 $p<0.05$，＊表示 $p<0.1$。

52

5. 稳健性和内生性检验

5.1 稳健性检验

首先，本文在回归中加入间接融资变量(Debt)，回归结果与现有研究结论无异，间接融资与企业创新产出呈显著的负相关关系，回归结果见表5中第1列。

2009年，我国流转税法发生了较大变动，这对于企业的营业税金及附加和所得税费用都造成了较大的影响。鉴于此，本文把数据窗口进一步划分为2006—2009年和2010—2013年两个时段，进一步分析企业直接融资和创新产出在2009年税法变动前后的回归情况，回归结果显示企业直接融资与创新产出在这两个时间段内仍保持显著的正相关关系，回归结果见表5中第2列。

考虑到研发活动的长期性，企业的融资类型对创新产出的作用周期可能长于一年，所以本文考虑把自变量分别滞后一期和两期，来估计所有的回归模型。回归结果显示企业直接融资与创新产出在自变量滞后一期和两期的情况下仍保持显著的正相关关系(稳健性回归结果见第3、4列)，并且两职合一仍负向调节直接融资与企业创新产出的关系(稳健性回归结果见第5、6列)。

表5   稳健性检验回归结果

	1		2			
			2006—2009		2010—2013	
	PATENT	PATENTINF	PATENT	PATENTINF	PATENT	PATENTINF
Equity	5.746**	18.846***	7.618**	16.159***	7.663**	28.540***
	(2.55)	(3.98)	(2.51)	(2.67)	(2.42)	(4.22)
Bond2	22.298**	82.605***	52.805**	129.145***	17.473*	90.630***
	(2.23)	(3.81)	(2.12)	(2.68)	(1.87)	(3.39)
Debt	−9.026*	−36.744***				
	(−1.75)	(−3.50)				
Cash	0.708	−9.183	−6.624	−2.285	6.478	−10.493
	(0.23)	(−1.38)	(−1.31)	(−0.24)	(1.63)	(−1.15)
Tangible	−7.329**	−20.477***	−16.218***	−23.571***	−4.451	−24.537***
	(−2.47)	(−3.26)	(−3.82)	(−2.96)	(−1.15)	(−2.77)
Age	−3.268***	−7.630***	−5.077***	−7.577***	−2.352***	−7.937***
	(−5.90)	(−6.56)	(−5.50)	(−4.49)	(−3.33)	(−4.98)

	1		2			
			2006—2009		2010—2013	
	PATENT	PATENTINF	PATENT	PATENTINF	PATENT	PATENTINF
Q	1.845***	2.568***	1.397***	1.14	1.781***	3.118***
	(6.29)	(4.24)	(3.57)	(1.59)	(4.21)	(3.35)
Size	12.782***	28.696***	10.397***	20.635***	13.966***	33.361***
	(33.66)	(36.64)	(19.20)	(20.55)	(27.36)	(29.89)
ROA	16.950**	0.533	8.663	−7.501	19.454**	15.045
	(2.39)	(0.04)	(0.92)	(−0.47)	(2.00)	(0.74)
ETR	−8.574***	−10.611***	−5.029*	−3.331	−10.241***	−14.938***
	(−4.28)	(−2.66)	(−1.72)	(−0.61)	(−3.95)	(−2.74)
HHI	24.302	65.900*	17.254	42.629	−33.203	103.251
	(1.39)	(1.88)	(0.76)	(1.07)	(−1.08)	(1.55)
HHI^2	−9.86	−152.177**	−6.645	−106.011	89.845	−273.711**
	(−0.29)	(−2.23)	(−0.16)	(−1.45)	(1.47)	(−2.08)
RET	−0.17	−0.763	−0.034	−0.515	0.696	−0.005
	(−0.28)	(−0.60)	(−0.06)	(−0.46)	(0.60)	(−0.00)
RD	−0.049	0.491***	−0.185*	0.049	0	0.919***
	(−0.71)	(3.40)	(−1.88)	(0.27)	(−0.00)	(4.53)
Inventory	0.654	7.765	−4.689	5.495	5.907	16.412
	(0.17)	(0.95)	(−0.79)	(0.50)	(1.18)	(1.45)
Constant	−9.631***	−9.480***	−8.558***	−9.983***	−10.064***	−9.230***
	(−24.57)	(−26.63)	(−12.63)	(−15.23)	(−20.31)	(−21.32)
Observations	5,325	6,637	1,455	1,758	3,207	4,182
INDUSTRY FE	YES	YES	YES	YES	YES	YES
YEAR FE	YES	YES	YES	YES	YES	YES
Log-likelihood	−24853.7	−34137.099	−7659.977	−10159.832	−17216.9	−24032.221

	3		4	
	PATENT2	PATENTINF2	PATENT3	PATENTINF3
Equity	7.029***	20.838***	5.973**	21.182***
	(2.74)	(3.75)	(2.08)	(3.17)

	3		4	
	PATENT2	PATENTINF2	PATENT3	PATENTINF3
Bond2	32. 583 **	80. 744 ***	65. 768 ***	126. 015 ***
	(2. 45)	(2. 78)	(3. 34)	(2. 90)
Cash	0. 225	−9. 633	−2. 864	−12. 247
	(0. 06)	(−1. 18)	(−0. 62)	(−1. 21)
Tangible	−7. 202 **	−23. 903 ***	−10. 489 **	−25. 905 ***
	(−2. 04)	(−3. 19)	(−2. 57)	(−2. 90)
Age	−4. 053 ***	−11. 315 ***	−5. 444 ***	−15. 848 ***
	(−6. 14)	(−8. 06)	(−6. 62)	(−8. 93)
Q	2. 218 ***	3. 957 ***	2. 660 ***	4. 755 ***
	(6. 64)	(5. 58)	(6. 91)	(5. 76)
Size	13. 597 ***	31. 508 ***	14. 551 ***	34. 507 ***
	(30. 19)	(33. 59)	(27. 09)	(29. 95)
ROA	9. 109	10. 812	−3. 498	14. 461
	(1. 09)	(0. 65)	(−0. 35)	(0. 73)
ETR	−9. 236 ***	−14. 268 ***	−9. 311 ***	−14. 531 **
	(−3. 65)	(−2. 87)	(−3. 11)	(−2. 36)
HHI	7. 795	104. 849 ***	−2. 241	88. 617 *
	(0. 39)	(2. 61)	(−0. 10)	(1. 91)
HHI^2	22. 306	−207. 077 ***	43. 593	−163. 869 *
	(0. 58)	(−2. 68)	(1. 02)	(−1. 86)
RET	−0. 204	−1. 346	0. 254	−0. 999
	(−0. 30)	(−0. 92)	(0. 35)	(−0. 64)
RD	−0. 084	0. 388 **	−0. 133	0. 26
	(−1. 14)	(2. 45)	(−1. 60)	(1. 45)
Inventory	−1. 717	8. 02	−5. 252	−2. 945
	(−0. 38)	(0. 83)	(−0. 96)	(−0. 25)
Constant	−9. 445 ***	−9. 633 ***	−9. 651 ***	−9. 626 ***
	(−21. 96)	(−24. 84)	(−20. 06)	(−21. 97)
Observations	4. 542	5. 634	3. 721	4. 383

	3		4	
	PATENT2	PATENTINF2	PATENT3	PATENTINF3
INDUSTRY FE	YES	YES	YES	YES
YEAR FE	YES	YES	YES	YES
Log-likelihood	−20183. 8	−28007. 3	−15667. 9	−22060. 7
	5		6	
	PATENT2	PATENTINF2	PATENT3	PATENTINF3
Equity	11. 029 ***	32. 101 ***	10. 816 ***	34. 004 ***
	(3. 78)	(5. 05)	(3. 37)	(4. 47)
Dual_Equity	−12. 656 ***	−32. 460 ***	−18. 146 ***	−39. 374 ***
	(−3. 29)	(−3. 85)	(−3. 84)	(−3. 74)
Bond2	55. 201 ***	133. 215 ***	91. 913 ***	184. 035 ***
	(3. 79)	(4. 17)	(4. 32)	(3. 92)
Dual_Bond2	−125. 266 ***	−242. 802 ***	−191. 803 ***	−337. 058 ***
	(−3. 94)	(−3. 47)	(−3. 83)	(−3. 09)
DUAL	10. 910 ***	31. 128 ***	12. 659 ***	37. 136 ***
	(4. 48)	(5. 47)	(4. 15)	(5. 09)
Cash	0. 168	−8. 825	−3. 245	−13. 765
	(0. 04)	(−1. 10)	(−0. 71)	(−1. 38)
Tangible	−8. 060 **	−24. 348 ***	−11. 853 ***	−28. 756 ***
	(−2. 30)	(−3. 29)	(−2. 92)	(−3. 25)
Age	−3. 513 ***	−9. 614 ***	−5. 059 ***	−14. 170 ***
	(−5. 31)	(−6. 86)	(−6. 15)	(−8. 04)
Q	2. 208 ***	3. 991 ***	2. 638 ***	4. 735 ***
	(6. 65)	(5. 71)	(6. 88)	(5. 80)
Size	13. 667 ***	31. 696 ***	14. 640 ***	34. 722 ***
	(30. 41)	(34. 01)	(27. 30)	(30. 36)
ROA	6. 793	10. 215	−2. 85	16. 569
	(0. 82)	(0. 62)	(−0. 29)	(0. 83)
ETR	−9. 142 ***	−14. 661 ***	−9. 392 ***	−14. 960 **

	5		6	
	PATENT2	PATENTINF2	PATENT3	PATENTINF3
	(−3.62)	(−2.97)	(−3.16)	(−2.45)
HHI	11.658	105.493***	1.346	92.049**
	(0.59)	(2.67)	(0.06)	(2.02)
HHI^2	13.721	−212.344***	35.303	−174.986**
	(0.36)	(−2.80)	(0.83)	(−2.02)
RET	−0.037	−1.264	0.324	−0.935
	(−0.05)	(−0.87)	(0.45)	(−0.60)
RD	−0.09	0.345**	−0.148*	0.204
	(−1.23)	(2.19)	(−1.79)	(1.15)
Inventory	−2.783	9.09	−6.19	−2.538
	(−0.61)	(0.94)	(−1.14)	(−0.22)
Observations	4.842	5.634	3.721	4.383
INDUSTRY FE	YES	YES	YES	YES
YEAR FE	YES	YES	YES	YES

注：＊＊＊表示 $p<0.01$，＊＊表示 $p<0.05$，＊表示 $p<0.1$。

5.2 内生性检验①

针对潜在的内生性问题，本文也执行了针对性的检验。本文研究问题的内生性可能产生于：创新能力强的公司倾向于进行直接融资，例如直接融资的投资者更倾向于投资创新能力强的公司或更具风险性和收益性的项目。

本文采用工具变量法来解决内生性问题，一般认为，知名度高的企业更易于通过股票和债券市场获得融资，从而倾向于使用直接融资（Faulkender，2006），但没有文献证明知名度越高，企业的创新产出就越多。鉴于此，本文选取沪深300指数来衡量企业的知名度，如果上市公司是沪深300成分股，则取1；反之，取0。

回归结果表明，沪深300指数与企业的直接融资呈显著的正相关关系，所以本文把沪深300指数作为工具变量得出其与直接融资的拟合值，用拟合值来解释企业创新产出，拟

---

① 限于文章篇幅，内生性问题的回归结果未在文章正文中列示。

合值与企业创新产出同样呈显著的正相关关系，以此来缓解本文的内生性问题。

6. 研究结论和管理建议

本文通过研究直接融资与间接融资对企业创新产出的影响，从微观角度进一步证明了直接融资对于企业创新的重要价值，并从公司治理结构的角度探讨了两职合一对于直接融资与企业创新产出关系的调节效应，发现了两职合一负向调节二者之间的关系。本文从研究对象的选择、关注直接融资的重要作用、样本的严格选取、部分指标的独特设计等方面进一步丰富了企业融资类型和创新能力的有关研究。

推动"双创"战略发展的一条重要工作思路就是进一步完善我国的直接融资渠道建设，提高直接融资比重，开发符合创新需求的金融服务，以及加强多层次资本市场的建设。在完善我国股票市场的同时特别要加速企业的债券融资渠道建设，毕竟债券融资相较于股票融资，更具时间和成本方面的优越性，同时能够更广泛地惠及中小型企业的融资需求。《意见》在企业创新问题上已经明确提出了"搞活金融市场，实现便捷融资"的工作思路，细则里面更是提到要进一步鼓励我国债券市场的加速发展，尽管我国债券市场的发展比较滞后，但已经走在了一条积极正确的发展道路上。

本文的研究结果对于企业具有如下启示：第一，完善的公司治理结构对于企业创新战略的科学决策和成功实施都尤为重要，企业应尽可能避免两职合一情形的存在。企业的管理层在创新性战略的决策过程中，应重点关注企业的融资类型、资本结构及资金供给的稳定性和资金回旋余地，并由此确定相应的风险承担水平，确保不存在利益冲突、风险厌恶倾向等可能削弱决策科学性的情况，从而使直接融资获得的资金顺利流入到创新性研发等投资活动之中；在创新性战略的实施过程中，经营责任与决策责任应相分离，企业应确保战略实施人员在知识、经验和能力方面的胜任性，并对战略实施进行有效的监控。第二，企业在进行融资时，可有意识、有条件地利用直接融资来获得更大的经营灵活性，以更好地促进企业经营战略的推行。

◎ 参考文献

[1] 程子健，刘文，辛忠晟："一带一路"背景下中国企业境外上市的全球布局研究[J].东岳论丛，2017(9).

[2] 董楠，伏霖，徐思.直接融资对我国银行业特许权价值的影响——基于 Panzar-Rosse 模型的实证研究[J].国际金融研究，2017(6).

[3] 冯素玲，张宇.中国 P2P 网络借贷研究：分析框架、研究进展与未来展望[J].济南大学学报(社科版)，2017(5).

[4] 付雷鸣，万迪昉，张雅慧.中国上市公司公司债发行公告效应的实证研究[J].金融研究，2010(3).

[5] 黄鲁成，袁艳华，李江.基于专利技术份额的企业技术创新能力实证研究[J].科技进步与对策，2006，28(21).

[6] 兰邦华，尹中立. 发展公司债券市场是促进直接融资发展的有效举措[J]. 中国金融，2005(19).

[7] 李汇东，唐跃军，左晶晶. 用自己的钱还是用别人的钱创新——基于中国上市公司融资结构与公司创新的研究[J]. 金融研究，2013(2).

[8] 刘伟，王汝芳. 中国资本市场效率实证分析——直接融资与间接融资效率比较[J]. 金融研究，2006(1).

[9] 刘洋，郭欢. 企业债务融资的优势：基于与股权融资的比较分析[J]. 企业家天地下半月刊(理论版)，2008(10).

[10] 刘培森，李后建. 企业创新来源：信贷市场还是股票市场[J]. 贵州财经大学学报，2016(2).

[11] 刘凤朝，沈能. 基于专利结构视角的中国区域创新能力差异研究[J]. 管理评论，2006(18).

[12] 马立行. 中国上市公司股权集中度变化趋势的实证研究[J]. 上海经济研究，2013(3).

[13] 王文春，荣昭. 房价上涨对工业企业创新的抑制影响研究[J]. 经济学(季刊)，2014，13(2).

[14] 吴建祖，曾宪聚，赵迎. 高层管理团队注意力与企业创新战略——两职合一和组织冗余的调节作用[J]. 科学学与科学技术管理，2016(5).

[15] 解维敏，唐清泉. 高管持股与企业创新——来自中国上市公司的经验证据[J]. 现代管理科学，2013(3).

[16] 薛莹，焦璐. 直接融资与中小企业的发展[J]. 财经纵览，2016(11).

[17] 杨中楷，孙玉涛. 基于专利持有模型的我国有效专利分析[J]. 科技管理研究，2009，29(2).

[18] 袁克利，于金亭. 上市公司债券融资与盈余管理行为实证研究——基于中国公司债券发行的经验证据[J]. 金融经济月刊，2012(11).

[19] 翟艴，白宪生. 企业资本结构、盈利能力与技术创新能力的研究——以山西省与中部和周边省份为例[J]. 财会通讯，2015(36).

[20] 张灿，刁节文. 债券融资、股票融资与经济增长关系研究——基于协整和VECM模型的实证分析[J]. 科技与经济，2016(6).

[21] 周亚虹，贺小丹，沈瑶. 中国工业企业自主创新的影响因素和产出绩效研究[J]. 经济研究，2012(5).

[22] 朱欢. 我国金融发展对企业技术创新作用效果的实证分析[J]. 科技管理研究，2010(14).

[23] Allen, F. Stock markets and resource allocation. In: Mayer, C., Vives, X. *Capital markets and financial interrnecliation* [M]. Cambridge: Cambridge University Press, 1993.

[24] Allen, F., Gale, D. Diversity of opinion and financing of new technologies[J]. *Journal of Financial Intermediation*, 1999(8).

[25] Arundel, A. The relative effectiveness of patents and secrecy for appropriation [J].

Research Policy, 2001(30).

[26] Atanassov, J., Nanda, V., Seru, A. Finance and innovation: The case of publicly traded firms[R]. *Unpublished Working Paper*, *University of Michigan*, 2007.

[27] Baumol, W. *The stock market and economic efficiency* [M]. New York: Fordham University Press, 1965.

[28] Beck, T., Levine, R. Industry growth and capital allocation: Does having a market- or bank-based system matter? [J]. *Journal of Financial Economics*, *Elsevier*, 2002, 64 (2).

[29] Boot, A. W. A., Thakor, A. V. Can relationship banking survive competition? [J]. *Journal of Finance*, 2000, 4 (2).

[30] Bond, P., Alex, E., Itay, G. The real effects of financial markets[J]. *Annual Review Financial Economics*, 2012 (4).

[31] Brown, J. R., Fazzari, S. M., Petersen, B. Financing innovation and growth: Cash flow, external equity, and the 1990s R&D boom[J]. *Journal of Finance*, 2009 (64).

[32] Brown , J. R., Martinsson , G., Petersen, B. C. Do financing constraints matter for R&D? [J]. *Europe Economics Review*, 2012(56).

[33] Carlin, W., Colin, M. Finance, Investment, and Growth [J]. *Journal of Financial Economics*, 2003 (69).

[34] Cetorelli, N., Gambera, M. Banking market structure, financial dependence and growth: International evidence from industry data[J]. *The Journal of Finance*, *Forthcoming*, 2001 (56).

[35] Cornaggia, J., Mao, Y., Tian, X., Wolfe, B. Does banking competition affect innovation? [J]. *Financial Economics*, 2015 (115).

[36] Dayton, K. N. Corporate governance: The other side of the coin [J]. *Harvard Business Review*, 1984, 62(1).

[37] Faulkender, M., Petersen, M. Does the source of capital affect capital structure? [J] . *Review Financial Study*, 2006 (19).

[38] Griliches, Z., Pakes, A., Hall B. The value of patents as indicators of inventive activity. In: Dasgupta , P., Stoneman, P. *Economic policy and technological performance* [M]. Cambridge : Cambridge University Press, 1987.

[39] Grossman, S. On the efficiency of competitive stock markets where trades have diverse information[J]. *Journal of Finance*, 1976, (31).

[40] Jensen, M. C. Th e modern industrial revolution, exit, and the failure of internal control systems[J]. *Journal of Finance*, 1993, 48(3).

[41] Keuschnin, C. Venture capital backed growth[J]. *Journal of Economic Growth*, 2004, 9 (2).

[42] La Porta, R., Lopez de Silanes, F., Schleifer, A. Government ownership of banks[J]. *Journal of Finance*, 2002 (57).

[43] Lewellyn, K. B., Muller-Kahie, M. I. CEO power and risk taking: Evidence from the subprime lending industry[J]. *Corporate Governance: An International Review*, 2012, 20 (3).

[44] Manso, G. Motivating innovation[J]. *Finance*, 2011 (66).

[45] Porter, M. Capital disadvantage: American's failing capital investment system[J]. *Harvard Business Review*, 1992(70).

[46] Rajan, R. G., Zingales, L. Financial systems, industrial structure, and growth[J]. *Oxford Review of Economic Policy*, 2001(17).

Direct Financing and Innovation: Evidence from Chinese A-share Listed Companies

Zhang Guangming[1]   Zhao Changcun[2]

(1, 2 Economics and Management School of Wuhan University, Wuhan, 430000)

Abstract: Based on the data of Chinese A-share listed companies from 2006 to 2013, this paper examines the impact of direct financing on the enterprises' innovation output as well as on their innovation quality, besides this paper further examines the moderating effect of CEO duality on the relationship between direct financing and innovation output. The results show that direct financing has a significant positive impact on the enterprises' innovation output as well as on their innovation quality. Direct financing can inspire enterprises to engage in higher quality innovative activities to increase the output of invention patents. At the same time, CEO duality negatively moderates the relationship between direct financing and innovation output.

Key words: Direct financing; Innovation; CEO duality; Indirect financing

专业主编：陈立敏

师徒关系对工作绩效的影响机制研究
——基于自我扩张理论的视角*

● 韩　翼[1]　胡筱菲[2]　曹　兵[3]　刘佳思[4]　陈　翔[5]

（1，2，4 中南财经政法大学工商管理学院　武汉　430073；

3 新疆财经大学工商管理学院　乌鲁木齐　830012；5 中广核资本控股有限公司　深圳　518000）

【摘　要】基于自我扩张理论视角，本研究探讨了师徒关系与工作绩效的关系，并检验了自我扩张和工作沉浸在两者之间的中介作用。一项来自制造业、金融业、房地产、物流等行业的 167 份上下级配对样本的统计分析结果表明，师徒关系对徒弟的工作绩效有显著的积极预测作用，徒弟的自我扩张、工作沉浸在师徒关系影响其工作绩效过程中起中介作用，并且师徒关系还通过自我扩张和工作沉浸的连续中介作用于工作绩效。上述发现对企业中的师徒制具有重要的理论与指导实践意义。

【关键词】师徒关系　自我扩张　工作沉浸　工作绩效

中图分类号：F272　　　　　　文献标志码　A

1. 引言

师徒关系是指一个年龄更大的、经验更丰富的、知识更渊博的员工（师傅）与一个经验欠缺的员工（徒弟）之间进行的一种人际交换关系①。如今，随着全球化竞争的急速加剧，持续学习的重要性不断加强，戴尔的 70-20-10 法则也逐渐被国内外企业所应用。很多知名企业如西门子、华为、绿城等引入了师徒制项目，开始注重导师制的建设和师徒关系的培养。已有研究表明，组织中的师徒关系会对师傅、徒弟本人及整个组织产生重要影响。特别是对于徒弟而言，师徒关系会显著影响其职业期望、职业满意度、工作满意度、工作绩效、职业承诺、离职倾向和职业成功等。然而，相比于国外学者和企业经营者对师

* 基金项目：国家社会科学基金项目："中国文化情景下领导纳谏结构维度及多层次作用机制"（14BGL199）；湖北省科技计划项目："湖北省软科学研究方法及管理模式创新研究"（2016ADC012）。

通讯作者：曹兵，E-mail：27291281@ qq. com.

① Higgins，M. C.，Kram，K . E. Reconceptualizing mentoring at work：A developmental network perspective ［J］. *Academy of Management Review*，2001，26（2）：264-288.

徒关系及其影响的高度关注，我国学术界和管理界对该领域的关注却十分匮乏，对师徒制在新时代的内涵、能够产生的预期效益及其发挥作用的内在机理也并不明晰。因此，深入理解师徒制的精髓及其发挥作用的内在机理以更好地指导国内企业师徒制项目的开展是极为必要的。

以往研究在探讨师徒关系对徒弟的影响机制时，多是采用社会交换、社会认知和压力等视角来解释师徒关系对员工工作表现的影响。如从社会交换视角来看，导师制实际上相当于徒弟进行知识获取以及与导师进行信息交换的渠道，导师可以为徒弟提供非正式沟通渠道不能带来的知识和社会网络以使员工在组织中充分展现其才华和技能。此外，也有学者从社会学习的视角来解释导师制与徒弟事业成功的关系，其中，Kram（1985）所提出的心理机制是该过程的关键。具体而言，导师扮演着徒弟的角色模范，指导徒弟在组织中开展有效行动，并且帮助徒弟树立专业竞争力和自尊以更好地达成其事业成功。另外，还有学者从压力视角对此做出解释，认为下属感知到的导师支持可以有效缓解其感受到的压力，以使其在组织中获取更好的绩效。很明显可以看出，以上不同视角下的解释大多停留在人际互动层面，它们致力于解释师徒制中师徒关系互动所带来的组织结果，但并没有深入徒弟本身的深层内在动机。为了更系统和深入地探讨徒弟自身动机在现代师徒制运作过程中发挥的作用，本研究从自我扩张视角入手，进一步挖掘了师徒关系对徒弟产生影响的内在作用机理。

自我扩张模型最初用来解释亲密关系的建立和维持，Aron 指出自我扩张是个体的一个基本动机，通过与他人组建亲密关系，个体逐渐将他人纳入自我中，使自我得以扩张和变强，进而获得达成目标所需的社会和物质资源、观念及认同等，以更好地帮助自己达成目标。亲密关系是满足这种自我扩张动机的主要来源，当个体逐渐与其关系对象亲近并开始将关系对象纳入其自我概念中，自我扩张便已开始。研究表明，关系中的自我扩张会带来更好的关系质量、更高的关系承诺以及更积极的情感表现等积极人际关系结果。近年来，自我扩张的研究已有向工作场所覆盖的倾向，逐渐有学者跳出自我扩张模型中的关系限制，探讨工作本身的特征对个体自我扩张的影响①，这为我们运用自我扩张视角探讨师徒关系奠定了一定的基础。师徒关系是工作场所中一种较为特殊的关系，师徒之间并不一定存在正式关系的限定，但其中却暗含着相比正式上下级更高的自我扩张的成分。对于徒弟而言，师徒关系其实就是一种丰富的工作资源，徒弟从师傅身上获取的不仅仅是新知识和新技能，而且还包括更多的社会和心理资源以及友情网络等。在师徒关系的发展过程中，徒弟可能会逐渐将师父的资源、观念和认同纳入自我，使其潜在自我效能感得以增加，进而可能会更有意愿、也更为顺利地实现其工作目标。因而我们认为，通过在师徒关系中的自我扩张，徒弟有机会获取师傅的资源，进而其思想和行为会直接获得进步和提升，绩效得以改善；此外，资源的扩张使其更愿意高度投入工作，享受工作带来的快乐并产生持续投入的内在动机，即徒弟会产生更高程度的工作沉浸。

---

① McIntyre, K. P., Mattingly, B. A., Jr, G. W. L., et al. Workplace self-expansion: Implications for job satisfaction, commitment, self-concept clarity, and self-esteem among the employed and unemployed [J]. *Basic & Applied Social Psychology*, 2014, 36(1): 59-69.

本研究的主要目的在于通过自我扩张和工作沉浸的新视角，深入地探讨师徒关系对徒弟工作绩效的内在作用机制，建立了一个系统的解释模型。总的来说，本文的理论贡献主要有三点：首先，本研究是第一个运用自我扩张视角探讨师徒关系对员工绩效影响的，本文将自我扩张引入中国企业的师徒关系研究中，探讨中国文化情境下师徒关系情境中徒弟自我扩张的过程，丰富了师徒关系产生影响的作用机制，弥补了师徒关系在本土研究上的不足，对于师徒关系领域有着较大的贡献；其次，本研究延伸了自我扩张模型的应用领域和应用结果，以往自我扩张模型的相关研究多是侧重关系中的自我扩张对关系状况的影响，尽管近年来该理论已被应用到工作领域，但也多是探讨工作本身特征引发的自我扩张对员工工作态度等结果变量的影响，却很少有研究探讨工作中关系的自我扩张对员工工作绩效等结果的影响，本研究则填补了此研究空白；最后，本研究探讨了师徒关系通过工作沉浸路径对员工工作绩效的影响，丰富了工作沉浸的研究情境，对工作沉浸领域的研究有一定的理论贡献。

2. 理论基础与假设

2.1 师徒关系与工作绩效

师徒关系是一种正式或非正式地确保那些使公司成功的知识和价值观长期延续下去的培训方式，它在组织中是一种紧密的、成对的人际交换关系[1]。在良好的师徒关系中，师父能够为徒弟提供职业乃至情感、生活等各方面的建议、指导、忠告、扶持及资源支持[2]，如在工作方面利用自身的权力、地位、信息等资源最大限度地提拔徒弟、为徒弟创造被其他领导者关注的机会、用自身成功经历帮助徒弟规划未来发展并发挥榜样作用等。因而，我们认为良好的师徒关系带给徒弟的资源可能会造成徒弟的自我扩张及工作沉浸，进而使其产生更高的绩效。根据自我扩张理论，当个体与关系对象不断亲近并开始将关系对象的特征纳入其自我概念的时候，自我扩张就已经产生。师徒关系给徒弟提供了充分的自我扩张机会，这会导致其逐渐将师父的资源纳入自我概念中，进而产生更高的绩效；而且，良好的师徒关系给徒弟带来的丰富资源会使徒弟产生更高的自我效能感、愉悦感等积极的心理结果，因而会使其更加沉浸于工作，最终达到更好的绩效结果。由此我们认为，师徒关系对徒弟的工作绩效有显著的积极预测作用。此外，现有的一些研究结果也证实了这一观点。研究显示有质量的师徒关系可以通过师傅一对一的培训帮助徒弟从个人生活和职业上获得提高，帮助徒弟有效地达到他们的最高目标，并获得工作绩效的改善。由此，我们提出以下假设：

---

① Hezlett, S. A., Gibson, S. K. Linking mentoring and social capital: Implications for career and organization development [J]. *Advances in Developing Human Resources*, 2007, 9(3): 384-411.

② Chao, G. T., Walz, P., Gardner, P. D. Formal and informal mentorships: A comparison on mentoring functions and contrast with nonmentored counterparts [J]. *Personnel Psychology*, 1992, 45(3): 619-636.

H1：师徒关系对徒弟的工作绩效有显著的积极预测作用。

2.2 自我扩张的中介作用

自我扩张是个体的一个基本动机，即个体有动机增强自身能力并获取达成目标所需的社会和物质资源、观念及认同等①。自我扩张通常发生在个体完成新任务或获取新视角、新身份和新资源并感知到自我概念的增强时。根据自我扩张理论，通过与他人组建亲密关系，个体会逐渐将他人及他人的资源纳入自我中，使得自我概念得以扩张和强大，以更好地帮助自己达成目标。该理论所强调的动机并非完成预计目标的动机，而是获得完成这些预计目标所需资源的动机，如权力、职位、生理及心理健康、财富、学识、人脉等资源。这些资源会增强个体的自我扩张动机，并促使其借此寻求自身的发展。Schaufeli 和 Bakker（2004）的研究也证实了工作资源不仅会导致动机过程，而且会增强个体动机，其出现往往会促进个体更好地发展。良好的师徒关系则恰好为徒弟提供了这些丰富的工作资源，师傅会为徒弟提供职业乃至情感生活等各方面的指导、委派、扶持等资源，刺激徒弟的自我扩张动机和自我扩张过程，进而影响其具体的行为表现并促使其更好地达成目标。此外，自我扩张过程还会使徒弟的自我效能感（人们在利用现有资源和技能完成某项特定任务时所具有的信心程度）增强，进而会增强徒弟的个人控制力即完成工作的能力，这会进一步改善徒弟的绩效。由此，我们认为良好的师徒关系增强了徒弟的自我扩张动机及其自我扩张过程，进而提高了徒弟绩效。基于此，我们提出以下假设：

H2：徒弟的自我扩张在师徒关系影响其工作绩效过程中起中介作用。

2.3 工作沉浸的中介作用

工作沉浸（work-related flow）是指个体在工作过程中出现的一种短时间的高峰体验，主要由专注（absorption）、工作享受（work enjoyment）、内在工作动机（intrinsic）三个核心要素构成②。其中，专注指的是注意力高度集中的状态；工作享受则侧重员工对工作沉浸体验的认知和情感评价的积极结果；内在工作动机则指工作中愉悦和满意的内在体验，驱使个体持续对工作产生兴趣并投入其中。沉浸是一种与经典工作特征有关的体验，这种体验对个体和组织绩效都有益处，以往已有研究证实了工作沉浸对工作绩效的积极作用。Schaufeli 和 Bakker（2004）基于拓展建构理论和资源保护理论，对积极情绪在组织中运用进行了实证探索，结果也证实了个人资源和组织资源有利于个体工作沉浸，同时个体的工作沉浸会对个体和组织资源产生积极影响。良好的师徒关系给徒弟提供了更为丰富的工作资源，使徒弟产生自我效能感、愉悦感等一系列积极的心理结果，这会进一步引发徒弟沉

---

① Aron，A.，Aron，E.N.，Norman，C. Self-expansion model of motivation and cognition in close relationships and beyond［R］. *Blackwell handbook of social psychology：Interpersonal processes*，2001：478-501.

② Bakker，A.B. Flow among music teachers and their students：The crossover of peak experiences［J］. *Journal of Vocational Behavior*，2005，66（1）：26-44.

浸于工作，并最终改善其工作绩效。综上所述，本研究提出假设：

　　H3：徒弟的工作沉浸在师徒关系影响其工作绩效过程中起中介作用。

2.4　自我扩张与工作沉浸的链式中介作用

　　内在动机相关理论指出，若个体进行某项工作或活动是源自内在动机的驱使，那么个体会展现出更浓厚的兴趣、更强大的信心和更强烈的激情，随之也会产生更好的表现和更出色的成果，并且还会伴随着更强烈的兴奋感和主观幸福感。因而自我扩张的过程也是个体产生一系列正向、积极的情感和成果的过程。个体在关系中获得的自我扩张会带来巨大的正向积极的人际关系状态、心理结果和感受，如关系质量得到改善，对关系的投入增加，更加愉悦的情感状态等。这种内在动机及其产生的积极情绪驱使个体投入并享受工作的状态，使得个体的创新能力得到最大程度的发挥，工作绩效得到最大程度的改善，不仅对个体的工作和生活状态有显著的正向影响，而且对组织氛围、组织效率和组织成果均有积极的作用。徒弟在师徒关系里获取的丰富资源使其加速自我扩张过程，并由此体验到更高自我效能感、愉悦感等积极情感，使得徒弟产生一种美好的沉浸体验，使其享受并投入工作中，进而产生更好的工作表现。此外，由工作沉浸所带来的乐观、幸福感和快乐等内在感受也会促使个体挑战更高难度的工作，促使其绩效的提升。由此提出以下假设：

　　H4：师徒关系通过自我扩张影响工作沉浸进而作用于工作绩效。

　　综上所述，本研究的模型如图 1 所示：

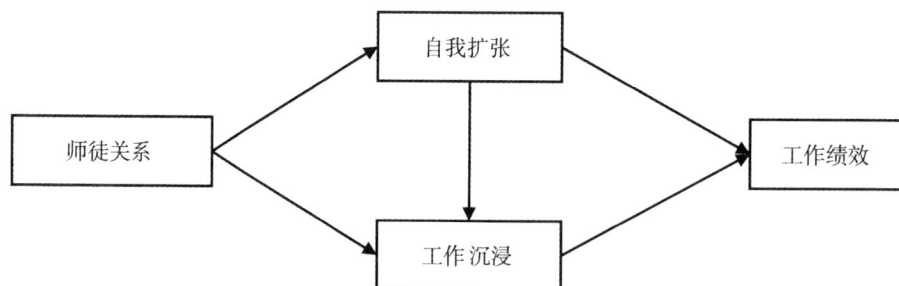

图 1　研究假设模型

3. 研究设计

3.1　研究样本

　　本研究针对企业师徒关系，采用了企业样本，选取了温州、武汉、成都、南昌等几个地区的制造业、金融、房地产、物流等行业的企业，以奥康鞋业、报喜鸟服饰、顺丰快递、工商银行为代表。为了有效地避免同源偏差（common source bias），本研究采用师傅与徒弟配对的方法，对企业师徒关系进行问卷调查。其中，徒弟自身工作沉浸和师徒关系带来的自我扩张由徒弟进行评价；而师徒关系和徒弟的工作绩效由师父评价。此次调查共发放 240 组配对问卷，实际收回 208 组，回收率为 86.7%。回收后，剔除了 41 组不符合标准的问卷。最终有效样本为 167 对，有效回收率为 69.6%。

本次调查样本中，男性占 47.0%，女性占 53.0%，男女比例均衡。师傅的平均年龄为 35.7 岁，徒弟的平均年龄为 26.4 岁，其中，徒弟 34 岁以下的占 93.4%，这与师徒关系中对徒弟的定义相吻合。师傅和徒弟的教育程度基本在大专及本科水平（大专占 25.1%，大学本科占 57.8%），保证了参与者能够充分理解问卷内容。与师傅/徒弟相处时间在 2 年以下（含 2 年）的占绝大多数（占 64.1%），其次是 2~5 年（含 5 年）的（占 29.9%），这也与师徒关系的定义相符合。在本部门工作时间以 5 年及以下为主，占了总样本的 71.0%。单位性质中国内私营比例高达 52.1%，其次是国有企业 32.9%。

3.2　测量工具

师徒关系的测量选用 Ragins 和 Scandura（1993）编制的问卷，共包含 15 个项目。其中，社会心理支持包含"我和徒弟之间相互信赖"等 5 个项目，职业生涯指导包含"我会投入时间思考徒弟的职业发展问题"等 6 个项目，角色榜样包含"徒弟会将我的行为视为楷模"等 4 个项目。分数越高，表示徒弟从中获得的指导与帮助越高，师徒关系越好。这部分量表已由国内学者翻译版本并经过了多次验证。

自我扩张量表选用了 Lewandowski 和 Aron（2006）编制的自我扩张问卷（self-expansion questionnaire，SEQ），共包含 14 个项目，用以衡量个体认为对方在多大程度上给自己带来了经验、人格、观点、潜能等方面的提升，包括"师傅使我对许多事物有更进一步的了解"、"师傅常提供许多新奇经验"、"师傅提供给我更宽广的观点看待事物"等。

工作沉浸量表选用了 Bakker 等人（2005）编制的工作沉浸量表（The Work-related Flow Inventory，WOLF），共有 13 个项目。包含专注、工作享受和内在工作动机三个维度。其中，专注包含"我被工作吸引"、"工作时，我忘记了周围的一切"等；工作享受包含"我工作时伴随很多乐趣"等；内在工作动机包含"我工作因为我享受它"等。

工作绩效量表选用了樊景立和郑伯壎（1997）开发的量表，共有 4 个项目，包括"该徒弟对部门的整体绩效做出了重要的贡献"等。

除人口统计学变量以外，其他五个变量的测量均采用 Likert 6 点评分法。

3.3　信效度检验

在本研究中，师徒关系、自我扩张、工作沉浸和工作绩效问卷的 Cronbach's a 值分别为 0.93、0.91、0.89、0.76，表明上述测量工具的信度水平较高，符合大于 0.7 的研究要求。

为了验证构念之间测量的区分效度，我们采用验证性因子分析来比较不同模型的拟合效果，分析结果如表 1 所示。从表 1 中可以看出，相比其他模型，4 因子模型各项指标的拟合效果最好（$X^2/df = 2.24$，RMSEA = 0.087，IFI = 0.95、TLI = 0.92 和 CFI = 0.94），4 个变量之间具有良好的区分效度，可以进行下一步的结构方程分析。

表 1

模型	因素	χ^2	df	χ^2/df	RMSEA	IFI	TLI	CFI
模型 1	4 因子：MR；SE；WRF；P	107.77	48	2.24	0.087	0.95	0.92	0.94
模型 2	3 因子：MR；SE+P；WRF	198.38	51	3.89	0.132	0.87	0.82	0.86
模型 3	2 因子：MR+WRF；SE+P	287.24	53	5.42	0.163	0.79	0.73	0.78
模型 4	单因子：MR+SE+WRF+P	485.92	54	9.00	0.220	0.60	0.51	0.60

注：MR 表示师徒关系，SE 表示自我扩张，WRF 表示工作沉浸，P 表示工作绩效；+表示因子之间合并为一个因子。

4. 数据结果分析

4.1 描述性统计与相关分析

本研究使用 SPSS 17.0 对变量进行描述性统计分析，表 2 显示了各变量的均值（Mean）、标准差（SD）、相关系数及信度。数据显示，师徒关系与工作绩效（$r=0.48$，$p<0.01$）、自我扩张（$r=0.37$，$p<0.01$）、工作沉浸（$r=0.48$，$p<0.01$）均显著正相关；自我扩张与工作沉浸（$r=0.43$，$p<0.01$）、工作绩效（$r=0.51$，$p<0.01$）均显著正相关；工作沉浸与工作绩效（$r=0.47$，$p<0.01$）显著正相关。四个主要变量两两相关且均在 $p<0.01$ 水平上显著。这些结果为研究假设提供了初步支持。

表 2　　　各变量的均值、标准差、相关系数和内部一致性信度系数 (N=167)

变量	Mean	SD	1	2	3	4	5	6	7	8	9
1 徒弟性别	1.54	0.50									
2 徒弟年龄	26.42	4.09	-.03								
3 徒弟教育程度	2.84	0.71	-0.01	-0.13							
4 与师傅相处时间	2.29	1.87	-0.06	0.61**	-0.12						
5 本部门工作时间	2.89	2.14	-0.07	0.67**	-0.09	0.91**					
6 师徒关系	4.45	0.80	0.20*	0.01	0.09	-0.13	-0.11	(0.93)			
7 自我扩张	4.50	0.65	0.02	0.05	0.02	-0.07	-0.07	0.37**	(0.91)		
8 工作沉浸	4.00	0.68	0.19*	-0.08	-0.02	-0.18*	-0.16*	0.48**	0.43**	(0.89)	
9 工作绩效	4.48	0.62	0.04	0.04	-0.06	-0.05	-0.02	0.48**	0.51**	0.47**	(0.76)

注：括号里的数值代表 α 系数；$**$ 表示在 $p<0.01$ 上显著、$*$ 表示在 $p<0.05$ 上显著。

4.2 假设检验

4.2.1 直接效应与中介效应的检验

为了检验师徒关系对工作绩效的影响。本研究采用 Mplus 7.4 进行路径分析，结果表明师徒关系对徒弟工作绩效有显著的正向影响（$B = 0.420$，$p<0.001$），因此，假设 1 得到验证。

本研究首先将进行并行多重中介模型和链式多重中介模型的比较，其中并行多重中介模型的卡方值（自由度）为 26.81（11），链式多重中介模型的卡方值（自由度）为 10.25（10），因此卡方值的变化（自由度的变化）为 16.56（1），$p<0.01$。据此本研究接受链式多重中介模型拟合指数的结果。对于本文的多重中介模型，本研究运用 Mplus 7.4 初步检验了自我扩张、工作沉浸在师徒关系与工作绩效之间的中介效应。图 2 显示了中介效应的结构方程模型路径图，可以得出自我扩张、工作沉浸在师徒关系与工作绩效之间的显著性，即师徒关系对自我扩张（$B = 0.30$，$p<0.001$）、工作沉浸（$B = 0.32$，$p<0.001$）的影响是显著的；自我扩张对工作沉浸（$\beta = 0.30$，$p<0.001$）的影响是显著的；自我扩张（$B = 0.32$，$p<0.001$）和工作沉浸（$B = 0.19$，$p<0.01$）对工作绩效的影响是显著的，而师徒关系对工作绩效的效应依旧显著（$B = 0.23$，$p<0.001$）。

综上所述，路径分析的结果表明，在师徒关系与工作绩效的关系中，自我扩张和工作沉浸起到显著的中介效应，且师徒关系可以通过自我扩张导致工作沉浸进而影响工作绩效，所以假设 2、3、4 得到验证。

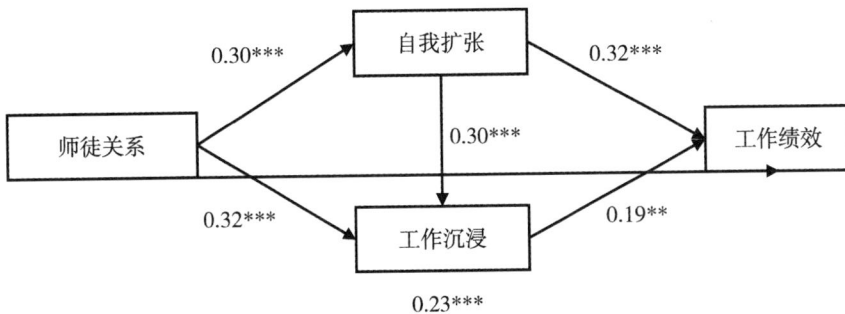

图 2 多重中介效应的结构方程路径系数图

4.2.2 多重中介效应 Bootstrap 检验

在 MPLUS 7.4 中采用 Bootstrap 检验，重复取样 5000 次，计算 95% 的置信区间。结果显示（见表 3），该模型一共有三条中介路径，自我扩张这条中介路径（系数乘积为 $a1×b1$）的中介效应值为 0.094，95% 水平上的置信区间 CI 为 [0.044，0.176]；工作沉浸这条中介路径（系数乘积为 $a2×b2$）的中介效应值为 0.060，95% 水平上的置信区间 CI 为 [0.010，0.137]；自我扩张与工作沉浸的连续中介这条路径（系数乘积为 $a1×c1×b2$）的中介效应值为 0.017，95% 水平上的置信区间 CI 为 [0.004，0.043]。从以上结果看，通过三条中介路径的中介效应置信区间都不包含 0，说明这三条路径中介效应都显著。因此，本研究提出的假设 2、3、4 均得到验证。

表3   中介效应 Bootstrap 检验分析结果

中介效应	估计值	95%置信区间
MR→SE→P	0.094	[0.044，0.176]
MR→WRF→P	0.060	[0.010，0.137]
MR→SE→WRF→P	0.017	[0.004，0.043]

注：MR 代表师徒关系，SE 代表自我扩张，WRF 代表工作沉浸，P 代表工作绩效。

5. 结论与启示

5.1 结果讨论

首先，师徒关系能够显著预测徒弟的工作绩效。师父在徒弟的职业生涯中为其提供职业乃至情感、生活等各方面的建议、指导、忠告、扶持及资源支持，为徒弟职业技能的获取和职业道路的发展给予最直接有效的帮助，这些师徒关系带给徒弟的好处能够加速徒弟的组织社会化过程。师傅提供的工作资源越多，徒弟越会认真对待各种发展工作技能的资源，并尽全力去高质量地完成工作任务。

其次，自我扩张在师徒关系影响工作绩效的过程中起中介作用。具体而言，师父提供的丰富资源激发了徒弟自我扩张的动机，进而影响其具体的行为表现并促使其更好地达成目标。再次，自我扩张后，徒弟自我效能感得以提升，徒弟对顺利完成工作任务的信心就会增加，这会进一步改善徒弟的绩效。

再次，工作沉浸在师徒关系影响工作绩效的过程中起中介作用。良好的师徒关系能够给徒弟提供了更多的工作资源，使徒弟产生自我效能感、愉悦感等一系列积极的心理结果，这会进一步引发徒弟沉浸于工作，并最终改善其工作绩效。该结论也印证了工作要求——资源模型关于工作资源对工作沉浸影响的观点，该模型认为工作资源可以使员工以较少的生理和心理耗竭达成目标，降低工作任务对员工的要求，激励员工学习和成长，增强员工的自我效能感和工作动力，从而有更好的工作表现。良好的师徒关系恰好提供了这些工作资源。

最后，自我扩张和工作沉浸在此过程中发挥了链式中介作用。Aron 等人（1991）的纵向研究结果表明进入一段新的关系增加了无意识自我概念内容、自尊和自我效能感的多样性。自我扩张模型指出自我扩张是个体通过获得达成目标所需的资源，来提升自己达成目标的自我效能感的过程。自我效能感提升之后，人们会更相信自己达成工作的能力，因而会更加享受并沉浸在工作中。个体进行自我扩张，除了想要通过扩张获得更高的潜在效能感的意愿外，可能还存在一个关键动机，即通过快速自我扩张过程体验积极情绪，这体现了自我扩张行为的积极情感本质。根据 Fredrickson（2001）提出的拓展构建理论（Broaden-

and-build Theory），积极情绪能拓展个体瞬间的思考行动能力，而且积极的情绪使得个体富有创造性，对信息所持态度更为开放，思维更为灵活且更具综合性，更容易发现事件的积极意义。师徒关系中的自我扩张使得徒弟更加积极地看待工作，认为自己能够掌控工作，从而更愿意投入并沉浸于工作之中，进而产生更好的绩效。

5.2 管理启示

本研究的结论对于实施师徒制的企业管理者有以下几点启示：首先，企业管理者应该认识到师徒关系的重要性。我们的研究发现，良好的师徒关系能够显著增加员工绩效，这说明企业应该对师徒制给予高度重视，根据自身的实际情况制订高质量的师徒制计划，并且通过有效的实施，提升员工的工作绩效，获得积极的组织结果。其次，企业管理者还应进一步了解师徒关系的作用机制。研究发现，在良好的师徒关系中，师父为徒弟提供指导、赞助、反馈等与职业生涯发展有关的支持，同时，还会给予徒弟接受、劝告、友谊等心理支持，并充当其角色榜样。良好的师徒关系可以促进徒弟的自我扩张和工作沉浸，进而产生积极的工作结果。因此，管理者应该积极塑造企业中的师徒关系，营造良好师徒关系形成的氛围，但也应注意避免拉帮分派和小团体现象的形成。

5.3 研究局限与未来研究展望

本文的研究存在一定局限性，主要有以下几点：首先，本研究采用的是传统的师徒关系量表。随着互联网带来的组织管理模式的变革愈演愈烈，组织结构愈发扁平化，传统的一对一师徒制逐渐变成更加普遍的群体师徒关系。而且，90 后员工已成为职场主力军，他们不同的个性和价值观给师徒关系注入了新的内涵。因而依旧采用建立在传统师徒概念上的师徒关系量表可能并不能完全涵盖新时代师徒关系的内涵。而且，本研究的主要变量测量均参照国外量表。虽然这些量表都是经过多次使用且被验证过的成熟量表，具有较高的信效度，翻译-回译过程在中国情境下也得到了较好的验证，但由于中西方文化的巨大差异，测量的准确性和适用性仍旧会受到一定程度的影响。未来可以对师徒关系、自我扩张和工作沉浸的本土内涵进行研究，开发适合我国国情的量表。其次，本研究缺乏一个同时聚焦在二元关系和团队的社会结构上的多层次水平视角。实证研究已经证实各种类型的关系型支持资源都是工作结果的预测因素，因此，相比一对一的二元师徒关系，在未来，来自团队层面的各种关系型支持资源对工作绩效的影响会超越师徒关系，该领域的研究值得引起学者的重视。再次，本研究只是从自我扩张和工作沉浸视角探讨了师徒关系对徒弟工作绩效的影响，并没有考虑该过程的有效性是否会受某些边界条件的影响，这需要未来学者做进一步探讨。最后，由于师徒关系是一个动态发展的过程，不同阶段对变量应该会有不同的影响，虽然本研究尝试通过师徒的配对来解决共同方法偏差，但本研究在同一个时间对所有变量进行测量，还是无法显示出师徒关系发展过程对徒弟心理和行为的影响。因此未来研究可以尝试使用纵向研究方法，观察师徒关系在启蒙阶段、培养阶段、分离阶段和重新定义阶段对自我扩张和工作沉浸的不同影响。

◎ 参考文献

[1]樊景立，郑伯壎. 华人自评式绩效考核中的自谦偏差：题意，谦虚价值及自尊之影响[J]. 中华心理学刊，1997，39(2).

[2]韩翼，杨百寅. 师徒关系开启徒弟职业成功之门：政治技能视角[J]. 管理世界，2012 (6).

[3]Agnew，C. R.，Van Lange，P. A.，Rusbult，C. E.，et al. Cognitive interdependence：Commitment and the mental representation of close relationships [J]. *Journal of Personality and Social Psychology*，1998，74(4).

[4]Aron，A.，Aron，E. N.，Tudor，M.，et al. Close relationships as including other in the self [J]. *Journal of Personality and Social Psychology*，1991，60(2).

[5]Day，R.，Allen，T. D. The relationship between career motivation and self-efficacy with protégé career success [J]. *Journal of Vocational Behavior*，2004，64(1).

[6]Demerouti，E. Job characteristics，flow，and performance：The moderating role of conscientiousness [J]. *Journal of Occupational Health Psychology*，2006，11(3).

[7]Demerouti，E.，Cropanzano，R. From thought to action：Employee work engagement and job performance [J]. *Work engagement：A Handbook of Essential Theory and Research*，2010 (65).

[8]Douglas，C. A.，McCauley，C. D. Formal developmental relationships：A survey of organizational practices [J]. *Human Resource Development Quarterly*，1999，10(3).

[9]Ghosh，R.，Reio，T. G. Career benefits associated with mentoring for mentors：A meta-analysis [J]. *Journal of Vocational Behavior*，2013，83(1).

[10]Graham，J. M. Self-expansion and flow in couples' momentary experiences：an experience sampling study [J]. *Journal of Personality and Social Psychology*，2008，95(3).

[11]Kram，K. E. *Mentoring at work：Developmental relationships in organizational life* [M]. New York：University Press of America，1988.

[12]Lewandowski，G.，Aron，A. Distinguishing novelty/challenge from arousal in couples' shared activities and experienced relationship quality [J]. *Social Behavior and Personality*，2004，32(4).

[13]Manning，M. R.，Jackson，C. N.，Fusilier，M. R. Occupational stress，social support，and the costs of health care [J]. *Academy of Management Journal*，1996，39(3).

[14]Mattingly，B. A.，Jr，G. W. L. An expanded self is a more capable self：The association between self-concept size and self-efficacy [J]. *Self & Identity*，2013，12(6).

[15]Ragins，B. R.，Scandura T A. Gender differences in expected outcomes of mentoring relationships [J]. *Academy of Management Journal*，1994，37(4).

[16]Schaufeli , W. B,, Bakker, A. B. Job demands, job resources, and their relationship with burnout and engagement: A multi-sample study [J]. *Journal of Organizational Behavior*, 2004, 25(3).

Research on Influential Mechanism of Mentorship and Job Performance

—A Self-expansion Model Perspective

Han Yi[1] Hu Xiaofei[2] Cao Bing[3] Liu Jiasi[4] Chen Xiang[5]

(1, 2, 4 School of Business Administration, Zhongnan University of Economics and Law, Wuhan, 430073;

3 School of Business Administration, Xinjiang University of Finance and Economics, Wulnmugi, 830012;

5 China General Nuclear Capital Holding CoLtd, Shenzhen, 518000)

Abstract: From the perspectives of self-expansion, this paper explores the relationship between mentorship and job performance and the mediating role of self-expansion and work-related flow. A data analysis of 167 dyadic sample from various industries shows that mentoring relationship has a significant positive effect on job performance; Both of self-expansion and work-related flow play mediating roles in the relationship between mentoring relationship and job performance; Mentoring relationship could also affect work-related flow through self-expansion, which in turn, affects apprentices' job performance. Those findings are helpful to organizations' mentorship due to their important practical implications.

Key words: Mentoring relationship; Self-expansion; Work-related flow; Job performance

专业主编：杜旌

客户行业同质性、事务所行业专门化战略
与审计市场的集中度*

● 刘颖斐[1]　任潇艺[2]

（1，2 武汉大学经济与管理学院　武汉　430073）

【摘　要】本研究实证检验了会计师事务所实施行业专门化战略对行业审计市场集中度的影响，并在此基础上考察当客户行业是同质性行业的时候，事务所在此行业实施行业专门化战略对行业审计市场结构的影响。结果表明，事务所实施行业专门化战略会提高行业审计市场的集中度。当客户是同质性行业时，这种情况会进一步加剧。这一结论针对我国事务所如何实行行业专门化战略以获得市场竞争优势提供了指导性意见。

【关键词】行业同质性　行业专门化　审计市场集中度

中文图书分类号：F239　　　　文献标识码：A

1. 引言

市场行为与市场结构的研究一直是产业组织研究的重要内容。传统的产业组织理论以梅森和贝恩为代表，他们提出"结构（structure）—行为（conduct）—绩效（performance）"的分析范式，认为是市场结构是市场行为的决定因素，而市场行为又决定了市场绩效。新产业组织理论超越了传统哈佛学派的 SCP 分析范式，他们认为企业并非只是被动地对外部环境做出反应，而是试图去以策略性的行为去改变市场环境，从而影响竞争对手的预期来排挤对手或建立市场壁垒限制新企业进入市场。

审计市场作为一种逐渐成熟的产业，也具有产业组织的一般特征。但是现有文件大多集中于分析审计市场结构对于会计事务所行为的影响（Wilekens & Achmadi，2003；刘桂良和牟谦，2008），但是对于事务所特定行为对于审计市场结构影响的研究却寥寥无几。根据新产业组织理论，我们发现，在中国的审计市场上，事务所通过对某些客户行业进行大

＊ 基金项目：本文受国家自然科学基金面上项目："会计判断过程中的伦理决策模型构建与应用研究"（71272227）；"审计契约压力传导对审计质量的影响及契约参与方应对策略研究"（71672131）的资助，谨致谢意。

通讯作者：任潇艺，E-mail：15071275618@ 163. com.

量人力、物力的投入，使得自身在行业中具有专家特质，从而直接影响事务所在此行业产生的审计绩效，继而影响事务所对于行业的市场占有率。胡南薇和陈汉文（2009）研究发现，事务所采取行业专门化战略会影响客户企业对于会计事务所的选择，进而影响审计市场结构。而当客户所在行业竞争程度不同时，事务所行业专门化战略对审计市场结构的影响会发生变化。由此可见，事务所作为服务于多种客户行业的企业，其市场行为与市场结构的关系受到客户行业的产业特征影响。客户行业竞争程度只是客户行业特征的指标之一，如果客户行业竞争程度能够影响上述关系，那么其他客户行业特征是否也会对上述关系产生影响呢？

本文检验了客户行业同质性这一客户行业特征指标对审计市场结构的影响。参考Cairney和Young（2006），将产业环境相同的情况下的行业内企业经营活动高度相似的行业定义为同质性行业。在企业间经营活动差异大的行业内，审计师的同行业审计经验难以复制，审计知识和审计程序难以在行业客户间转移。而在企业间经营活动差异小的行业内，行业审计知识及审计程序能够快速且有效地在行业客户间转移。基于新产业组织理论，本文在讨论事务所的行业专门化战略如何影响审计市场集中度这一审计市场结构特征的基础上，进一步探讨客户行业同质性差异特征对事务所行为及审计市场结构的影响。研究发现，事务所实施专门化战略能够为客户提供有差异的审计服务，从而形成行业壁垒，抑制潜在竞争者进入市场或驱逐其他市场竞争者。因此，当行业中事务所专门化经营平均程度越高，行业审计市场集中度就越高。当客户行业是同质性行业时，事务所实施行业专门化战略可以在提高审计质量的同时，节约审计成本，从而形成更加有效的竞争形势。因此，在同质性行业，行业中事务所专门化经营的平均程度对于行业审计市场集中度的影响会进一步加剧。

2. 文献综述

2.1 行业专门化与行业审计市场结构

作为服务业，审计产业依赖的主要是人力资源，在资本投入方面的进入壁垒相对比较低，因此市场竞争往往非常激烈。事务所为了提高行业进入壁垒，扩大自身市场份额，通常采用的策略就是提高资产专用性投资。Erehenseher and Danos（1983）对"八大"事务所进行分析的时候发现，客户在选择事务所的时候，事务所是否实施行业专门化战略，是其考虑的重要因素。Gramling and Stone（2001）研究认为由于具有行业专门化的事务所对客户具有很大的吸引力，使得客户选择行业内少数具有行业专门化的事务所，因此行业中没有实施行业专门化的事务所可能会被挤出市场，而没有该行业审计经验的事务所则很难进入该行业的审计市场。韩洪灵等人（2008）和李眺（2003）的研究也认为由于事务所将资源和技术投资集中于特定行业，能提高潜在竞争者的进入门槛。这种壁垒导致进入的竞争者减少，还会驱逐审计市场上非专门化的会计师事务所。Hogan and Jeter（1999）通过对1976至1993年会计事务所行业专门化水平和市场份额的分析，发现在年初被视为行业主导者的大型事务所，其行业市场份额越来越大，而在年初行业市场份额很小的事务所，其市场份额越来越小。具有行业专门化的事务所也会因为其为客户提供的差异化服务吸引客户，从而产生行业壁垒。胡南薇等人（2009）以特定行业中某事务所在此行业的收入总和占其所有行业的收入总和，衡量此事务所的在特定行业的专业化投资水平，并且以行业中所有事务所专业化投资的平均值衡量特定行业内事务所专门化经营的总体程度。研究发现，在特定行业内，事务所专门化经营程度与客户选择集中度正相关，但在竞争较为激烈的行业，事务所专门化经营程度对客户选择集中度的影响减弱。以上研究基本都是在讨论事务所实施行业专门化战略进行市场竞争会引起行业审计市场结构发生变化，本文进一步将客户特征考虑进来，研究客户的经营特征对于两者之间关系产生的影响。

2.2 客户特征与审计市场结构

国外已经有众多研究表明客户行业特征会影响行业审计市场集中度。Eichenseher and Danos（1981）研究发现当客户行业是管制行业时，审计市场的行业集中度较高。作者认为这是因为管制行业有特殊但相似的行业管制规则和会计准则，在事务所接触行业的初期必须投入大量的人力资源，但是一旦审计师获取行业审计经验，事务所就可以快速而有效地将专业化投资所积累的行业经验转移到后来承接的审计业务中去，降低平均审计成本，形成规模经济。Kown（1996）研究认为当客户行业的竞争性较强时，客户出于保护自身商业信息的目的，不会跟竞争对手选择同一家事务所对其财务报表进行审计，这导致客户行业竞争性越强，行业审计市场集中度越低。Hogan and Jeter（1999）研究表明当客户行业是管制行业、集中度较高的行业、成长性较快的行业，相应的行业审计市场的集中度较高；而当客户行业是诉讼风险较高的行业时，行业审计市场集中度较低。作者认为诉讼风险较高的行业，审计风险也高，事务所不得不选择分散风险高的顾客来降低自身的审计风险。国内关于客户产业特征对于行业审计市场结构影响的研究很少，陈丽红和张龙平（2011）通过研究客户行业同质性与事务所行业市场份额的关系发现，客户行业同质性越高，事务所在此行业的市场份额越大。刘丹（2015）研究发现行业内客户企业的竞争程度越强，行业审计市场的集中度越低。

国内外对于客户产业特征对行业审计市场集中度的影响大多是从客户的行业竞争性、客户是否是管制行业等方面研究。而本文将客户行业同质性纳入行业审计市场集中度研究的范畴，在研究事务所实施行业专门化战略对行业审计市场集中度影响的基础上，进一步考察当客户行业为同质性行业时，这种战略实施结果会发生变化。

3. 理论分析与研究假说

3.1 事务所行业专门化与行业审计市场集中度

DeAngelo（1981）认为审计师的专业胜任能力是由普遍适用的审计知识、针对特定行业的审计知识以及针对特定客户的审计知识三个部分组成。由于审计工作的开展往往受到审计时间与审计人员投入的限制，使得审计师难以在有限的条件下对被审计单位取得全面巨细的了解，因此会时常出现审计师专业胜任能力不足而导致审计报告未能准确地对被审单位财务报表发表意见的情况。而事务所通过对一个行业投入大量时间精力，熟悉被审计单位所在行业的技术工艺、业务流程、行业竞争情况、行业客户与供应商关系、特殊会计准则、行业所处的法律及监管环境等，使事务所能够不断积累行业经验，改进针对此行业的审计程序，降低检查风险，提高审计质量，弥补短期任期专业胜任能力不足的缺陷。陈丽红和张龙平（2010）认为行业专门化是事务所本身对于行业知识与审计程序高度重视而采取的一种战略。本文认为事务所实行行业专门化战略则意味着事务所在一个行业中投入相对本所而言大量的审计资源，投入资源越多，其专业化程度越高，即便没有成为行业领导者，但是仍然实施了行业专门化战略。

波特认为差异化战略、成本领先战略、目标集聚战略是市场竞争的三种有效战略。事务所实施行业专门化战略可以说是差异化战略和目标集聚战略的结合，即在行业细分市场上为客户提供独特的服务，使客户愿意为此支付更高的价格，从而获得更高的利润水平。陈胜蓝（2015）认为行业专门化战略是事务所提供差异化的审计产品，保持自身市场竞争优势的重要战略。Fung等人（2012）研究表明具有行业专门化的会计师事务所通常会掌握更多的有关行业方面的特定知识、专业方面的技能以及积累更多的审计经验，因此他们往往能够更加有效率地识别特定行业中的客户所具有的特殊问题，作出更加准确地审计判断，进而提供差异化的审计服务以满足客户的审计需求。比如，具有行业专门化的审计师，其审计客户的盈余管理程度较低（Krishnan，2005），更容易察觉到财务报告的错误（Owhoso et al.，2002），以及在审计过程中更好地遵循了审计准则（O'Keefe et al.，1994）。而审计客户为了提高会计信息质量以及财务报告的市场认可度，有动机聘请具有行业专门化的事务所为其进行审计，并愿意为此支付更高的审计费用（Bill et al.，2015；Cairney et al.，2015）。由此可见，事务所实施行业专门化战略可以为客户提供高质量的审计服务，从而在市场上吸引更多的客户，客户也愿意为获取这种专业化服务支付审计溢价（Craswell et al.，1995；Mayhew and Wilkins，2003）。而不具有行业专门化的事务所则会因为其审计产品不具有吸引力而慢慢被市场驱逐，或者只能通过降低审计收费来吸引客户。同时，新进入者也会因为缺乏足够的审计经验而难以进入市场。Cahan等人（2008）研究表明具有行业专门化的审计师往往比不具有行业专门化的审计师提供更好的审计质量，这种差异化会形成行业的进入壁垒，从而使得具有行业专门化的审计师在行业中处于主导地位。

基于以上讨论，我们认为事务所实施行业专门化战略能够让事务所为客户提供差异化的审计产品，对客户产生新的吸引点。这种行业专门化战略会形成行业审计市场的进入门槛，限制新竞争者进入市场，并且驱逐无法形成行业专门化的现有市场竞争者，使得行业审计市场的集中度变高。

由此，我们提出假设：

H1：特定行业内事务所实施行业专门化的平均程度越高，此行业的审计市场集中度就越高。

3.2 事务所行业专门化、行业同质性与行业审计市场集中度

事务所实施行业专门化战略的主要目的就是能够培养具有行业审计经验的审计师，改

进针对特殊行业的审计技术。审计师通过对某一特定行业充分而深入的了解，能够不断完善审计技术，并且将审计经验与审计技术转移到行业中的其他客户中，使得事务所提高对整个行业的审计质量。Fung 等人（2012）研究认为具有行业专门化的事务所可以产生规模经济的传递效应。虽然事务所在特定行业前期对于行业内的一些客户进行了大量的审计资源的投资，但是当事务所为行业内其他客户服务时，其审计边际成本会不断降低。但是显然，行业专门化战略能否很快产生规模经济以及这种规模经济传递的效果，受到客户行业的经营活动相似度影响。当行业客户之间经营活动越相似，审计师在审计此类客户时就可能越多地用到重叠的行业审计知识与审计程序。当事务所在前期对于此类行业进行大量的审计人力资源以及技术资源投资后，再次承接同行业客户的审计业务时，事务所就可以较少的人员以及时间投入完成与前期相同审计任务，达到与前期相同的审计质量水平。

Cairney 和 Young（2006）将同质性行业定义为在产业环境相同的情况下，行业内企业的技术工艺、产品结构以及业务构成高度相似的行业。因此，同质性行业的经营活动具有高度一致性。在产业经济环境相同的情况下，行业内企业发生相似的交易和事项，具有相似的风险特征，会在企业的财务报表中体现出相似的营业成本变动情况。具有行业专门化的事务所在审计同质性行业中客户时，会基于企业独特且共同的风险特征，实施更加有效的审计程序。《中国注册会计师审计准则第 1313 号——分析程序》规定，当使用分析程序比细节测试能够更加有效地将认定层次的检查风险降低至可接受水平时，分析程序可以用作实质性程序。因此，当客户行业是同质性行业时，客户的各项财务指标与行业均值的相似度就越高，则审计师可以减少细节测试的工作量，而较多的使用分析式程序，将客户信息与行业信息相比较，从而更有效率地判断审计客户财务信息的真实性。由此可见，当事务所在同质性行业实施行业专门化战略时，通过对客户所在产业，以及产业所处环境的深入了解，可以在同质性行业的客户中迅速而有效转移审计技术和人力资本，从而使得后面的客户相比较前面几个客户来说有更低的边际成本，继而降低每个客户的平均成本，形成规模经济。而相对的，当客户行业的异质性很强的时候，即行业内客户的经营活动差异很大，风险特征各不相同，则审计师在审计前几个客户所积累的审计经验很难运用到后来的审计业务中，对每个审计客户都需要实施特殊的审计程序，那么行业专门化战略很难为事务所带来规模经济效益，事务所还会为此付出很大的成本。

实施行业专门化的事务所虽然能够为客户提供高质量的审计服务，但是为了弥补自身对于专业化投入所发生的成本，会提高审计收费，这会在一定程度上限制行业专门化战略带来的高质量的审计服务对客户的吸引程度。但是当客户行业是同质性行业时，事务所在此行业实施行业专门化，审计知识及审计人员的快速有效传递让事务所获得规模经济，降低审计成本。成本的降低就使得事务所在激烈的市场竞争中有能力在保证自身一定盈利空间的同时，为客户提供具有吸引力的审计服务并且提供具有吸引力的审计定价（Bill et al.，2015）。因此在同质性行业实施行业专门化的事务所比在非同质性行业实施行业专门化的事务所更具有竞争优势，更有利于招揽客户、扩大自身市场份额，排挤竞争对手，引起整个行业审计市场的集中。

基于以上讨论，我们不难发现，当事务所在同质性行业发展行业专门化时，能够为客户提供差异化的审计服务，与此同时，客户行业的同质性特征使得前期投入所积累的审计经验跟发展的审计程序能够以较低的成本有效地运用到之后承接的审计业务中去，获得内部规模经济。在同质性行业实施行业专门化战略的事务所相比较在非同质性行业发展行业专门化的事务所，其规模经济的优势能够使得事务所在行业竞争中采取低价揽客的战略，将一部分经济效益让渡给客户，在保证高审计质量的情况下降低审计费用，在保持盈利的同时形成行业竞争优势。从而能够以差异化的审计服务、较低的审计成本以及较低的审计定价将审计质量低、审计成本高或者审计定价较高的事务所挤出行业审计市场，使得行业审计市场集中度进一步提高。

由此，我们提出假设：

H2：当客户行业为同质性行业时，行业内事务所专门化经营的平均程度对于行业审计市场集中度的影响会进一步加剧。

4. 研究设计

4.1 解释变量与被解释变量定义

4.1.1 行业同质性

本文参考 Cairney 等人（2015）年的研究，构建出衡量行业同质性的指标。该指标与 Parrino（1997）基于回报率的研究类似，模型如下：

$$CHOPX_{i,k,t} = f(INDCHOPX_{k,t}, MKTCHOPX_t) \tag{1}$$

其中：i 代表公司，k 代表行业，t 代表年度；$CHOPX_{i,k,t}$ 是第 t 年行业 k 公司 i 较上一年的经营费用变动率，$INDCHOPX_{k,t}$ 是第 t 年 k 行业较上一年的经营费用变动率，$MKTCHOPX_t$ 是第 t 年市场整体经营费用变动率。经营费用是某公司某年度营业收入减去营业利润的差值，其变动率等于本年值减去上年值之差与上年值的比。对行业 k 内所有公司第 t 年的经营费用变动率取平均值可以得出第 t 年 k 行业的 $INDCHOPX_{k,t}$，对所有公司第 t 年的经营费用变动率取平均值可以得出第 t 年的 $MKTCHOPX_t$。在剔除 $MKTCHOPX_t$ 的影响后，$INDCHOPX_{k,t}$ 与 $CHOPX_{i,k,t}$ 之间的偏相关系数即为行业同质性。偏相关系数通过反映在控制了市场经营费用的总体变化后，公司经营费用变化率与行业经营费用变化率相关性程度，衡量该行业的同质性程度 Homo。

我们对虚拟变量 Dhom 的定义为：当变量 Homo 的值不低于其 3/4 分位数时，Dhom 为 1，表示此行业是同质性行业；反之，Dhom 为 0，表示此行业为非同质性行业。

4.1.2 行业层面事务所战略的度量

国内外学者对于事务所行业专门化战略的考察分析都是建立在间接衡量的基础上。通常采用的衡量方法有两种：一种是 Zeff 和 Fossum（1967）提出的基于市场份额法衡量，将事务所的行业市场份额作为事务所行业专门化程度的替代变量；另一种是 Yardley 等人（1992）、Kown（1996）提出的投资组合份额来衡量会计师事务所的行业专门化，将事务所在某行业的收入占本所在所有行业的收入比值作为衡量事务所在某行业专门化程度的替代变量。本文采用投资组合份额衡量事务所在某行业的专门化投资程度。因为用投资组合份额法来衡量行业专门化，份额越大，则意味着事务所在某个行业所投入的审计资源越多，即使它没有在行业中处于领先地位，但对于本所而言，它仍对此行业采取了行业专门化战略。而且小型事务所因为规模较小，相对于大型事务所而言难以在行业中获得较大的份额，但是它们仍有可能实施了专门化战略（胡南薇和陈汉文等，2009）。因此我们在这里没有用行业市场份额法衡量事务所行业专门化，选择采用投资组合方法。我们以行业 k 内所有事务所 $FOCUS_{ik}$ 的均值 $FOCUS_k$ 衡量特定行业 k 内事务所专门化经营程度。

$$FOCUS_{ik} = \frac{\sum_{j=1}^{J} Fee_{ijk}}{\sum_{k=1}^{K} \sum_{j=1}^{J} Fee_{ijk}} \qquad FOCUS_k = \frac{\sum_{i=1}^{I} FOCUS_{ik}}{I_k} \qquad (2)$$

$FOCUS_{ik}$ 为事务所 i 在 k 行业的投资组合份额，$FOCUSik$ 越大说明事务所 i 在这一行业投入了越多的资源。Fee_{ijk} 为事务所 i 审计行业 k 中 j 公司所收取的审计费用。$\sum_{j=1}^{J} Fee_{ijk}$ 表示事务所 i 审计的行业 k 中所有公司的审计费用之和。$\sum_{k=1}^{K} \sum_{j=1}^{J} Fee_{ijk}$ 表示事务所 i 审计的所有公司审计费用之和。I_k 表示 k 行业中参与审计的事务所的总数量。

4.1.3 行业审计市场集中度

行业集中度的概念起源于产业经济学，通常衡量行业集中度的方式有两种：一种是行业集中率 CRn 指数，指的是市场内前 N 家最大企业所占市场份额的总和；另一种是赫芬达尔-赫希曼指数，是指在行业市场中，所有企业的市场份额平方后再相加的总和。但是由于行业集中率的衡量方式并不能充分反映企业规模分布的差异，而赫芬达尔-赫希曼指数总和能够反映了行业中的企业数目和相对规模，是经济学界和政府管制部门使用较多的指标。因此在本文中，我们用赫芬达尔-赫希曼指数 HHI_k 来衡量特定行业的审计市场集中度。公式如下：

$$HHI_k = \sum_{i=1}^{n} \left(\frac{\sum_{j=1}^{J} Fee_{ijk}}{\sum_{i=1}^{I} \sum_{j=1}^{J} Fee_{ijk}} \right)^2 \qquad (3)$$

公式中，HHI_k 表示 k 行业的审计市场集中度。Fee_{ijk} 为 i 事务所审计行业 k 中 j 公司所收取的审计费用。$\sum_{j=1}^{J} Fee_{ijk}$ 表示事务所 i 所审计的行业 k 中所有公司的审计费用之和。$\sum_{i=1}^{I} \sum_{j=1}^{J} Fee_{ijk}$ 表示 k 行业全部事务所收取的审计费用之和。

4.2 回归模型

为了验证假设，本文参考 Cairney and Young（2006）、Kwon（1996）、Hogan and Jeter（1999）等人的研究设计的基础上，建立如下模型（4）：

$$HHI_k = \beta_0 + \beta_1 FOCUS_k + \beta_2 FOCUS_k \times Dhom_k + \beta_3 Buyer_k + \beta_4 Growth_k + \beta_5 Size_k + \beta_6 Regulation_k +$$
$$\beta_7 Region_k + \beta_8 Num_k + \beta_9 Year + \varepsilon \qquad (4)$$

4.3 控制变量

Buyer 表示客户行业集中度，若特定行业集中度越高，则此行业市场竞争程度越低。

若行业内客户竞争程度越高，客户出于防止商业机密泄露给竞争对手的目的，就越可能选择与竞争对手不同的事务所对其财务报表进行审计，则行业审计市场集中度可能会越低。Buyer 计算公式如下：

$$Buyer_k = \sum_{j=1}^{J} \left(\frac{\sqrt{revenue_{jk}}}{\sum\limits_{j=1}^{J} \sqrt{revenue_{jk}}} \right)^2 \tag{5}$$

$Buyer_k$ 表示行业 k 的客户集中度；$\sqrt{revenue_{jk}}$ 表示行业 k 中客户 j 的营业收入的平方根；$\sum\limits_{j=1}^{J} \sqrt{revenue_{jk}}$ 表示行业 k 中所有客户的营业收入平方根之和。变量定义表见表1。

表 1   **变量定义表**

变量名称	变量定义
$FOCUS_k$	特定行业内所有事务所实施行业专门化的平均程度，等于行业内所有事务所 $FOCUS_{ik}$ 的均值
HHI_k	行业审计市场集中度，采用赫芬达尔-赫希曼指数衡量，等于行业内所有事务所在此行业所占的市场份额的平方和
$Dhom_k$	客户行业是否为同质性行业，当变量 Homo 的值不低于其 3/4 分位数时，Dhom 为 1，表示此行业是同质性行业；反之，Dhom 为 0，表示此行业为非同质性行业
$Buyer_k$	客户行业集中度，基于行业内所有客户的营业收入计算
$Growth_k$	客户行业增长率，等于 k 行业当年所有客户营业收入总额与上年的差额，再除以上一年行业中所有客户的营业收入总额
$Size_k$	特定行业中全部客户资产均值的对数
$Regulation_k$	客户行业是否为管制行业。当客户行业为管制行业时，regulation＝1；否则，为 0。由于目前我国对管制行业尚无官方界定，本文借鉴 Fun 等人（2007）对管制行业的界定，若行业为资源、金融保险、地产以及公共事业，则被定义为管制行业；否则，为非管制行业
$Region_k$	地域关联性，等于某行业内客户总公司地址跟被审计的事务所总所在同一个地域的数量除以该行业内客户的总数量
Num_k	某行业内客户总数的对数
Year	为了考察我国行业审计市场集中度变化趋势，本文参照胡南薇、陈汉文（2009）将 2011 至 2015 年分别赋值 1 至 5

4.4 样本选择及数据来源

本文研究样本为 2011 年至 2015 年所有 A 股上市的上市公司，剔除金融保险业，剔除含有缺失值的数据。在此基础上为了避免组合份额法在客户太少的事务所上的使用误差，特删除客户数目少于 10 个的事务所样本，最终得到 10794 家上市公司。

本文按照中国证监会 2001 年发布的《上市公司行业分类指引》作为行业分类依据，其中非制造业按一级划分，制造业按二级划分，剔除金融保险行业，剔除含有缺失值的数据，总共 21 个行业，最终得到研究期间样本观察值 105 个。数据来源于国泰君安。

5. 实证结果及分析

5.1 描述性统计分析

表 2 为变量描述性统计表。共 21 个行业，105 个样本观测值。HHI 表示特定行业内的审计市场集中度，均值为 0.107，表明我国行业审计市场集中度不是很高，行业审计市场的竞争程度相对激烈，并没有出现大型事务所垄断现象。FOCUS 表示特定行业内所有事务所对此行业的审计资源投入的均值，其均值为 0.065。Dhom 表示客户行业是不是同质性行业，均值为 0.286，此数据大小与张睿和田高良（2016）计算的基本一致，说明我国有 28.6% 的行业是同质性行业。Buyer 为客户市场的竞争程度，均值为 0.358，说明我国大部分行业的垄断程度不大，市场竞争并不十分激烈。

表 2 变量描述性统计表

Variable	N	mean	Std.	min	25%	median	75%	max
HHI	105	0.107	0.040	0.050	0.072	0.099	0.139	0.199
FOCUS	105	0.065	0.036	0.016	0.038	0.063	0.078	0.200
Dhom	105	0.286	0.454	0.000	0.000	0.000	1.000	1.000
Buyer	105	0.036	0.034	0.004	0.014	0.021	0.046	0.194
Region	105	0.313	0.100	0.105	0.252	0.291	0.386	0.538
Regulation	105	0.238	0.428	0.000	0.000	0.000	0.000	1.000
Growth	105	0.161	0.173	−0.248	0.068	0.134	0.220	0.964
Size	105	22.838	0.975	21.414	22.157	22.514	23.469	25.229
Num	105	4.262	0.905	2.197	3.689	4.369	4.883	6.280

5.2 变量相关性分析

表 3 为 Pearson 相关系数表。从表 3 中可以看出 HHI 与 FOCUS 是负相关关系，与假设不相符。本文认为这可能是我国的行业分类导致一些行业的企业数目较多，而另一些行业内企业数目很少而引起的。因此，控制行业内企业的数量对于本研究来说非常重要。另

外，Dhom 与 HHI 是正相关关系，初步表明同质性越高的行业其行业审计市场的集中度也越高。

表3

Pearson 相关系数表

变量	HHI	FOCUS	Dhom	Buyer	Region	Regulation	Growth	Size	Num	Year
HHI	1	−0.533***	0.488***	0.658***	0.272***	−0.188*	−0.052	−0.054	−0.775***	0.055
FOCUS		1	−0.520***	−0.465***	−0.222**	0.190*	−0.175*	0.364***	0.791***	−0.014
Dhom			1	0.227**	0.320***	−0.354***	0.047	−0.431***	−0.520***	0
Buyer				1	0.359***	−0.319***	0.235**	−0.072	−0.827***	−0.162*
Region					1	−0.353***	0.223**	−0.332***	−0.341***	−0.136
Regulation						1	−0.142	0.393***	0.320***	0
Growth							1	−0.284***	−0.208**	−0.304***
Size								1	0.274***	0.141
Num									1	0.133
Year										1

注：*，**和***分别代表在10%、5%、1%的水平上显著。

5.3 多元回归分析

表4列示了多元回归结果。在模型（1）中，FOCUS 与 HHI 在5%的水平上显著正相关。说明行业内事务所实施行业专门化战略的平均程度越高，行业审计市场集中度也越高。这验证了假设一的正确性。在模型（2）中，FOCUS 与交乘项均在5%的水平上显著，说明当客户行业是同质性行业时，行业内事务所实施行业专门化战略会进一步加剧行业审计市场的集中度，这与假设二相符合。另外，Growth 与 HHI 显著负相关，说明客户行业审计需求不断增加，就会有新的小规模的会计事务所进入市场满足审计市场的需求，从而会降低审计市场的集中度。时间变量 Year 与 HHI 显著正相关，说明从2011年到2015年我国审计市场的集中度显著提高。

表4

多元回归结果

	HHI	
	模型（1）	模型（2）
FOCUS	0.306**	0.308**
	(2.4)	(2.45)
FOCUS×Dhom		0.377**
		(2.12)

	HHI	
	模型（1）	模型（2）
Buyer	−0.131	−0.005
	（−0.87）	（−0.03）
Region	0.036	0.029
	（1.37）	（1.12）
Size	0.004	0.004
	（1.28）	（1.52）
Num	−0.051 ***	−0.045 ***
	（−6.43）	（−5.45）
Growth	−0.037 **	−0.036 **
	（−2.48）	（−2.47）
Regulation	0.006	0.009
	（0.99）	（1.46）
Year	0.004 **	0.004 **
	（2.36）	（2.34）
Constant	0.205 ***	0.158 **
	（2.9）	（2.18）
Obs	105	105
R^2. adj	0.696	0.71

注：Obs 为观测值数目，R^2. adj 表示调整后的 R^2，括号内为对应回归系数的 t 值。＊＊＊，＊＊分别表示在 1%、5% 的显著水平上拒绝原假设。

6. 稳健性检验

为了确保本文的稳健性，我们对之前的回归作如下的稳健性测试：

首先，以营业收入为基础计算 FOCUS_k。

$$\text{FOCUS(rev)}_{ik} = \frac{\sum_{j=1}^{J} \text{Revenue}_{ijk}}{\sum_{k=1}^{K} \sum_{j=1}^{J} \text{Revenue}_{ijk}} \tag{6}$$

FOCUS(rev)_k 为行业 k 内所有事务所 FOCUS(rev)_{ik} 的均值。

其次，参考 Kwon（1996）学者的研究方法，以行业 k 中每个会计师事务所所审计客户的平均数量 SICA_k 衡量审计市场集中度。

$$SICA_k = \frac{\sum_{i=1}^{l} J_{ik}}{I_k} \tag{7}$$

J_{ik} 表示在特定行业 k 内事务所 i 所审计的客户数量。$\sum_{i=1}^{l} J_{ik}$ 表示行业 k 内所有事务所的客户数量总和。I_k 表示行业 k 内参与审计的事务所数量。

表 5 为稳健性回归结果 1。由回归结果可以看出，模型 1 中 FOCUS 与 SICA 显著正相关，模型 2 中 FOCUS 与交乘项均与 SICA 显著正相关，结果与假设相符，说明本文结论有较强的稳健性。

表5 稳健性回归结果1

	SICA	
	模型(1)	模型(2)
FOCUS(rev)	6.787*	7.425*
	(1.77)	(1.98)
FOCUS(rev)×Dhom		31.427**
		(2.36)
Buyer	34.367***	39.754***
	(4.71)	(5.32)
Region	0.526	0.219
	(0.41)	(0.17)
Size	−0.831***	−0.810***
	(−5.32)	(−5.30)
Num	3.372***	3.644***
	(10.40)	(10.82)
Growth	−1.085	−0.760
	(−1.52)	(−1.07)
Regulation	−0.128	0.026
	(−0.42)	(0.08)
Year	0.145*	0.148*
	(1.75)	(1.82)
Constant	6.489*	4.439
	(1.67)	(1.14)
Obs	105	105
R^2.adj	0.818	0.828

注：Obs 为观测值数目，R^2.adj 表示调整后的 R^2，括号内为对应回归系数的 t 值。***，**和*分别表示在 1%、5%、10% 的显著水平上拒绝原假设。

另外，我们还采用了行业中公司成本粘性的方差作为指标来衡量行业同质性。

行业中公司的成本粘性方差越大说明行业同质性越低。因为行业中公司的成本粘性方差越大，说明行业中公司之间的成本粘性差距越大。成本粘性衡量的是成本费用随业务量变化时出现的不对称性，表现为成本在业务量增加时的变化率大于在业务量减少时的变化率。公司之间成本粘性差异越大，说明行业中不同公司间在外部环境发生变化引起业务水平发生变化时，其成本变化差异越大，而行业同质性是指在产业经济环境发生变化时，行业中的企业会发生相似的成本变动情况，因此我们以行业中公司成本粘性的方差（Var）作为指标衡量行业同质性。当行业中公司的成本粘性方差越大说明行业同质性越低。本文参考 Weiss（2010）和梁上坤（2016）将公司成本粘性 Stick 定义如下：

$$Stick = \log(\Delta Cost / \Delta Sale)_{up} - \log(\Delta Cost / \Delta Sale)_{down} \qquad (8)$$

其中，公式中的下标 up 表示一年中距离年末最近的一个营业收入上升的季度，公式中的下标 down 表示一年中距离年末最近的一个营业收入下降的季度。Sale 为营业收入，$\Delta Sale$ 为后一季度与前一季度营业收入之差。Cost 为营业成本，$\Delta Cost$ 为后一季度与前一季度营业成本之差。Stick 代表公司的成本粘性。我们计算 k 行业间公司成本粘性方差 Var，作为衡量行业同质性的指标，Var 值越大代表行业同质性越低。为与前文保持一致，设置行业同质性虚拟变量 Dhom_var，当行业间公司成本粘性方差 Var 超过中位数时取 0，当行业间公司成本粘性方差 Var 小于中位数时取 1。同时，以行业 k 中每个会计师事务所所审计客户的平均数量 $SICAk$ 衡量审计市场集中度。

表 6 为稳健性回归结果 2。由回归结果可以看出，模型 1 中 FOCUS 与 SICA 显著正相关，模型 2 中 FOCUS 与交乘项均与 SICA 显著正相关，结果与假设相符，说明本文结论有较强的稳健性。

表6 稳健性回归结果 2

	SICA	
	（1）	（2）
FOCUS	42.166***	32.502***
	（8.96）	（4.93）
FOCUS×Dhom_var		6.073**
		（2.06）
Buyer	16.110***	18.699***
	（2.92）	（3.36）
Region	1.005	0.285
	（1.06）	（0.29）
Size	-1.030***	-0.974***
	（-9.21）	（-8.58）

	SICA	
	（1）	（2）
Num	1.748***	1.934***
	(6.11)	(6.55)
Growth	-0.546	-0.837
	(-1.02)	(-1.54)
Regulation	0.237	0.194
	(1.03)	(0.86)
Year	0.272***	0.242***
	(4.27)	(3.75)
Constant	15.617***	14.264***
	(5.69)	(5.14)
Obs	105	105
R^2.adj	0.898	0.902

注：Obs 为观测值数目，R^2.adj 表示调整后的 R^2，括号内为对应回归系数的 t 值。＊＊＊，＊＊和＊分别表示在 1%、5%、10%的显著水平上拒绝原假设。

7. 结论

本文研究了行业内事务所行业专门化经营程度对于行业审计市场集中度的影响，并在此基础上进一步考察，当客户行业为同质性行业时，事务所实施行业专门化战略对于行业审计市场结构的影响。结果显示，事务所实施行业专门化战略能够使事务所为客户提供有差异的审计服务，形成行业壁垒，从而限制其他潜在竞争者进入市场。因此，行业内事务所专门化经营的平均程度越高，行业审计市场集中度越高。而当客户行业是同质性行业时，事务所在此行业实施行业专门化战略，更能够发挥规模经济效应，在不降低审计质量的前提下节省审计成本，从而使得事务所在审计市场竞争中更具竞争优势。因此，在同质性行业，行业中事务所专门化经营的平均程度对于行业审计市场集中度的影响会进一步加剧。

本文的研究丰富了行业审计市场结构的研究成果，用产业组织理论来解释事务所战略行为与行业审计市场结构的关系，丰富了审计行业市场结构理论研究，并且首次将客户的行业同质性特征纳入影响行业审计市场集中度的研究范畴，考察客户行业的同质性差异对事务所采取行业专门化战略竞争结果的影响。我们研究结果认为我国事务所在实施行业专门化战略时，选择同质性行业更能使事务所获得成本效益、扩大市场份额，为会计师事务所赢得市场竞争优势提供了一定的指导性意见。

◎ 参考文献

[1]陈丽红，张龙平.行业同质性与事务所行业专门化战略[J].经济管理，2011，33(2).

[2]陈丽红，张龙平.事务所行业专门化研究评述及展望[J].会计研究，2010(11).

[3]陈胜蓝，马慧.竞争压力、规模经济与会计师事务所行业专门化溢价[J].会计研究，2015(5).

[4]韩洪灵，陈汉文.会计师事务所的行业专门化是一种有效的竞争战略吗？——来自中国审计市场的经验证据[J].审计研究，2008(1).

[5]胡南薇，陈汉文，曹强.事务所战略、行业特征与客户选择[J].会计研究，2009(1).

[6]刘丹.客户竞争、审计专长与审计市场结构[J].财会月刊，2015(2).

[7]刘桂良，牟谦.审计市场结构与审计质量：来自中国证券市场的经验证据[J].会计研究，2008(6).

[8]刘文军，李秀珠，谢帮生.杀鸡能儆猴吗？审计师个体处罚的溢出效应研究——基于共同审计经历审计师视角[J].当代会计评论，2017(2).

[9]李眺.审计市场中的合并、产业专用化投资和价格竞争[J].中国工业经济，2003(3).

[10]梁上坤.EVA考核实施与中央企业上市公司的成本粘性[J].经济学报，2016(3).

[11]张睿，田高良.会计师事务所行业专门化、行业同质性与审计费用[J].山西财经大学学报，2016，38(6).

[12]张蕴萍，陈言，张明明.中国货币政策对城乡收入结构的非对称影响[J].学习与探索，2017(10).

[13]Bain, J. S. *Industrial organization*[M]. New York：Harvard University Press，1959.

[14]Bills, K. L., Jeter, D. C., Stein, S. E. Auditor industry specialization and evidence of cost efficiencies in homogenous industries[J]. *The Accounting Review*，2015，90 (5).

[15]Cairney, T. D., Young, G. R. Homogenous industries and auditor specialization：An indication of production economies[J]. *Auditing：A Journal of Practice & Thoery*，2006，25(1).

[16]Cairney, T. D., Steward, E. G., Pekcan Y. A. Audit fees and client industry homogeneity[J]. *Auditing：A Journal of Practice & Thoery*，2015，34(4).

[17]Craswell, A. T., Francis, J. R., Taylor, S. L. Auditor brand name reputations and industry specializations[J]. *Journal of accounting and economics*，1995，20(3).

[18]Cahan, S., Godfrey, J., Hamilton, J., et al. Auditor specialization, auditor dominance and audit fees：The role of investment opportunities[J]. *The Accounting Review*，2008，83 (6).

[19]DeAngelo, L. E. Audit or independence, "low balling", and disclosure regulation[J]. *Journal of Accouting & Economics*，1981，3(2).

[20] Demsetz, H. Why regulate utilities? [J]. *Journal of Monetary Economics*, 1968, 11(1).

[21] Eichensehe, J. W., Danos, P. The analysis of industry-specific auditor concentration: Towards an explanatory model[J]. *The Accouting Review*, 1981, 7(3).

[22] Eichensehe, J. W., Danos, P. Audit industry dynamics: Factors affecting changes in client-industry market shares[J]. *Journal of Accounting Research*, 1983, 20(2).

[23] Fung, S. Y. K., Gul, F. A., Krishnan, J. City-level auditor industry specialization, economies of scale, and audit pricing[J]. *The Accounting Review*, 2012, 87(4).

[24] Gramling, A., Stone, D. Audit firm industry expertise: A review and synthesis of the archival literature[J]. *Journal of Accounting Literature*, 2001(20).

[25] Hogan, C. E., Jeter, D. C. Industry specialization by auditors[J]. *Auditing: A Journal of Practice & Thoery*, 1999, 18(1).

[26] Krishnan, J. Client industry competition and auditor industry concentration[J]. *Journal of Contemporary Accounting and Economics*, 2005, 1(2).

[27] Kwon, S. Y. The impact of competition within the client's industry on the auditor selection decision[J]. *Auditing: A Journal of Practice & Theory*, 1999, 15 (1).

[28] Mayhew, B., Wilkins, M. Audit firm industry specialization as a differentiation strategy: Evidence from fees charged to firms going public [J]. *Auditing: A Journal of Practice & Theory*, 2003, 22 (2).

[29] O'Keefe, T. B., King, R. D., Gaver, K. M. Audit fees, industry specialization, and compliance with GAAS reporting standards[J]. *Auditing: A Journal of Practice & Theory*, 1994, 13(2).

[30] Owhoso, V. Mitigating gender-specific superior ethical sensitivity when assessing likelihood of fraud risk[J]. *Journal of Managerial Issues*, 2002, 14(3).

[31] Parrino, R. CEO turnover and outside succession: A cross-sectional analysis[J]. *Journal of Financial Economics*, 1997, 46(2).

[32] Willekens, M., Achmadi, C. Pricing and supplier concentration in the private client segment of the audit market: Market power or competition? [J]. *International Journal of Accounting*, 2003, 38(4).

[33] Weiss , D. Cost behavior and analysts' earnings forecasts [J]. *The Accounting Review*, 2010, 85(4).

[34] Yardley, J., Kauffman, N., Cairney, T., et al. Supplier behavior in the US audit market[J]. *Journal of Accounting Literature*, 1992, 11(11).

[35] Zeff, A., Fossum, R. An analysis of large audit clients [J]. *The Accounting Review*, 1967, 42(2) .

Clients' Homogeneity, Industry Specialization and Audit Market Concentration

Liu Yingfei[1]   Ren Xiaoyi[2]

(1, 2 Economics and Management School of Wuhan University, Wuhan, 430072)

Abstract: This paper studies the impact of the industrial audit market concentration as the audit firm carrying out the strategy of industry specialization. On the basis, we further examine the effect under the circumstance of homogeneous clients. The results indicate that audit firms enforcing the strategy of industry specialization strengthens the industrial audit market concentration. Furthermore, the positive relationship between industrial audit market concentration and audit firms' strategy become intensively when clients are in homogeneous industry. This conclusion provides guidance on China's audit firms about implementing the industry specialization strategy to gain market competitive advantages.

Key words: Industry homogeneity; Industry specialization; Audit market concentration

责任编辑：路小静

虚拟代言人特征对品牌态度的影响研究
——产品知识的调节作用*

● 张　宁[1]　余利琴[2]　郑付成[3]

（1，2，3 深圳大学管理学院　深圳　518060）

【摘　要】以"虚拟代言人特征对品牌态度的影响"为切入点，探究产品知识的调节作用。通过两个实验发现：对科技含量较低的产品而言，与可爱型虚拟代言人相比，专业型虚拟代言人能够使消费者产生更好的品牌态度；对科技含量较高的产品而言，当消费者的产品知识比较丰富时，与专业型虚拟代言人相比，可爱型虚拟代言人能够使消费者产生更好的品牌态度；当消费者的产品知识比较匮乏时，与可爱型虚拟代言人相比，专业型虚拟代言人能够使消费者产生更好的品牌态度。

【关键词】虚拟代言人　品牌态度　适度不一致理论　产品知识

中图分类号：C93　　　　　文献标识码：A

1. 引言

随着品牌消费时代的到来，为了提升品牌资产、实现品牌差异化，越来越多的企业青睐使用代言人。与明星代言人相比，虚拟代言人以其企业专属性、可塑性、零绯闻和广告成本低等特点备受企业喜爱（Phillips，1996；Folse et al.，2012）。现有研究表明：品牌虚拟代言人策略通常适用于价格不高、参与度较低、感知品牌间差异较小的产品（Garretson & Niedrich，2004）。但 Phillips 等人（1999）发现，银行、保险等高参与度的产品也开始采用虚拟代言人策略。那么，企业应该如何为品牌或产品设计虚拟代言人？而对于不同类别的产品，虚拟代言人的不同特征是否能使消费者形成更好的品牌态度？关于虚拟代言人特征对品牌态度的影响，有研究指出，虚拟代言人的特征必须与其代言的产品特征相一致

* 基金项目：国家自然科学基金青年项目"广告中的虚拟代言人与消费者的品牌体验：调节匹配理论视角（项目批准号：71402100）"；国家自然科学基金面上项目"动态虚拟代言人对品牌态度的影响研究：时距知觉理论视角"（项目批准号：71772127）；深圳大学研究生创新发展基本项目"虚似代言人的位置对广告效果的影响研究——基于空间隐喻理论"（PIDFP-RN2017013）。

通讯作者：郑付成，E-mail：fucheng2016@ foxmail. com.

（Garretson & Niedrich，2004）。因为基于一致性理论视角，当广告内容与消费者信念和价值观相一致时，广告对消费者的品牌态度有显著正向影响（Teng et al.，2014）。但是，品牌态度是消费者对某一特定品牌的好恶程度，认知方面和情感方面的影响因素同时存在。研究表明，可爱型的虚拟代言人能够使消费者产生更强烈的情感性态度；而专业型的虚拟代言人能够激发消费者更强烈的认知性态度（Callcott & Alvey，1991）。基于适度不一致理论，科技含量高产品一般富有大量的认知性信息（如专业、可靠、安全等），情感性信息相对较少，可爱型的虚拟代言人能够使消费者形成更好的品牌态度；反之，对于科技含量低的产品，企业通常会在广告宣传中加入大量的情感性信息（如可爱、亲切、怀旧等），认知性信息较少，因此，专业型的虚拟代言人能够使消费者形成更好的品牌态度（Tanriverdi & Venkatraman，2005）。

虚拟代言人的特征（可爱型/专业型）与产品的特征（高科技含量/低科技含量）究竟是应该"一致"还是"互补"呢？本研究将基于一致性理论和适度不一致理论，探究虚拟代言人特征对消费者品牌态度的影响及其边界条件。

2. 文献回顾与研究假设

2.1 品牌虚拟代言人的相关研究

品牌虚拟代言人（Spokes-characters）是企业为了向消费者传达品牌的个性、文化和价值观等信息、建立良好的品牌关系而设计的虚拟角色（Callcott & Alvey，1991；Phillips，1996；Garretso & Niedrich，2004）。从归属角度来讲，虚拟代言人可以分为自有虚拟代言人和授权虚拟代言人（Callcott & Alvey，1991）。自有虚拟代言人具有"广告起源性"（advertising origin），是企业严格根据品牌个性和特征创造出专属于品牌的虚拟代言人，并且为他们设计了特定的形象、个性和行为，不仅能充分体现代言人与品牌的相关性，而且还能根据市场和品牌发展的需求，对代言人进行适时调整，以便实现更好的品牌传播（Callcott & Lee，1995）。授权虚拟代言人不具有"广告起源性"，是指企业引用某个或某些消费者熟知和喜爱的卡通形象为品牌代言。一般而言，当要求对产品进行回忆时，自有虚拟代言人能够使消费者正确回忆起 71.7% 的内容，而授权虚拟代言人策略只能使消费者正确回忆起 28.7% 的内容（Callcott & Alvey，1991）。基于此，本研究将以自有虚拟代言人为主要研究对象（本研究中提到的"虚拟代言人"均指品牌"自有虚拟代言人"）。

现有研究表明，虚拟代言人的特征，如可信度、吸引力、专业性、可爱度、怀旧性等会影响消费者对品牌的态度及购买意愿（Garretson & Niedrich，2004；Kassymbayeva，2017）。Garretson 和 Niedrich（2004）的研究发现，虚拟代言人的可信度对消费者的品牌态度有显著影响，虚拟代言人的专业性和怀旧性共同影响虚拟代言人的可信度。Chang（2008）的研究修正了 Garretson 和 Niedrich（2004）提出的模型，认为消费者对虚拟代言人的感知表现为三个一阶因子，分别是：可爱性、相关性和专业性。可爱性和专业性描述了虚拟代言人自身的特征，相关性代表了虚拟代言人与其所代言的产品在促销活动中的合适程度（张宁，2013）。虚拟代言人的相关性对品牌的影响受到消费者处理信息目的的影响，当消费者以处理广告信息为目的时，代言人与产品的相关性的高低对品牌资产不存在显著差异(Garretson & Burton，2005)。因此，就虚拟代言人的设计特征而言，本研究将主要研究虚拟代言人的可爱性和专业性对品牌的影响机制。根据信源吸引力模型(Mcguire，1985)，可爱性描述了虚拟代言人的受喜爱程度，主要表现在虚拟代言人的个性、物理特征、幽默和消费体验因素四个维度。根据信源可信度模型，专业性是一种觉得信息来源有效或具有产品知识的感知(Ohanian，1991)。

2.2 虚拟代言人特征对品牌态度的影响研究

2.2.1 适度不一致性理论

基于一致性理论，学者们根据新的刺激与个体唤醒的心理图式之间的一致性程度，将其分为了"极其一致"、"适度不一致"和"极其不一致"三种情况。大量研究指出，当个体感知到的某一现象与其已有的知识或认知相符时，更有可能形成积极的态度(Osgood & Tannenbaum，1955)。而当个体的行为或感知到的某一现象与其已有的知识或认知产生分歧时，个体就会产生不舒适感、不愉快的情绪，这一现象被社会心理学家称为"认知失调"(Festinger & Maccoby，1964)。同时也有学者提出了不同的观点。

与极其一致和极其不一致两种情境相比，消费者在适度不一致情境下能够形成更好的态度。这是因为与个体心理图式一致的刺激并不能由于熟悉而形成较为正面的评价，而适度不一致的刺激能够强化个体对新信息的加工过程、形成解决不一致的动机，并给消费者提供一些新奇的、特殊的价值(Venkatesan，1973)。基于这一视角，大量研究证实了一致性与态度之间的倒 U 形关系，即适度不一致能够产生更积极的品牌态度(Moore et al.，2013；Yadav et al.，2017)。研究发现，对于某些产品，消费者会期待某种与众不同的"典型"的广告，因此，广告中某些意想不到的内容或功能会使消费者对广告和品牌形成更好的评价(Lee & Mason，1999)。

对于科技含量不同的产品，消费者的心理图式存在很大差异。消费者对于科技含量比较高的产品的心理图式主要围绕专业、可靠、安全等认知性内容，与选用专业型虚拟代言人的广告相比，选用可爱型虚拟代言人的广告能够被给予消费者一种适度不一致的刺激；反之，消费者对于科技含量较低的产品的心理图式主要围绕可爱、亲切、怀旧等情感性内容，与选用可爱型虚拟代言人的广告相比，选用专业型虚拟代言人的广告能够给予消费者一种适度不一致的刺激。因此，我们提出以下假设：

H1a：对于科技含量比较低的产品，与可爱型的虚拟代言人相比，专业型的虚拟代言人能够使消费者产生更好的品牌态度。

H1b：对于科技含量比较高的产品，与专业型的虚拟代言人相比，可爱型的虚拟代言人能够使消费者产生更好的品牌态度。

2.2.2 消费者产品知识的调节作用

产品知识是消费者为解决特定消费问题而选择产品时可以依据的相关知识，包括主观知识、客观知识和先前经验三个部分(Mitchell & Dacin，1996)。它会对消费者的产品信息搜集和处理活动产生影响。在进行消费决策时，消费者往往根据自己的产品知识来判定产品的各种属性，并以此作为消费决策的依据。Campbell 和 Goodstein（2001）通过实验证实，当被试的感知风险比较高时，与适度不一致的产品相比，被试更偏好于一致的产品；但当被试的感知风险比较低时，被试对一致的产品和适度不一致的产品均不存在明显偏好；只有当被试感知到没有风险时，才会对适度不一致的产品产生偏好。在本研究中，对于科技含量比较高的产品，当消费者的产品知识比较匮乏时，其感知风险就会比较高，此时适度不一致理论是否还适用呢？

在本研究中，对于科技含量比较低的产品而言，消费者具有的产品知识差异较小。但是，对于科技含量比较高的产品，消费者的产品知识却存在很大差异。因此，本研究将着重探究对于科技含量比较高的产品，消费者的产品知识对虚拟代言人特征与品牌态度之间关系的调节作用。具体而言，对于具有丰富产品知识的消费者，消费者对于高科技产品的心理图式中充满了与"专业性"相关的信息，与专业型的虚拟代言人相比，可爱型虚拟代言人更能够强化个体对虚拟代言人的加工过程、形成解决不一致的动机，并给消费者提供一些新奇的、特殊的价值。即适度不一致能产生更好的效果。当消费者的产品知识比较匮乏时，消费者对于高科技产品的心理图式中缺乏与"专业性"相关的信息，此时，与"专业性"相关的信息更加符合消费者的认知。即与可爱型的虚拟代言人相比，专业型虚拟代言人能够使消费者产生更好的品牌态度。基于上述分析，我们提出如下假设：

H2：对于高科技产品，消费者的产品知识对虚拟代言人特征和品牌态度之间的关系起到调节作用。当消费者的产品知识比较丰富时，与专业型的虚拟代言人相比，可爱型的虚拟代言人能够使消费者产生更好的品牌态度；反之，当消费者的产品知识不丰富时，专业型的虚拟代言人能够使消费者产生更好的品牌态度。

3. 研究设计

3.1 实验一：虚拟代言人特征对品牌态度的影响研究

3.1.1 实验前测

本研究根据 Aaker 等人（2004）的步骤和方法设计了两个虚拟代言人，通过服装和面部表情等突出虚拟代言人的可爱性和专业性（见图1）。其测项均源于 Garretson 和 Niedrich（2004）以及 Ohanian（1991）等人的研究，Cronbach's a 值分别为 0.839 和 0.964，KMO 值分别为 0.717 和 0.877，说明测项具有较高的信效度。结果显示，这两个虚拟代言人的可爱性（$M_{可爱型}$ = 4.16 vs. $M_{专业型}$ = 3.34，$F(1, 56)$ = 7.13，$p < 0.05$）和专业性（$M_{可爱型}$ = 2.88 vs. $M_{专业型}$ = 4.86，$F(1, 56)$ = 33.74，$p < 0.05$）均存在显著差异。

因为考虑到实验被试为在校大学生，因此我们选择的实验产品是他们熟悉的电脑和旅行箱，分别代表高科技含量和低科技含量的产品。测项包括"这种产品是高科技产品"、"这种产品具有很高的科技含量"和"生产这种产品需要很高的科技含量"等。Cronbach's a 值和 KMO 值分别为 0.896 和 0.728。结果显示电脑和旅行箱的科技含量存在显著差异（$M_{电脑}$ = 5.24 vs. $M_{旅行箱}$ = 3.15，$F(1, 56)$ = 46.532，$p < 0.001$）。

(可爱型) (专业型)

图 1 实验 1、实验 2 使用虚拟代言人

3.1.2 实验设计

我们采用 2(虚拟代言人特征：可爱型、专业型)×2(产品类别：电脑、旅行箱)组间设计。被试为深圳某高校的 120 名本科生，剔除无效问卷 8 份，共收回有效问卷 112 份(女，64.3%)，年龄均在 18~26 岁。

实验分为三个阶段。首先告知被试实验的学术目的。然后向被试展示凸显某一特征的虚拟代言人(可爱性 vs. 专业性)的图片并告知被试这是某产品(旅行箱 vs. 电脑)生产企业的品牌虚拟代言人，并请被试完成关于品牌的评价；最后，我们对虚拟代言人的特征、产品的科技含量进行了操纵检验，并收集了性别、年龄等人口统计信息。

3.1.3 操纵检验

操控检验的结果显示，虚拟代言人的可爱性($M_{可爱型} = 4.09$ vs. $M_{专业型} = 3.49$，$F(1, 111) = 8.10$，$p < 0.001$)和专业性($M_{可爱型} = 2.69$ vs. $M_{专业型} = 4.89$，$F(1, 111) = 85.358$，$p < 0.01$)均存在显著差异；电脑和旅行箱的科技含量存在显著差异($M_{电脑} = 5.50$ vs. $M_{旅行箱} = 3.02$，$F(1, 111) = 106.94$，$p < 0.001$)。

3.1.4 结果分析与讨论

通过单因素方差分析，结果显示：虚拟代言人特征对品牌态度的主效应($F(1, 111) = 0.023$，$p > 0.1$)和产品类别对品牌态度的主效应($F(1, 111) = 2.477$，$p > 0.1$)均不显著，虚拟代言人特征和产品类别对品牌态度的交互作用显著($F(1, 111) = 11.877$，$p < 0.01$)，如图 2 所示。对于电脑而言，被试对可爱型虚拟代言人的品牌态度($M = 4.33$)显著高于对专业型虚拟代言人的品牌态度($M = 3.72$)，$F(1, 57) = 7.498$，$p < 0.05$；对于旅行箱而言，被试对专业型虚拟代言人的品牌态度($M = 4.04$)显著高于对可爱型虚拟代言人的品牌态度($M = 3.48$)，$F(1, 54) = 4.71$，$p < 0.05$。实验一的结果支持假设 H1a 和 H1b。

那么，对于高科技含量和低科技含量的产品而言，一定是这样的吗？如果不是，那么又存在什么样的边界条件呢？因此我们进行了实验二。

3.2 实验二：消费者产品知识的调节作用研究

实验一发现，对于电脑等高科技产品，与专业型虚拟代言人相比，可爱型虚拟代言人

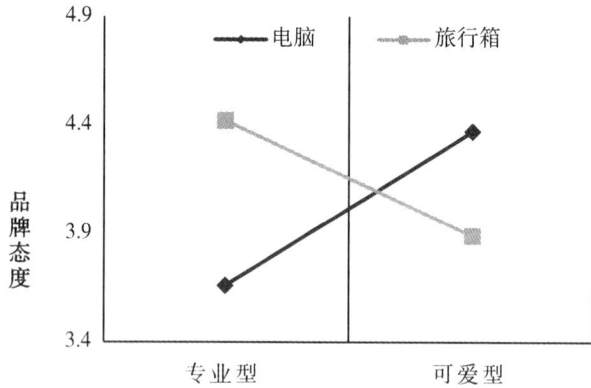

图 2 虚拟代言人特征与产品类别的交互作用

能够使消费者形成更好的品牌态度。但是，对于消费者不熟悉的高科技产品，这一结论还能得到验证吗？为此，我们在实验二引入了消费者的产品知识。由于低科技含量产品的技术比较简单，消费者很容易理解，因此，消费者对这些产品的知识一般不存在显著差异。基于此，实验二将聚焦于高科技产品，探究消费者的产品知识对虚拟代言人特征与消费者品牌态度之间的关系的调节作用。

3.2.1 实验前测

电脑和肺炎疫苗同属于高科技产品，但是消费者对电脑的产品知识相对更加丰富，对肺炎疫苗的产品知识相对匮乏。因此，实验二选择了"电脑"和"肺炎疫苗"。结果显示，电脑与肺炎疫苗的科技含量不存在显著差异（$p > 0.1$）。根据 Smith 等人（1992）研究的量表，我们采用"我非常了解这种产品的相关信息"等 4 个测项来测量被试的产品知识，Cronbach's a 值为 0.667，KMO 值为 0.668。结果显示，被试对电脑和肺炎疫苗的产品知识存在显著差异（$M_{电脑} = 3.44$ vs. $M_{肺炎疫苗} = 2.31$，$F(1, 66) = 17.452$，$p < 0.001$）。

3.2.2 实验设计

采用 2（虚拟代言人特征：可爱型、专业型）×2（产品知识：丰富、匮乏）组间设计。深圳某高校的 113 名本科生参与实验，剔除无效问卷 6 份，共收回有效问卷 107 份（女，69.2%），年龄均在 18~26 岁。实验过程与实验一类似。

3.2.3 操纵检验

操控检验结果显示，虚拟代言人的可爱性（$M_{可爱型} = 4.38$ vs. $M_{专业型} = 3.66$，$F(1, 106) = 12.052$，$p < 0.001$）和专业性（$M_{可爱型} = 2.85$ vs. $M_{专业型} = 4.96$，$F(1, 106) = 98.272$，$p < 0.001$）均存在显著差异；被试对电脑和肺炎疫苗的产品知识存在显著差异（$M_{电脑} = 3.29$ vs. $M_{肺炎疫苗} = 2.32$，$F(1, 106) = 21.972$，$p < 0.001$）。

3.2.4 结果与分析

统计结果表明，虚拟代言人特征对品牌态度的主效应（$F(1, 106) = 0.313$，$p > 0.1$）和品牌态度的主效应（$F(1, 106) = 0.751$，$p > 0.1$）均不显著，虚拟代言人特征和产品知识对品牌态度的交互作用显著（$F(1, 106) = 13.958$，$p < 0.001$），如图 3 所示。对于产品

知识相对丰富的电脑而言，被试对可爱型虚拟代言人的品牌态度($M=4.37$)显著高于对专业型虚拟代言人的品牌态度($M=3.66$)，$F(1，55)=9.148$，$p<0.05$；对于产品知识相对匮乏的肺炎疫苗而言，被试对专业型虚拟代言人的品牌态度($M=4.42$)显著高于对可爱型虚拟代言人的品牌态度($M=3.89$)，$F(1，50)=5.145$，$p<0.05$。H2得到验证。

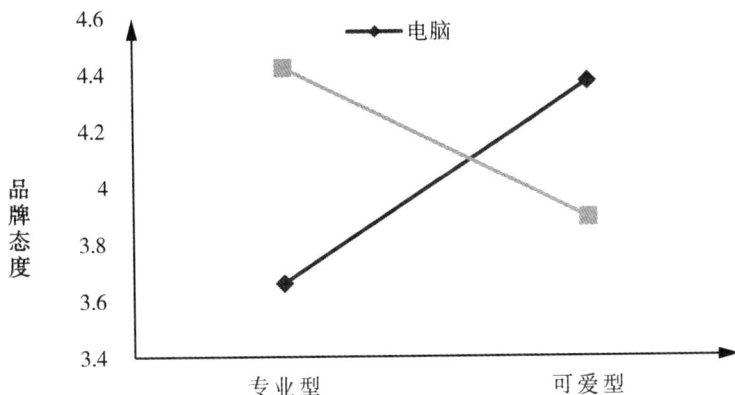

图3　虚拟代言人特征与产品知识的交互作用

4. 总结、启示与局限性

4.1　研究结论与理论贡献

　　本研究基于一致性理论和适度不一致理论，探究品牌虚拟代言人特征对消费者品牌态度的影响及其边界条件。通过实证分析揭示了其内在机制，对其边界条件进行了验证，丰富了心理学相关理论在品牌虚拟代言人研究中的应用。

　　1. 虚拟代言人特征与产品的科技含量对品牌态度具有交互作用

　　实验结果表明，对于旅行箱等低科技含量的产品，消费者对专业型虚拟代言人的品牌态度显著高于对可爱型虚拟代言人的品牌态度（即虚拟代言人特征与产品的科技含量"适度不一致"时效果更好）；对于电脑等高科技产品，消费者对可爱型虚拟代言人的品牌态度显著高于对专业型虚拟代言人的品牌态度（即虚拟代言人特征与产品的科技含量"适度不一致"时效果更好）。

　　2. 消费者的产品知识与虚拟代言人特征对品牌态度具有交互作用

　　对于高科技产品，消费者的产品知识在消费者对品牌的信息加工过程和购买决策过程中起到了至关重要的作用。以前的研究笼统地认为虚拟代言人适用于参与度较低的产品。本研究不仅发现，在产品的科技含量与虚拟代言人特征对品牌态度的交互作用中，"适度不一致"（低科技产品对应专业型虚拟代言人；高科技产品对应可爱型虚拟代言人）能够使消费者产生更好的品牌态度，而且还根据高科技产品的特征，探究了消费者的产品知识与虚拟代言人特征对品牌态度的交互作用。研究发现，对于高科技产品而言，当消费者产品知识丰富(如电脑)时，消费者对可爱型虚拟代言人的品牌态度显著高于对专业型虚拟代言人的品牌态度(即"适度不一致"效果更好)；当消费者产品知识匮乏(如肺炎疫苗)时，消费者对专业型虚拟代言人的品牌态度显著高于对可爱型虚拟代言人的品牌态度(即"一致"效果更好)。

4.2 营销启示

伴随着科学技术的发展和社会的进步，品牌代言已不再是明星和专家的专利，由于可控性强、企业专属、节约成本等特点，虚拟代言人受到了越来越多企业的喜爱，逐渐成为广告代言和品牌代言的主角。那么，企业应该为品牌设计怎样的虚拟代言人呢？为此，本研究为企业提供了如下建议：

1. 企业可以通过设计品牌虚拟代言人改善消费者的品牌态度

企业在为品牌设计虚拟代言人时，应充分考虑消费者能感知到的虚拟代言人的某些特征，如可爱度、专业性和相关性等。第一，消费者非常喜欢可爱的虚拟代言人，企业可以从体现产品或品牌个性、幽默、外表等角度对虚拟代言人进行设计，如酷儿、脑白金老夫妇等；第二，虚拟代言人的专业性能够提升品牌资产，企业在设计虚拟代言人时，可以从虚拟代言人的着装、表情、动作等角度进行设计，如米其林轮胎人、康师傅等；第三，虚拟代言人应该与代言的产品具有较强的相关性，企业设计虚拟代言人时可以从产品外观、品牌个性、企业文化等角度增强虚拟代言人与品牌的相关性，使消费者在看到虚拟代言人时就能很轻易地想起品牌，如肯德基老爷爷、海尔兄弟等。第四，企业在设计虚拟代言人时，可以使虚拟代言人同时具有可爱性、专业性和相关性等特点，如米其林轮胎人的体态、表情和行为充分体现了可爱性特点，圆圆胖胖的身体给人一种结实可靠的感觉，体现了其专业性，由一个个大小不同的轮胎组成的服装使消费者看到它就想到了轮胎。

2. 不同类型的虚拟代言人适用于不同的产品类别

本研究发现，不同类型的虚拟代言人适用于不同的产品类别。为了提升消费者的品牌态度，生产低科技产品的企业应为品牌设计专业型的虚拟代言人，而生产电脑等消费者熟悉的高科技产品的企业应该为品牌设计可爱型的虚拟代言人。

3. 企业在为高科技产品设计虚拟代言人时，应该关注消费者的产品知识

对于高科技产品，在推向市场初期，企业应该为品牌设计专业型的虚拟代言人，增强消费者对品牌的专业性感知，形成良好的认知性态度；当产品广泛普及，消费者的产品知识比较丰富时，企业应通过调整虚拟代言人的服装、表情、动作等内容，突出虚拟代言人的可爱性，进而使消费者形成良好的情感性态度。

4.3 研究的局限与未来研究方向

国内对于品牌虚拟代言人的研究尚且处于初步探索阶段，现有的文献大多是零散的定性研究。尽管在研究过程中，我们力求科学、严谨、规范，但由于研究能力和各种客观条件的限制，本研究中尚且存在一些局限：

（1）受研究条件的限制，本研究仅选取了虚拟代言人的可爱度和专业性两个最重要的特征进行研究，没有对虚拟代言人的相关性、吸引力、可信度、怀旧性等特征进行研究。未来的研究可以从其他特征或角度研究"企业应该为品牌设计怎样的虚拟代言人"这一问题；

（2）通常，虚拟代言人会与其他产品信息同时出现在广告中。本研究单独探究不同特征的虚拟代言人对消费者品牌态度的影响，没有同时考察广告中其他信息与虚拟代言人对消费者的影响。未来的研究可以将虚拟代言人融入到传播媒介中，研究虚拟代言人与其他广告信息对消费者产生的集成效果；

（3）由于大学生样本的局限性，本研究的被试都具有较高的教育水平且年龄相对较小，可能更容易受到卡通形象的影响。因此，以后的研究应该在条件允许的情况下，选择更具有代表性的样本来进行验证。

◎ 参考文献

［1］张宁. 虚拟代言人对品牌资产的影响研究：品牌体验的中介作用及消费者个人特征和产品特征的调节作用［D］. 武汉大学学位论文，2013.

［2］Aaker，J.，Fournier S.，Brasel，S. A. When good brands do bad［J］. *Journal of Consumer Research*，2004，31（1）.

［3］Callcott，M. F.，Alvey，P. A. Callcott，M. F.，Alvey，P. A.. Toons sell and sometimes they don't：An advertising spokes-character typology and exploratory study. *In*：*Proceedings of the 1991 Conference of the American Academy of Advertising*［M］. New York：D'Arcy Masius Benton and Bowles，Inc. 1991.

［4］Callcott，M. F.，Lee，W. N. Establishing the spokes-character in academic inquiry：Historical overview and framework for definition［J］. *ACR North American Advances*，1995.

［5］Campbell，M. C.，Goodstein，R. C. The moderating effect of perceived risk on consumers' evaluations of product incongruity：Preference for thenorm［J］. *Journal of Consumer Research*，2001，28（3）.

［6］Chang，K. The effectiveness of the spokes-character in creating brand equity［J］. *Society for Marketing Advances Proceedings*，2008（6）.

［7］Festinger，L.，Maccoby，N. On resistance to persuasive communications［J］. *Journal of Abnormal and Social Psychology*，1964，68（4）.

［8］Folse，J. A. G.，Richard，G.，Brton，S. Spokescharacters：How the personality traits of sincerity，excitement，and competence help to build equity［J］. *Journal of Advertising*，2012，41（1）.

［9］Garreston，J. A.，Burton，S. The role of spokes-characters as advertisement and package cues in integrated marketing communications［J］. *Journal of Marketing*，2005，69（4）.

[10] Garretson, J. A., Niedrich, R. W. spokes-characters: Creating character trust and positive brand attitudes[J]. *Journal of Advertising*, 2004, 33(2).

[11] Kassymbayeva, A. The impact of spokes-characters on customer loyalty[J]. *International Journal of Business & Management*, 2017, 12(7).

[12] Lee, Y. H., Mason, C. Responses to information incongruency in advertising: The role of expectancy, relevancy, and humor[J]. *Journal of Consumer Research*, 1999, 26(2).

[13] Mcguire, W. J. Attitudes and attitude change[C]. In: Lindzre, G., Aronson, E. *Handbook of social psychology* (3rd ed.). New York: Random House, 1985.

[14] Mitchell, A., Dacin, P. The assessment of alternative measures of consumer expertise[J]. *Journal of Consumer Research*, 1996, 23(3).

[15] Moore, R. S., Stammerjohan, C. A., Coulter, R. A. Banner advertiser-web site context congruity and color effects on attention and attitudes[J]. *Journal of Advertising*, 2013, 34 (2).

[16] Ohanian, R. The impact of celebrity spokespersons' perceived image on consumers' intention to purchase [J]. *Journal of Advertising Research*, 1991, 31(1).

[17] Osgood, C., Tannenbaum, P. The principle of congruity in the prediction of attitude change[J]. *Psychological Review*, 1955, 62(1).

[18] Phillips, B. J., Gyoerick, B. The cow, the cook, and the quaker: Fifty years of spokes-character advertising[J]. *Journalism of Mass Communication Quarterly*, 1999, 76(4).

[19] Phillips, B. J. Defining trade characters and their role in American popularculture[J]. *The Journal of Popular Culture*, 1996, 29 (4).

[20] Radecki, C. M., Jaccard, J. Perceptions of knowledge, actual knowledge, and information search behavior[J]. *Journal of Experimental Social Psychology*, 1995, 31(2).

[21] Smith, D. C., Park, C. W. The effects of brand extensions on market share and advertising efficiency [J]. *Journal of Marketing Research*, 1992, 29(3).

[22] Tanriverdi, H., Venkatraman, N. Knowledge relatedness and the performance of multibusiness firms[J]. *Strategic Management Journal*, 2005, 26(2).

[23] Tao, L. U., Wang, Y., Ma, M. The impact of spoke-characters on brand loyalty: The mediating role of brand experience [C]. *International Conference on Humanities Science, Management and Education Technology*, 2016.

[24] Teng, L., Ye, N., et al. Effects of culturally verbal and visual congruency/incongruency across cultures in a competitive advertising context[J]. *Journal of Business Research*, 2014, 67(3).

[25] Venkatesan, M. Cognitive consistency and novelty seeking[C]. In: Scott, W., Thomas, S. Robertson. *Consumer behavior: Theoretical sources*. Englewood Cliffs, NJ: Prentice-Hall, 1973.

[26] Yadav, P., Bisoyi, D., Chakrabarti, D. Spokes characters of mascot and young consumers' perspective particular understanding[C]. *International Conference on Research into Design. Springer*, Singapore, 2017.

The Effects of Spokes-characters Traits on Brand Attitude
—The moderator role of product knowledge

Zhang Ning[1]   Yu Liqin[2]   Zheng Fucheng[3]

(1, 2, 3 College of Management Shenzhen University, Shenzhen, 518060)

Abstract: Based on the question of "the influence of spokes-characters traits on brand attitude", the purpose of our research is to examine the moderator effect of product knowledge. Two experiments have showed that the traits of spokes-characters and types of products have the interaction effect on consumer's brand attitude. Specifically, for low-tech products, the likable spokes-character is better than the one which is expertise, however, for high-tech products, when consumer's product knowledge is rich, the spokes-character which is likability is better than the one which is expertise, however, when consumer's product knowledge is rare, the spokes-character which is expertise is better than the one which is likability.

Key words: Spokes-characters; Brand attitude; Congruity Theory; Product knowledge

专业主编：曾伏娥

杀鸡真的能儆猴吗?

——分销商观察者视角惩罚力度与惩罚公平的协同效应研究*

● 张广玲[1]　王凤玲[2]

（1，2 武汉大学经济与管理学院　武汉　430072）

【摘　要】在企业分销网络内，供应商对"犯错"分销商的惩罚不仅直接影响受罚对象，对网络内其他分销商同样存在溢出作用，但现有研究较少关注分销商观察者视角供应商惩罚事件的溢出效应。本文跳出以往惩罚研究的二元关系视角窠臼，基于公平理论等实证检验供应商对机会主义分销商的惩罚力度和惩罚公平性对分销商观察者事后机会主义的协同作用，同时还考察了观察者对受罚不当行为的归属性归因以及受罚分销商网络中心性对惩罚的观察者效应的调节作用。对257 个分销商企业调查研究发现，供应商对机会主义分销商的惩罚力度和惩罚公平性能够协同抑制分销商观察者的事后机会主义，显著增强彼此的影响效果。此外，观察者对不当行为的受罚者内部归因可以显著强化惩罚的观察者效应，但若进行受罚者外部归因则效果刚好相反；受罚分销商的网络中心性对惩罚的观察者效应调节作用不显著。本研究不仅进一步弥补和完善了分销商网络视角有关惩罚溢出效应的认知，拓展了渠道冲突治理的理论研究，而且为企业有效运用惩罚策略治理渠道机会主义提供了更科学的实践指导。

【关键词】分销商网络　机会主义　惩罚　协同效应

中图分类号：C93　　　　文献标识码：A

1. 引言

在企业渠道系统中，分销商由于与供应商利益目标不一致以及信息不对称，在交易中频繁实施各种形式的机会主义行为（Williamson，1985）。惩罚作为最常见的强制性影响策

* 基金项目：国家自然科学基金重点项目"大数据驱动的消费市场的全景响应式营销管理与决策研究"（项目批准号：91746206）；国家自然科学基金青年项目"连带责任治理对供应商集群内机会主义行为的影响机制研究"（项目批准号：71702053）；教育部人文社科基金项目"基于连带责任的供应商集群内机会主义行为治理研究：萨林斯的互惠理论视角"（项目批准号：16YJC630036）。

通讯作者：王凤玲，E-mail：wangfengling2015@qq.com.

略，被认为是供应商向机会主义分销商传递警示信号的最直接有效方式（Payan &
McFarland，2005）。而现实中，一个供应商往往同时拥有多个分销商（曾伏娥和陈莹，
2015），在当前信息高度发达的社会大环境下，供应商对任何一个不当行为分销商进行惩
罚，该分销网络中其他分销商观察者均能通过各种正式或非正式信息渠道迅速知悉该惩罚
事件，并基于自己在分销网络中的同级身份以及对未来遭遇类似情境的判断和预期，其态
度和行为同样会受到影响（Wang et al.，2013；Wang & Murnighan，2017）。

　　然而文献梳理发现，渠道治理领域惩罚应用研究目前仍主要聚焦双边关系视角，基于
权力依赖理论、交易成本理论和关系交换理论等探讨惩罚事件及其直接影响（Antia et al.，
2006），从渠道网络视角探讨惩罚事件对分销商观察者溢出效应的研究还相当匮乏（Antia
& Frazier，2001）。Wang 等人（2013）的文章作为目前唯一跳出渠道二元关系视角实证检验
分销商网络内惩罚事件观察者效应的研究，虽然为拓展现有渠道冲突治理研究做出了突出
贡献，但仍存在重要的缺憾，有待进一步完善。Wang 等人（2013）在研究中仅单独检验了
供应商对机会主义分销商的惩罚力度和惩罚公平性各自对观察者事后机会主义的抑制作
用，忽视了惩罚力度与惩罚公平在影响分销商观察者态度和行为过程中不可分割的客观属
性，也未能有效解决实际应用中有关惩罚力度与惩罚公平间应如何权衡的长期争议。在实
践中，有些企业只重视惩罚力度，认为只要惩罚足够具有威慑力就能有效遏制观察者机会
主义（Schnake，1986）；还有些企业则只关注惩罚的公平性，认为惩罚的关键仅在于传达
警示意图，企业秉持一贯的原则对不同性质的不当行为公平施罚即能让渠道成员心服口
服，并自觉约束自己的不当行为（Luo et al.，2015）。然而无数事实证明，情况并非如此。
以诺基亚公司为例，面对分销商窜货乱价这个经典难题，诺基亚曾经重拳出击，期望通过
巨额罚款有效遏制渠道窜货乱象，然而却导致分销商“人人自危”，甚至不惜通过集体拒
卖进行抗议。而中国市场更为常见的是，很多供应商虽然在合作之初就与分销商签订窜货
管理协议，此后也会根据协议对窜货行为公平施罚，但由于处罚大多停留在“小惩小戒”，
结果对分销商而言仅如隔靴搔痒，窜货问题依然层出不穷。由此，本文认为在渠道机会主
义治理中，惩罚力度和惩罚公平性缺一不可，只有双管齐下、二者协同作用，才能真正让
所有渠道成员心服口服，达到治理渠道机会主义的长期最佳效果。然而，现有研究缺乏对
惩罚力度与惩罚公平之间交互关系及其对观察者事后机会主义影响的探讨。

　　此外，作为分销商网络中的旁观者，除了供应商有无“因罪量刑”（即是否同时兼顾惩
罚力度和惩罚公平性）这一核心问题外，受罚分销商是否“罪有应得”（即不当行为的发生
到底是不是受罚分销商主观故意造成）（Cohen，1982），供应商是否对所有犯错分销商“一
视同仁”，同样是影响分销商观察者对供应商惩罚事件的态度和行为反应的核心要素。然
而，在所有渠道冲突治理和惩罚相关现有研究中均未找到有关以上三个核心问题及其对分
销商观察者影响机制的系统和科学解答。鉴于此，本文将基于公平理论等，从渠道网络视
角出发实证研究以下三个重要问题：（1）检验供应商对机会主义分销商的惩罚力度和惩罚
公平性在影响分销商观察者事后机会主义过程中的协同效应；（2）探讨观察者对受罚分销
商不当行为的归属性归因对惩罚的观察者效应的调节作用；（3）考察受罚分销商的网络中
心性对惩罚的观察者效应的调节作用。通过在统一理论框架下对以上三个核心问题的实证
检验，本研究不仅丰富并拓展了渠道冲突治理相关理论研究，还进一步提供了分销商网络

视角下有关惩罚对观察者影响机制的更加完善和全面的认知，对于企业如何在渠道机会主义治理中更加有效地运用惩罚策略也提供了更加科学的实践指导。

2. 文献回顾

2.1 惩罚及其影响

企业在渠道管理中常使用奖励和惩罚（"胡萝卜+大棒"）这两种强制性影响策略来规范渠道行为和提升组织绩效（Wang et al.，2012）。研究认为，惩罚因为能传递明确的警示信号和施罚者意图（Scheer & Stern，1992），且通常会减少受惩罚对象的经济利益，刺激产生如沮丧、紧张等负面情绪（Geyskens et al.，1999），对受罚者具有一定震慑作用（Antia et al.，2006）。因此，惩罚通常被认为是在各种组织和社会情境下，治理违反规则、规范等不当行为的最直接有效手段（Balliet & Van Lange，2013）。

在渠道治理领域，大量学者基于权力依赖理论、交易成本经济学和关系交换理论，从双边关系视角研究了惩罚何时以及如何才能成为约束渠道成员不当行为的合适手段（Antia & Frazier，2001）。然而，这些传统双边视角研究更多关注惩罚的消极结果，认为使用惩罚策略不符合营销理念（Kotler，1986），而且带来的风险和损失会超出潜在获益，主张除非其他影响策略都失效，否则不可轻易采用（Frazer & Rody，1991）。他们认为惩罚只能让受罚分销商口服但心不服，长期上震慑作用并不显著，而且惩罚所引起的负面情感会导致受罚者对惩罚事件的评价产生偏见，限制惩罚对其行为的改变和约束效果，未来一旦有机会还会继续机会主义行事，甚至会因为对施罚者的敌意而进行故意报复（Wathne & Heide，2000）。然而近年来，少数学者立足分销商网络视角的相关研究打破了该"惩罚不利论"长期占主导的局面。他们认为惩罚不仅影响直接受罚对象，对渠道网络内分销商观察者同样存在积极溢出作用，能从整体上优化渠道战略并增加企业竞争优势（Wang et al.，2013）。虽然这些网络视角惩罚的溢出效应研究，拓展了渠道治理领域惩罚应用的研究思路，但目前尚处于起步阶段，还存在一些重要缺憾有待进一步完善。其中，关于惩罚对分销商观察者溢出效应的研究仅单独检验了惩罚力度和惩罚公平这两个核心属性各自对观察者的影响（Wang et al.，2013），人为割裂了二者在影响观察者态度和行为时的固有连带，也使得实践应用中有关惩罚力度与惩罚公平性二者仅取其一即可还是必须双管齐下的争议依然未有定论。因此，本文将从分销商网络中观察者视角切入，通过实证研究进一步分析和探讨供应商对犯错分销商的惩罚力度和惩罚公平之间的交互关系及其对分销商观察者的影响。

2.2 渠道机会主义及其治理

机会主义是指交易成员采用欺诈手段违背契约以寻求自我利益的行为（Williamson，1975），既包括违背明确合同规定的客观机会主义，也包括违背非正式关系规范的感知机会主义（Wang & Yang，2013）。在企业分销系统中，各种不同形式的机会主义行为频繁发生，主要包括故意歪曲或瞒报信息、不服从供应商要求、不遵守合同规定，以及不履行对供应商的承诺和逃避义务等（曾伏娥和陈莹，2015）。常见分销商机会主义行为具体还包括灰色营销、倾销、不支付特许权使用费、泄露供应商私密信息、销售业绩不达标，以及搭其他分销商的顺风车等给供应商造成利益损失的行为（Michael，2000）。

分销商与供应商之间天然的利益目标不一致和信息不对称是导致分销商机会主义的重要诱因（Mishra et al.，1998）。但是，作为理性经济体，分销商的机会主义倾向最终取决于其对潜在机会主义被察觉的可能，被惩罚的成本以及机会主义的可能获益的预期和权衡（Antia et al.，2006）。若感知机会主义的潜在获益小于被惩罚的风险和成本，分销商未来就不太可能实施机会主义行为；若感知机会主义的潜在获益大于被发现和惩罚的成本，则分销商就会倾向机会主义行事（Wang et al.，2013）。而分销商机会主义的频繁发生势必会破坏整体渠道秩序且损害渠道合作关系，对供应商的形象和利益，甚至整个供应链系统的生态稳定也会造成严重的负面影响（Tangpong et al.，2010）。

综观现有文献，关于渠道机会主义治理的研究目前主要聚焦渠道二元关系视角，基于交易成本理论和社会交换理论等探讨正式治理机制（包括合同和控制等）和非正式治理机制（包括信任和关系规范等）（Li & Poppo，2010），以及惩罚等强制性影响策略在机会主义治理中的直接作用（Kumar et al.，1998）。虽然已经有不少研究开始关注并探讨双边关系视角下渠道机会主义治理机制和策略的缺陷和不足，但跳出双边关系视角研究渠道冲突治理机制的文献还相当匮乏，对惩罚等影响策略在渠道网络层面机会主义治理中的不同效果和作用机理也缺乏深入和系统认知（Wang et al.，2013）。因此，本文将跳出渠道冲突治理研究的双边关系视角窠臼，聚焦分销商网络视角深入探究惩罚策略在渠道机会主义治理中的溢出效应及其作用边界，进一步丰富并拓展渠道冲突治理相关理论研究，也为惩罚策略在渠道机会主义治理中的有效应用提供更加完善的理论解释。

3. 概念模型与研究假设

3.1 惩罚力度与惩罚公平性对观察者事后机会主义的协同作用

供应商对机会主义分销商的惩罚力度能够有效抑制分销商网络内观察者成员的事后机会主义（Wang et al.，2013）。根据社会学习理论，个体或组织主要通过观察和模仿其他同级成员的方式来进行社会行为的学习（Bandura，1977）。观察到网络内同级成员受罚后，组织采取该受罚行为的可能会降低（Schnake，1986）。在与分销商合作过程中，供应商若对未履行承诺和义务，或违背合同规定等分销商机会主义行为实施惩罚，则分销网络中其他成员会从该惩罚事件的观察学习中吸取教训，未来合作中自觉约束自己的行为，更加服从供应商管理（Wang et al.，2013）。而且，该学习过程的有效性充分取决于观察者感知供应商对机会主义分销商的惩罚力度，只有力度足够大的惩罚才会引起观察者重视，驱动其产生实施机会主义的成本高于潜在获益的预期（Antia et al.，2006），从而有效抑制观察者未来机会主义倾向。

分销商观察者基于分销网络中犯错者所受惩罚的社会比较所形成的惩罚公平性感知，能够有效抑制分销商观察者事后机会主义（Wang et al.，2013）。根据公平理论的观点，人们不仅会根据自己和他人投入和产出的社会比较产生并维持公平感知，也会根据组织是否做到"依据犯错决定惩罚"的社会比较形成公平感知（Trevino，1992；Carlsmith et al.，2002）。研究表明，感知不公平会引发对组织的愤怒、敌对等消极情绪，从而不再有好的行为表现（Adams，1965；Spector，2008），甚至还会通过实施不当行为去消除不公平感（Chory-Assad & Paulsel，2004）。感知公平则会产生积极情感反应，并导致高水平的合作与公民行为等（Yi & Gong，2008）。在企业间交易中，公平感知也能抑制企业成员的机会主义行为（Luo et al.，2015），促进对合作伙伴的配合与服从。供应商对机会主义分销商施罚后，分销网络中观察者会根据自己所掌握的相关信息，通过社会比较形成对供应商惩罚的公平性推断。若感知供应商对不当行为分销商的惩罚公平性较高，则分销商观察者会形成对供应商一贯坚持原则和秉持正义形象的积极认知和评价，从而在未来合作中自觉规范和约束自己的行为；反之，观察者若感知供应商对不当行为分销商的惩罚公平性较低，则会导致对供应商的怀疑、愤怒、敌对等消极情感反应，从而未来合作中服从意愿降低而机会主义增加（Wang et al.，2013）。

尽管供应商对机会主义分销商的惩罚力度与惩罚公平性都能降低观察者事后机会主义，但只有惩罚力度和惩罚公平性同时兼备、协同作用，供应商惩罚事件才能发挥抑制分销商观察者事后机会主义的长期最佳效果。根据公平理论的逻辑，影响和决定整体公平感知的并非仅有对惩罚公平性的横向社会比较，还包括对惩罚力度合理性的判断（Adams，1965；Kumar et al.，1995）。分销商网络中观察者会基于供应商是否对机会主义分销商"因罪量刑"（是否同时兼顾惩罚力度和惩罚公平性）的综合评估形成对惩罚事件的整体公平推断，进而决定其未来合作中对该供应商的态度和行为反应。只有感知供应商对机会主义分销商惩罚力度和惩罚公平性兼而有之，才能让观察者真正"心服口服"，达到抑制其事后机会主义的最佳协同效果。具体而言，如果供应商惩罚的公平性缺位，未能按一贯的标准和原则公平惩处不同性质机会主义行为，那么即便惩罚力度足够有威慑力，也只能让分销商观察者更加"口服而心不服"，并累积对供应商的抱怨和敌意，未来一旦有机会仍会继续机会主义行事，尤其是违背非正式关系规范的"感知机会主义"（Wang & Yang，2013）；反之，当供应商对机会主义分销商惩罚公平性较高时，分销商观察者对于犯错就一定受罚的认知进一步强化，从而惩罚力度越大越能引发观察者对惩罚事件的高度重视，对该惩罚事件的社会学习效果也越好，未来合作中也会更加约束自己的行为。此外，在对机会主义分销商进行惩罚时，供应商若仅关注惩罚的公平性而对惩罚力度重视不足，同样无法较好地抑制分销商观察者的事后机会主义。一方面，供应商即便按一贯的标准对不同性质机会主义行为公平施罚，但若惩罚力度不足，仍会导致观察者对施罚者能否"秉持正义"的怀疑和不满，从而在未来合作中对该供应商服从意愿降低，不当行为的可能增加（Wang & Murnighan，2017）；另一方面，供应商若对机会主义分销商惩罚力度太轻，该惩罚对分销商而言仅如"隔靴搔痒"，并不能引起观察者充分重视，从而即便供应商对不同性质机会主义行为公平施罚，也很难有效抑制观察者事后机会主义。综上，供应商惩罚力度与惩罚公平性能够互相强化彼此对观察者事后机会主义的抑制作用，只有既做到对犯错分销商公平施罚，且惩罚也足够有威慑力，才能真正让观察者心服口服，实现抑制其事后机会主义的最佳协同效果（Moorman，1991）。因此，本文提出如下假设：

H1：供应商对机会主义分销商的惩罚力度和惩罚公平性交互影响，协同抑制分销商观察者事后机会主义。

3.2 观察者对受罚不当行为归属性归因的调节作用

根据归因理论，当意外或消极事件发生时，人们会根据主观感知和经验对该事件发生的原因进行合理性解释（Anderson，1983），并会基于归因偏好实施相应行为（Folkes，1984）。作为归因的重要构成，归属性归因指个体对导致行为或事件发生的内在或外在原因归属性的认知评价，归因结果会引发初始情感反应并影响其未来行为（Sen & Lerman，2007）。当归因导致正面情感反应时，个体未来在类似情境下将会有更高的意愿采取积极行为；而当归因产生负面情感反应时，个体未来消极行为的可能则会增加（Weiner，1985）。本文分销商观察者对受罚不当行为的归属性归因，是指观察者对导致该不当行为发生的原因归属性的推断和评价，包括对不当行为进行受罚分销商可控因素的内部归因，以及受罚分销商不可控因素的外部归因。研究表明，观察者对受罚行为的归属性归因会显著影响其对惩罚事件的态度和反应（张正堂和李倩，2014）。

分销商观察者对不当行为进行受罚分销商内部归因会强化感知惩罚力度对观察者事后机会主义的抑制效果。观察者进行内部归因时，倾向将事件发生的原因归结为行为主体自身内部因素（Ma et al.，2009）。本研究情境下，观察者对受罚行为进行内部归因时，即认为不当行为的发生由该受罚分销商自身主观故意造成，如出于扩大自身利益动机故意歪曲或隐瞒信息、故意不履行承诺义务、故意实施合同禁止行为等（曾伏娥和陈莹，2015）。这种情况下，观察者倾向认为不当行为分销商所受惩罚是罪有应得，相信供应商施罚是正义之举（Wang & Murnighan，2017），进而强化观察者对供应商惩罚事件的社会学习效果，使得严厉惩罚对观察者事后机会主义的约束效果更强；反之，观察者对不当行为进行受罚分销商外部归因时，倾向将事件发生原因解释为由行为主体外部不可控因素造成（Poon et al.，2004），并会削弱感知惩罚力度对观察者事后机会主义的抑制作用。本研究中分销商观察者对受罚行为进行外部归因时，即认为不当行为的发生主要由供应商造成（如供应商合同条款不明晰或规定不合理等），或由其他不可控外部因素造成（如气候、交通、文化或经济环境等）。此时惩罚该"无辜"或"罪不当此"分销商会引发观察者对供应商施罚动机的怀疑，且惩罚力度越大，观察者对供应商的怀疑不满等负面反应越强（Wang & Murnighan，2017），对惩罚事件的社会学习效果也越差，从而使得严厉惩罚对观察者事后机会主义的抑制作用被弱化。综上，本文提出如下假设：

H2：观察者对受罚分销商不当行为的归属性归因显著调节感知惩罚力度对观察者事后机会主义的抑制作用，(a)当观察者进行内部归因时，观察者感知惩罚力度对其事后机会主义的抑制作用被强化；(b)当观察者进行外部归因时，观察者感知惩罚力度对其事后机会主义的抑制作用被削弱。

3.3 受罚分销商网络中心性的调节作用

根据社会网络理论，个体和组织嵌入在社会网络中，态度和行为彼此影响且互相制约

（Adler & Kwon，2002）。网络中主体的行为不仅受其所在二元关系的影响，还受其所在网络结构的影响（Granovetter，1992）。作为网络结构的重要构成，网络中心性反映了在网络内处于中心位置的情况，是占据该位置成员权力和地位的关键来源，且网络中心位置企业掌握着信息和声望优势，不仅对同级成员有重要影响（张广玲和胡琴芳，2014），而且还能据此向管理者施压以获得更多特权利益（Ibarra，1993）。

在分销商网络中，受罚分销商的网络中心性能够强化供应商惩罚的观察者效应。处于网络中心位置的分销商作为同级成员的咨询对象，在频繁互动过程中不仅传递出关于能力水平的明确信号，也在分销网络中建立了专业声誉和影响力（Burt，2000）。渠道伙伴与该网络中心位置成员互动时，就不得不考虑其在网络中的影响力和地位（Antia & Fraizer，2001）。一般而言，对于地位较高的违规者，同级成员通常会认为管理者不敢轻易对其施罚，从而对其受罚水平的预期会降低（Lin et al.，2013）。在此背景下，若供应商对处于网络中心位置的"位高权重"违规分销商实施了严厉惩罚，则该"打大老虎"的举措能够更加强烈地传递出警示信号，并向所有渠道成员昭示企业会一视同仁严惩一切不当行为的坚定决心（Wang et al.，2012）。因此，一方面，供应商对核心位置的违规成员进行严惩能够引起分销商观察者对惩罚事件高度重视，消除其逃脱不当行为应受惩罚的侥幸心理，从而有效提升观察者对该惩罚事件的社会学习效果，强化供应商惩罚对其事后机会主义的抑制作用；另一方面，供应商对网络中心位置的机会主义分销商一视同仁施罚，会进一步强化观察者对供应商公正形象的积极认可和反应，使得感知惩罚公平性对观察者事后机会主义的抑制效果更强。因此，本文提出如下假设：

H3：分销商网络中，受罚分销商的网络中心性强化观察者感知惩罚力度对其事后机会主义的抑制作用。

H4：分销商网络中，受罚分销商的网络中心性强化观察者感知惩罚公平性对其事后机会主义的抑制作用。

根据以上理论和假设，本研究概念模型如图 1 所示。

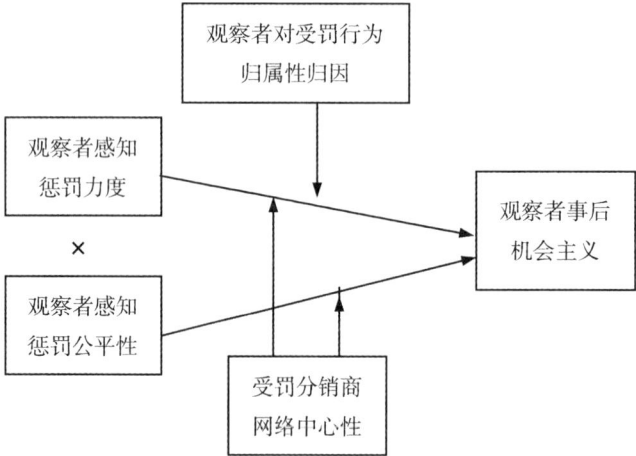

图 1　概念模型

108

4. 研究方法

4.1 样本与数据搜集

本研究采用问卷调查法搜集数据。首先，分别选取来自不同行业的 5 个制造商企业高管和 5 个分销商企业高管进行前期小规模访谈，了解本研究所考察问题在实践中的真实情况。其次，在已有成熟量表和访谈材料基础上，结合本研究情境改编形成测量题项。再次，邀请独立译者对翻译成中文的测量题项进行回译和等同性检验，并请渠道管理领域专家对测项进行表面效度检查。再其次，邀请 40 个分销商企业管理人员参与问卷预调研，在征集问卷题项设置和措辞等方面意见基础上，修改表意不清或存在理解偏差等的题项，进一步优化量表。最后，利用修改完善的问卷进行正式数据收集。正式调查问卷的填答者主要是分销商企业的中高层管理人员，要求被试从旁观者企业角度，回忆印象最深刻的主要合作供应商对渠道网络中其他分销商不当行为实施惩罚的事件，并就该事件发生时间、受罚不当行为类型以及所受惩罚方式等相关问题进行开放式填答，希望借此唤醒被试的记忆且便于后续筛选问卷。在此基础上，进一步邀请被试对本文变量的测量题项进行填答。

本研究利用高校 MBA 课堂、企业经销商培训现场、经销商企业实地走访，以及微信转发网络问卷等多种方式收集问卷。正式调研从 2017 年 2 月至 11 月持续进行，陆续向来自不同行业的分销商企业管理人员发放调研问卷 976 份。经严格筛选，最终共回收有效问卷 257 份，问卷回收率为 26.3%。最终获取的有效样本中，共有来自食品饮料行业的经销商 83 家，汽车经销商 78 家，纺织鞋服经销商 39 家，手机以及家用电器等经销商 34 家，家居建材经销商 23 家。根据国家统计局对分销企业规模的划分标准，本研究小微分销商企业在样本企业中占比 78.99%，中型分销商企业占比 18.68%，大型分销企业较少，仅占 2.33%，符合目前中国市场分销商企业规模分布特点。样本企业主要特征以及被访者特征分布如表 1 所示。

表 1 样本企业特征分布情况（$N=257$）

样本特征	样本量	百分比
企业年销售收入		
1000 万元以下	76	29.57
1000 万~5000 万元	127	49.42
5001 万~4 亿元	48	18.68
4 亿元以上	6	2.33
关系长度		
<2 年	68	26.46
2~5 年	91	35.41

样本特征	样本量	百分比
5~10 年	59	22.96
>10 年	39	15.17
企业成立年数		
<2 年	47	18.29
2~5 年	51	19.84
5~10 年	72	28.02
>10 年	87	33.85
被访者企业工作年数		
<2 年	56	21.79
2~5 年	82	31.91
5~10 年	80	31.13
>10 年	39	15.17

4.2 变量测量

本研究变量采用成熟量表进行测量，在结合本研究情境和前期访谈资料基础上进行了改编，后续又根据预调研反馈对问卷设置和语句措辞等进行了调整。所有多测项变量均采用李克特 7 级量表进行测度。其中，观察者感知惩罚力度和惩罚公平性的测量借鉴自Wang 等人（2013）的研究，观察者事后机会主义的量表借鉴自曾伏娥和陈莹（2015）的研究，受罚分销商网络中心性的量表改编自 Antia 和 Frazier（2001）的量表。观察者对受罚不当行为归属性归因的测量借鉴自 Takaku（2001）的研究，请调查对象根据认同程度对测量题项进行评分，1 代表外部归因，7 代表内部归因。所有核心变量的测量题项如表 2 所示。

此外，根据现有研究，惩罚的观察者效应还可能受到分销商网络密度、交易专有投资、分销商观察者与供应商间相对依赖和关系长度，以及观察者企业规模的影响，本文将它们作为控制变量处理。其中，分销商网络密度的测量借鉴自 Antia 和 Frazier（2001），共5 个题项；交易专有投资的量表改编自 Jap（1999），共 3 个题项；分销商观察者与供应商间相对依赖的测量借鉴自 Kim 和 Hsieh（2003）的研究，包括观察者依赖和供应商依赖各 3个测项；分销商观察者与供应商间关系长度通过双方建立合作关系的时间来测量（Stanko et al.，2007）。观察者企业规模通过企业员工人数来反映，为避免数据偏度的影响，进行了自然对数化处理（Droge et al.，2003）。

4.3 量表的信度与效度

本研究使用 SPSS 16.0 和 AMOS 20.0 软件进行统计分析。因篇幅所限，文中仅列出了核心变量的测量题项和信效度检验结果，如表 2 所示。

表 2

核心变量测量题项与信效度检验结果

变量	测 量 题 项	标准化因子载荷
观察者感知惩罚力度 Cronbach's α = 0.793， CR = 0.806，AVE = 0.581	供应商 A 对经销商 X 进行了力度很大的惩罚	0.826
	供应商 A 对经销商 X 采取了严格的惩罚措施	0.714
	经销商 X 受到了很严厉的惩罚	0.715
观察者感知惩罚公平性 Cronbach's α = 0.891， CR = 0.895， AVE = 0.631	考虑到经销商 X 不当行为的严重程度，其所受惩罚是公平的	0.778
	针对经销商 X 违反的责任，他理应受此惩罚	0.792
	与其他实施同样不当行为的经销商所受惩罚相比，X 所受惩罚是合理的	0.775
	针对该不当行为给供应商 A 带来的损失，经销商 X 应当受此惩罚	0.778
	与双方投入合作中的精力和资产相比，经销商 X 应当受此惩罚	0.813
归属性归因 Cronbach's α = 0.853， CR = 0.895， AVE = 0.739	经销商 X 此次不当行为的发生是自己的主观原因造成的	0.764
	经销商 X 此次不当行为的发生是供应商 A 造成的	0.889
	经销商 X 此次不当行为的发生是外界不可控因素造成的	0.783
受罚分销商网络中心性 Cronbach's α = 0.881， CR = 0.909， AVE = 0.668	经销商 X 在供应商 A 的所有经销商中是很重要的成员	0.816
	经销商 X 经常与供应商 A 的其他经销商联系	0.786
	经销商 X 在供应商 A 的经销商中很活跃	0.746
	经销商 X 与供应商 A 的其他经销商来往密切	0.753
	经销商 X 在供应商 A 的所有经销商中的地位举足轻重	0.762
分销商观察者 事后机会主义 Cronbach's α = 0.915， CR = 0.911， AVE = 0.595	我公司偶尔会为了保护自身利益而说谎	0.829
	我公司有时并不能完全履行承诺	0.788
	我公司并非总是按合同规定行事	0.760
	为了使自身利益最大化，我公司有时会违反与供应商 A 之间的非正式协议	0.792
	我公司有时会利用合约中的漏洞来扩大自己的利益	0.774
	我公司有时会利用突发事件来获得供应商 A 的让步	0.737
	我公司有时会忽略那些能够增加供应商 A 销售额的合同条款	0.775
模型拟合指数	$x^2/df = 1.082$，RMSEA = 0.018，GFI = 0.886，CFI = 0.989，NNFI = 0.877	

注：各变量题项的标准化因子载荷均在 0.001 水平上显著。

表 2 中分析结果表明，各变量的 Cronbach's α 系数均超过了 0.7 这一门槛值，表明本

研究量表具有良好的信度水平。所有变量的综合信度系数(CR)均大于0.8,表明量表具有很好的内部一致性。同时,验证性因子分析显示,本文所有变量测量题项的标准化因子载荷全部大于0.7(p<0.001),平均提取方差(AVE)值全部大于0.5,表明本文量表具有较好的聚合效度。测量模型的各主要拟合度指标也都达到可接受标准,说明模型拟合度良好。

此外,表3中分析结果表明,各核心变量AVE值平方根均大于该变量与其他变量相关系数的绝对值,说明问卷各变量之间区分效度良好。

表3   变量的均值、标准差、相关系数和 AVE 值平方根

	1	2	3	4	5	6	7	8
1. 惩罚力度	**0.762**							
2. 惩罚公平性	0.178	**0.794**						
3. 归属性归因	−0.093	−0.162	**0.860**					
4. 网络中心性	0.031	−0.121	0.095	**0.817**				
5. 网络密度	−0.063	0.005	0.129	−0.131	**0.823**			
6. 事后机会主义	−0.545	−0.518	0.239	0.087	0.053	**0.771**		
7. 专有投资	−0.071	−0.031	−0.116	−0.046	0.078	−0.035	**0.842**	
8. 观察者依赖	0.106	0.036	−0.108	−0.086	0.062	−0.161	−0.028	**0.825**
9. 供应商依赖	−0.077	−0.078	−0.044	0.000	−0.016	0.125	−0.054	−0.068
均值	3.85	3.92	3.93	4.05	3.96	4.00	4.02	4.18
标准差	1.72	1.65	1.76	1.63	1.67	1.59	1.68	1.69

注:对角线上粗体数字为各变量 AVE 值的平方根。

4.4　共同方法偏差

为避免共同方法偏差问题影响分析结果,本文在调查过程中就采取了一系列控制措施,包括匿名调查、调整变量测量在问卷中的呈现顺序,以及改进题项的表达等。此外,为防止仍有可能存在的共同方法偏差问题影响研究效度,本文还采用黎建新等人(2015)建议的构念间相关系数检验法对数据进行检验。分析显示,本研究各构念间相关系数均远小于0.9这一临界值,表明共同方法偏差问题在可接受范围内,不会影响本文假设检验的可靠性。

5. 分析结果

本研究采用层次回归分析法进行假设检验。为避免多重共线性风险,在构建交互项进行回归分析之前,先对所有相关变量进行了中心化处理(Aiken & West,1991)。此外,本

文还对回归模型进行多重共线性诊断，发现所有模型中方差膨胀因子均小于2，远小于临界值10，表明本研究不存在严重的多重共线性问题。

本研究回归模型如表4所示。模型1分析了控制变量对观察者事后机会主义的影响；模型2在模型1基础上加入了惩罚力度、惩罚公平性、归属性归因和网络中心性，检验各预测变量对观察者事后机会主义的主效应；模型3在模型2基础上加入惩罚力度与惩罚公平性的交互项，检验二者的协同效应；模型4在模型2基础上加入惩罚力度与归属性归因以及网络中心性的交互项，检验归属性归因和网络中心性对感知惩罚力度与观察者事后机会主义间关系的调节作用；模型5在模型2基础上加入了惩罚公平性与归属性归因以及网络中心性的交互项，检验归属性归因和网络中心性对感知惩罚公平性与观察者事后机会主义间关系的调节作用。

表4 回归分析结果

变　　量	因变量：观察者事后机会主义				
	模型 1	模型 2	模型 3	模型 4	模型 5
常数项	4.387***	4.527***	4.602***	4.559***	4.522***
关系长度	−0.072***	−0.055***	−0.053***	−0.051***	−0.055***
企业规模	−0.000	−0.003	−0.009	0.002	−0.004
相对依赖	−0.122**	−0.074**	−0.073**	−0.078**	−0.074**
专有投资	−0.018	−0.065	−0.067	−0.071	−0.066
网络密度	0.047	0.031	0.024	0.025	0.034
归属性归因		−0.145*	−0.157*	−0.158*	−0.144*
网络中心性		0.128	0.131	0.123	0.130
惩罚力度		−0.708***	−0.703***	−0.696***	−0.707***
惩罚公平性		−0.632***	−0.646***	−0.653***	−0.632***
惩罚力度×惩罚公平性			−0.139*		
惩罚力度×归属性归因				−0.216**	
惩罚力度×网络中心性				0.021	
惩罚公平性×归属性归因					−0.019
惩罚公平性×网络中心性					−0.028
R^2	0.092	0.545	0.555	0.563	0.546
调整 R^2	0.074	0.529	0.537	0.543	0.525
F 值	5.10***	32.92***	30.64***	28.70***	26.76***

注：*表示 $p<0.05$；**表示 $p<0.01$；***表示 $p<0.001$（双尾检验）。

表4中模型2分析结果显示，惩罚力度（$\beta = -0.708$，$p < 0.001$）与惩罚公平性

($\beta=-0.632$，$p < 0.001$)的影响系数均显著为负，证实了供应商对机会主义分销商的惩罚力度与惩罚公平性均能显著抑制观察者事后机会主义。模型3中惩罚力度与惩罚公平性的交互项影响系数显著为负($\beta=-0.139$，$p < 0.05$)，表明感知惩罚力度与感知惩罚公平性能显著增强彼此对观察者事后机会主义的抑制效果，协同效应显著，H1得到支持。模型4中惩罚力度与归属性归因的交互项影响系数显著为负($\beta=-0.216$，$p < 0.01$)，表明观察者对不当行为的归属性归因显著调节感知惩罚力度对观察者事后机会主义的抑制作用。即当观察者对不当行为进行受罚者内部归因时，感知惩罚力度对观察者事后机会主义的抑制作用被显著强化；反之，当观察者对不当行为进行受罚者外部归因时，感知惩罚力度对观察者事后机会主义的抑制作用则被显著削弱。因此，H2得到支持。模型4中惩罚力度与网络中心性的交互项影响系数不显著($\beta=0.021$，n.s.)，模型5中惩罚公平性与网络中心性的交互项影响系数也不显著($\beta=-0.028$，n.s.)。这表明，惩罚处于网络中心位置的犯错分销商并不能强化感知惩罚力度对观察者的震慑效应，也无法显著强化感知惩罚公平性对观察者事后机会主义的抑制作用。因此，假设H3和H4均未得到支持。

6. 结论与讨论

本文立足分销商网络视角，在统一理论框架内系统考察了旁观供应商惩罚事件时，分销商观察者实际关注的"供应商有无因罪量刑"、"受罚分销商是否罪有应得"，以及"供应商是否对所有犯错者一视同仁"这三个核心问题对其事后机会主义的影响，提供了分销商观察者视角有关惩罚影响机理的更加系统和全面的认知，也进一步拓展了渠道冲突治理研究。本文基于调查数据研究发现：首先，感知供应商对机会主义分销商的惩罚力度与惩罚公平性能显著强化彼此对观察者事后机会主义的抑制效果，协同效应显著。研究不仅进一步完善了渠道网络视角惩罚的观察者效应研究的缺憾，也一定程度弥补了有关惩罚力度与惩罚公平间关系认知的不足。其次，观察者对受罚不当行为的归属性归因对惩罚的观察者效应有显著调节作用。当观察者对不当行为进行受罚分销商内部归因时，供应商严厉惩罚对观察者事后机会主义有更强的约束作用；反之，当观察者对不当行为进行受罚分销商不可控因素的外部归因时，严厉惩罚对观察者事后机会主义的抑制效果反而被削弱。最后，受罚分销商网络中心性对惩罚的观察者效应调节作用不显著。原因可能是，处于网络中心位置的受罚分销商在渠道网络中扮演着非正式领导者角色，导致观察者并不将其视为跟自己同级且境遇类似的可参照学习和比较对象。因此，惩罚网络中心位置的分销商并不能有效强化观察者对惩罚事件的社会学习效果以及感知惩罚力度对其事后机会主义的抑制作用，同样也无法显著提升感知惩罚公平性对观察者事后机会主义的影响。本文对惩罚的观察者效应调节因素的考察进一步明确了渠道网络冲突治理中惩罚策略有效应用的边界条件，完善了网络视角惩罚应用研究。

本研究可以为供应商的渠道机会主义治理实践提供一些启示。首先，供应商运用惩罚策略治理渠道机会主义时，必须因罪量刑，同时兼顾惩罚力度与惩罚公平性。只有既做到根据既定标准对机会主义分销商公平施罚，同时惩罚力度也足够具有威慑力，才能真正让观察者心服口服，发挥惩罚策略在渠道网络机会主义治理中最佳效果。其次，必须重视惩罚策略在渠道机会主义治理中使用的"合法性"。只有对"罪有应得"分销商的严厉惩罚才能对观察者事后机会主义有更强的抑制效果，否则只会适得其反。因此，供应商在决定严惩"犯错"分销商之前必须谨慎查实不当行为是否确属分销商主观故意，而且要将惩罚的事由、依据和程序公开化，尽力促成观察者对不当行为进行受罚者内部归因并认可施罚的合法性。此外，供应商仍需慎重对待处于渠道网络中心位置的违规成员。本研究发现，受罚分销商网络中心性对惩罚的观察者效应调节作用并不显著，该结论间接证实了企业仍应谨慎处理网络核心位置成员的违规行为。一方面，惩罚网络中心位置的违规成员并不能显著提升惩罚事件对观察者的示范和约束效果；另一方面，受到直接严厉惩罚所导致的负面感知却可能会驱使该核心成员利用自己在网络中的优势地位和影响力对供应商采取危害更大的报复行为。因此，企业运用惩罚策略治理渠道机会主义时，盲目"打虎"未必明智，"敲山震虎"或许更加有效。

本研究还存在一些局限，需要后续研究中进一步完善。首先，由于企业样本获取困难以及调研成本限制，本研究仅从分销商单边搜集了样本数据，后续研究可以考虑从供应商和分销商双边搜集数据，进一步提高本研究结论的可靠性。其次，供应商惩罚事件对观察者行为的影响需要一段反应时间，本文基于横截面数据的研究虽然也揭示了惩罚力度与惩罚公平对观察者的协同影响机制，但后续若能采用纵序数据再次检验假设或许效果更好。再次，双边关系视角下影响惩罚效果的某些因素，如行业和信任等也可能对网络视角下惩罚的溢出效应产生影响，未来研究可以考虑将这些因素也纳入研究框架。最后，本文立足分销网络中观察者视角研究惩罚的溢出效应问题，但本研究仅考察了网络中心性和网络密度这两个网络结构因素，未来可以进一步发掘其他网络层面因素对惩罚观察者效应的可能影响。

◎ 参考文献

[1] 黎建新，刘薇，刘洪深，何昊. 共享服务中的"其他顾客"如何促进顾客的服务体验？基于人际吸引理论的实证研究 [J]. 营销科学学报，2015，11（3）.

[2] 曾伏娥，陈莹. 分销商网络环境及其对机会主义行为的影响 [J]. 南开管理评论，2015，18（1）.

[3] 张广玲，胡琴芳. 连带责任治理在供应商集群中的有效性研究 [J]. 管理科学，2014，27（4）.

[4] 张正堂，李倩. 组织惩罚行为的决策动因与实施效应：研究综述 [J]. 经济管理，2014，36（4）.

[5] 翟天昶，胡冰川. 消费习惯形成理论研究述评[J]. 经济评论，2017(2).

[6] Adams, J. S. *Advances in experimental social psychology* [M]. New York：Academic Press，1965.

[7] Adler, P. S., Kwon, S. W. Social capital：Prospects for a new concept [J]. *The Academy of Management Review*，2002，27（1）.

[8] Aiken, L. S., West, S. G. *Multiple regression: Testing and interpreting interactions* [M]. Newbury Park, CA: Sage Publications, 1991.

[9] Anderson, C. A. The causal structure of situations: The generation of plausible causal attributions as a function of type of event situation [J]. *Journal of Experimental Social Psychology*, 1983, 19 (2).

[10] Antia, K. D., Frazier, G. L. The severity of contract enforcement in interfirm channel relationships [J]. *Journal of Marketing*, 2001, 65 (4).

[11] Antia, K. D., Mark, E. B., Shantanu, D., Robert, J. F. How does enforcement deter gray market incidence [J]. *Journal of Marketing*, 2006, 70 (1).

[12] Balliet, D., Van Lange, P. A. M. Trust, punishment, and cooperation across 18 societies: A meta-analysis [J]. *Perspectives on Psychological Science*, 2013 (8).

[13] Bandura, A. Self-efficacy: Toward a unifying theory of behavioral change [J]. *Psychological Review*, 1977, 84 (2).

[14] Burt, R. S. *The network structure of social capital: Research in organizational behavior* [M]. Greenwich, CT: JAI Press, 2000.

[15] Carlsmith, K. M., Darley, J. M., Robinson, P. H. Why do we punish? Deterrence and just deserts as motives for punishment [J]. *Journal of Personality and Social Psychology*, 2002 (83).

[16] Chory-Assad, R. M., Paulsel, M. Classroom justice: Student aggression and resistance as reactions to perceived unfairness [J]. *Communication Education*, 2004, 53 (3).

[17] Cohen, R. L. *Perceiving justice: An attributional perspective* [M]. New York: Academic Press, 1982.

[18] Droge, C., Claycomb, C., Germain, R. Does knowledge mediate the effect of context on performance? Some initial evidence [J]. *Decision Sciences*, 2003, 34 (3).

[19] Folkes, V. S. Consumer reactions to product failure: An attributional approach [J]. *Journal of Consumer Research*, 1984, 10 (4).

[20] Frazier, G. L., Rody, R. C. The use of influence strategies in interfirm relationships in industrial product channels [J]. *Journal of Marketing*, 1991, 55 (1).

[21] Geyskens, I., Benedict, J. E. M., Steenkamp, N. A meta-analysis of satisfaction in marketing channel relationships [J]. *Journal of Marketing Research*, 1999, 36 (2).

[22] Granovetter, M. Problems of explanation in economic sociology [A]. Nohria, N., Eccles, R. G. *Networks and organizations: Structure, form, and action* [C]. Boston, MA: Harvard Business School Press, 1992.

[23] Ibarra, H. Network centrality, power, and innovation involvement: Determinants of technical and administrative roles [J]. *Academy of Management Journal*, 1993, 36 (3).

[24] Jap, S. D. Pie-expansion efforts: Collaboration process in buyer-supplier relationships

[J]. *Journal of Marketing Research*, 1999, 36 (6).

[25] Kim, S. K., Hsieh, P. H. Interdependence and its consequences in distributor-supplier relationships: A distributor perspective through response surface approach [J]. *Journal of Marketing Research*, 2003, 40 (1).

[26] Kotler, P. Megamarketing[J]. *Harvard Business Review*, 1986, 64 (3).

[27] Kumar, N., Scheer, L. K., Steenkamp, J. B. E. M. Interdependence, punitive capability, and the reciprocation of punitive actions in channel relationships [J]. *Journal of Marketing Research*, 1998, 35 (2).

[28] Kumar, N., Scheer, L. K., Steenkamp, J. B. E. M. The effects of supplier fairness on vulnerable resellers [J]. *Journal of Marketing Research*, 1995, 32 (1).

[29] Li, J. J., Poppo, L., Zhou, K. Z. Relational mechanisms, formal contracts, and local knowledge acquisition by international subsidiaries [J]. *Strategic Management Journal*, 2010, 31 (4).

[30] Lin, L., Dahl, D. W., Argo, J. J. Do the crime, always do the time? Insights into consumer-to-consumer punishment decisions [J]. *Journal of Consumer Research*, 2013, 40 (1).

[31] Luo, Y., Liu, Y., Yang, Q., Maksimov, V., Hou, J. Improving performance and reducing cost in buyer-supplier relationships: The role of justice in curtailing opportunism [J]. *Journal of Business Research*, 2015, 68 (3).

[32] Ma, Q. H., Liu, R. P., Liu, Z. D. Customer social norm attribution of services: Why does it matter and how do we deal with it? [J]. *International Journal of Services Technology and Management*, 2009, 12 (2).

[33] Michael, S. C. The effect of organizational form on quality: The case of franchising [J]. *Journal of Economic Behavior and Organization*, 2000, 43 (3).

[34] Mishra, D. P., Heide, J. B., Cort, S. G. Information asymmetry and levels of agency relationships [J]. *Journal of Marketing Research*, 1998, 35 (3).

[35] Moorman, R. H. Relationship between organizational justice and organizational citizenship behaviors: Do fairness perceptions influence employee citizenship [J]. *Journal of Applied Psychology*, 1991, 76 (6).

[36] Payan, J. M., McFarland, R. G. Decomposing influence strategies: Argument structure and dependence as determinants of the effectiveness of influence strategies in gaining channel member compliance [J]. *Journal of Marketing*, 2005, 69 (3).

[37] Poon, P., Hui, M., Au, K. Attributions on dissatisfying service encounters [J]. *Europe Journal of Marketing*, 2004, 38 (12).

[38] Scheer, L. K., Stern, L. W. The effect of influence type and performance outcomes on attitude toward the influencer [J]. *Journal of Marketing Research*, 1992, 29 (1).

[39] Schnake, M. E. Vicarious punishment in a work setting [J]. *Journal of Applied*

Psychology, 1986, 71 (2).

[40]Sen, S., Lerman, D. Why are you telling me this? An examination into negative consumer reviews on the web [J]. *Journal of Interactive Marketing*, 2007, 21 (4).

[41] Spector, P. E. *Industrial and organizational psychology: Research and practice* [M]. England: Oxford Press, 2008.

[42]Stanko, M. A., Bonner, J. M., Calantone, R. J. Building commitment in buyer-seller relationships: A tie strength perspective [J]. *Industrial Marketing Management*, 2007, 36 (8).

[43] Takaku. The effects of apology and perspective taking on interpersonal forgiveness: A dissonance-attribution model of interpersonal forgiveness [J]. *Journal of Social Psychology*, 2001, 141 (4).

[44]Tangpong, C., Hung, K. T., Ro, Y. K. The interaction effect of relational norms and agent cooperativeness on opportunism in buyer-supplier relationships [J]. *Journal of Operations Management*, 2010, 28 (5).

[45]Trevino,L. K. The social effects of punishment in organizations: A justice perspective [J]. *Academy of Management Review*, 1992, 17 (4).

[46]Wang, D. T., Gu, F. F., Dong, M. C. Observer effects of punishment in a distribution network [J]. *Journal of Marketing Research*, 2013, 50 (5).

[47]Wang, L., Murnighan, J. K. The dynamics of punishment and trust [J]. *Journal of Applied Psychology*, 2017, 102 (10).

[48]Wang, R., Li, X., Huang, M. Channel management through selective announcement of reward and punishment decisions [J]. *Journal of Business-to-Business Marketing*, 2012, 19 (2).

[49]Wang, X., Yang, Z. Inter-firm opportunism: A meta-analytic review and assessment of its antecedents and effect on performance [J]. *Journal of Business & Industrial Marketing*, 2013, 28 (2).

[50]Wathne, K. H., Heide, J. B. Opportunism in interfirm relationships: Forms, outcomes, and solutions [J]. *Journal of Marketing*, 2000, 64 (4).

[51]Weiner, B. An attributional theory of achievement motivation and emotion [J]. *Psychological Review*, 1985 (92).

[52]Williamson, O. E. *Markets and hierarchies: Analysis and antitrust implications* [M]. New York: The Free Press, 1975.

[53] Williamson, O. E. *The economic institution of capitalism* [M]. New York: The Free Press, 1985.

[54] Yi, Y., Gong, T. The effects of customer justice perception and affect on customer citizenship behavior and customer dysfunctional behavior [J]. *Industrial Marketing Management*, 2008, 37 (7).

Make an Example out of Somebody

—The Interactive Effect of Perceived Severity and Fairness of Punishment on Observer Distributors

Zhang Guangling[1]   Wang Fengling[2]

(1, 2 Economics and Management School of Wuhan University, Wuhan, 430072)

Abstract: In distribution network, punishment of suppliers on opportunistic distributor not only affects the disciplined distributor, but also has spillover effects on observers. However, literature about how punishment events influence observer distributors is still sparse. Based on equity theory, this study empirically examines whether observers' perceived severity and perceived fairness of supplier's punishment interacts with each other in the process of influencing observers' ex post opportunism. Meanwhile, this study also takes observers' attribution of the disciplined misbehavior and the network centrality of the disciplined distributor which may play a moderating role on the main effects into consideration. By investigating 257 distributors, this study reveals several important findings. First, observers' perceived severity and perceived fairness of punishment strengthen the effect of each other and synergistically inhibits observers' ex post opportunism. Second, observers' internal attribution of the disciplined misbehavior significantly reinforces the observer effects of punishment while observers' external attribution has totally opposite moderating effect. Third, the moderating effect of network centrality of the disciplined distributor on the observer effect of punishment is not significant. This study adds a new angle to the observer effect of punishment in distribution network and further expands the literature of channel conflict management. Besides, this paper also provides practical guidelines about how to efficiently use punishment in channel opportunism management.

Key words: Distribution network; Opportunism; Punishment; Interactive effect

专业主编：曾伏娥

珞珈管理评论［2018 年卷 第 2 辑（总第 25 辑）］ Luojia Management Review No. 2，2018（Sum. 25）

沟通信息类型对营养强化食物购买意愿的影响：调节定向和正确感的作用*

● 青　平[1]　张胜男[2]　孙　山[3]

（1，2，3 华中农业大学经济管理学院　武汉　430070）

【摘　要】作物营养强化食物对于消除微量元素缺乏导致的隐性饥饿、提高人口营养健康水平方面具有不可替代的重要作用。但是国内消费者普遍缺少对作物营养强化食物的认知，对作物营养强化食物的接受度和购买意愿也较低，因此需要加强对作物营养强化食物的沟通与宣传。本研究将作物营养强化的沟通信息分为了保健型和提升型两类，通过实验研究发现，提供作物营养强化食物的沟通信息能够显著提高消费者的购买意愿，并且这种影响受到消费者调节定向的调节作用。其中，对于保健型作物营养强化沟通信息，启动消费者预防型调节定向更能够提高其购买意愿；对于提升型作物营养强化沟通信息，启动消费者促进型调节定向更能够提高消费者的购买意愿，同时决策正确感在其中起到了重要的中介作用。

【关键词】作物营养强化沟通信息　消费者调节定向　决策正确感　购买意愿

中图分类号：C93　　　　文献标识码：A

1. 引言

在世界范围内的绿色革命推动下，水稻、小麦、玉米等粮食作物实现了较大幅度增产，虽然提高了人类食物数量水平，但却面临着营养品质下降的难题。表现最为突出的问题是这些高产粮食作物本身微量元素含量降低，致使人们对微量元素尤其是铁、锌等营养成分摄入量大幅度下降。微量营养元素摄入不足或缺乏被称为"隐性饥饿"，它会引发一

＊ 项目资助：本文研究得到国家自然科学基金国际合作重点项目"作物营养强化对改善人口营养健康影响及评估研究"（项目批准号：71561147001）、国家自然科学基金项目"农产品伤害事件的外溢效应对产业集体品牌资产的损害与补救研究"（项目批准号：71073064）、2017 年中国工程院重大战略咨询项目"华中地区食物安全可持续"（项目批准号：4005-35016010）的资助。

通讯作者：张胜男，E-mail：2567289820@ qq. com.

系列的病症，如缺铁性贫血和缺锌引发的营养不良、生长发育迟滞、免疫力下降、心脑血管疾病等（范云六，2007）。目前，全球约有 30 亿人不同程度存在微量元素缺乏问题，这个数字仍有上升趋势，其中大约有 21.5 亿人（占世界人口的 40%）缺锌（何一哲，2008）。改革开放以来，我国居民的营养健康状况得到了极大改善，但不容忽视的是，我国也仍属于世界上营养不良人数最多的国家之一。中国疾病预防控制中心的研究报告显示（张继国等，2012），铁、锌、维生素 A 等微量营养元素缺乏的问题普遍存在于农村居民当中，我国大约有 3 亿营养不良人口，大部分分布在农村及落后地区，某些农村地区的缺铁性贫血比例高达 20% 以上。据此测算，中国由缺铁性贫血所导致的经济损失相当于国民生产总值的 3.6%（成人占 0.7%，儿童占 2.9%）。同时有研究指出，食品的多样性并不能有效解决中国人的微量元素缺乏问题，提高食物中人体可吸收的营养元素含量才是目标（陈春明等，2007）。作物营养强化是针对世界上目前普遍存在的营养不良和营养失衡的解决之道，它能够给人们带来更优质、更富有营养的新品种，不管对城市还是农村人口来说都是理想健康食品来源（Nestel et al.，2006）。因此，发展作物营养强化对改善居民营养健康、促进经济发展与社会稳定、降低社会医疗成本，乃至提升广大人民群众家庭和个人幸福感有着不可替代的重要意义。

改善营养不良状况一直以来主要有四种途径，即调整饮食结构、营养补充剂、食品营养强化和生物营养强化。调整饮食结构虽然是理想办法，但需要改变人们的饮食习惯，合理的膳食结构需要经济条件支持，生活贫困的家庭在相当长时间内将无法做到（罗良国和王艳，2007）。营养补充剂和食品营养强化虽然见效快，但经济成本高（逄学思等，2017）。作物营养强化直接通过育种方式提高现有农作物中为人体吸收利用的微量营养元素含量，生产简单，易于推进以营养健康为目标的农业生产结构调整（许世卫和李哲敏，2006），是公共营养干预最经济有效的方式，尤其是在广大发展中国家的农村地区（李路平和张金磊，2016）。在研究消费者对营养强化食物购买意愿的影响方面，前人进行过一些有意义的探讨，如 Johns（2007）认为不同的文化背景、饮食习惯和经济水平会影响人们对营养食物的购买选择，解决微量营养素缺乏问题的方法包括营养补充剂和食物强化，但是它们需要安全的食物传输系统、稳定的政策支持以及连续的资金支持。因此，对于无力购买营养强化食品的低收入家庭将无法通过此方法来改善其营养状况。作物营养强化属于营养强化食物中的一种，它在改善消费者营养健康方面属于全新的尝试，目前的普及率较低，消费者对作物营养强化食物的认知程度也较低，致使对作物营养强化食物的接受度与购买意愿较低，成为阻碍作物营养强化食物市场推广的重要影响因素。上述研究揭示了作物营养强化食物市场推广的一般经济规律，具有一定的实践指导意义，但目前相关研究大致存在以下几点缺陷：一是重视对作物营养强化食物的市场经济因素分析，对消费者的认知与行为特征分析研究相对不足；二是重视作物营养强化食物的一般市场规律，较少揭示影响作物营养强化食物购买意愿的内在作用机制；三是重视对作物营养强化食物购买意愿影响因素的定性描述，定量分析相对较少。针对以上存在的不足之处，本研究使用实验经济学研究方法，从消费认知规律的角度，证实了对于不同类型的作物营养强化沟通信息，启动消费者不同的调节定向能够进一步提高消费者的购买意愿。

2. 理论与假设

2.1 作物营养强化沟通信息及分类

作物营养强化(biofortification)指的是食用农作物在生产中增加微量营养素的浓度或生物利用性的过程，也就是通过育种手段提高现有农作物中为人体吸收利用的微量营养元素的含量(White & Broadley，2009)。作物营养强化沟通信息指的是向消费者传递有关作物营养强化相关知识、提供有助于消费者决策判断的信息。对于新型产品，企业向消费者有效传递信息是打开市场销路的关键(Townsend & Kahn，2014)。在复杂的零售环境下，消费者进行产品评价或品牌选择时的信息加工依赖于企业提供的信息(Schwarz，2004)。作物营养强化食物是一种新型的食物，消费者普遍存在对作物营养强化食物认知不足的问题，从而影响到作物营养强化食物的市场推广。安全风险是影响消费者购买食物时最主要的因素(Grunert，2005)，在一般情况下，消费者对新型的市场产品都会存在一定的风险认知。作物营养强化食物也属于新型食物，消费者可能存在对作物营养强化食物的风险认知，为了消除消费者的顾虑，需要向消费者传递作物营养强化沟通信息，为消费者的购买决策提供信息依据，以提高消费者的购买信心。本研究将作物营养强化食物沟通信息内容分为保健型和提升型两类，其中保健型信息是指作物营养强化食物具有补充微量营养元素、调节人体功能、保障基本健康水平的表明产品核心功能属性的信息；提升型信息是指作物营养强化食物具有提升生活质量、推动自我发展的表明产品附加心理价值的信息。对于较严重缺乏微量营养元素导致身体疾病的消费者，提供保健型信息更能够促进其购买；对于身体相对健康但是仍然缺乏微量营养元素的消费者，提升型信息能够迎合其提高生活品质以及精神层面如生活幸福感的需求。因此，为不同需求层次的消费者提供不同类型的信息，有助于增强消费者决策判断信心，引导消费者对作物营养强化食物的需求。据此，本文提出假设：

H1：作物营养强化食物沟通信息能够提高消费者的购买意愿；

H1a：保健型作物营养强化食物沟通信息能够提高消费者的购买意愿；

H1b：提升型作物营养强化食物沟通信息能够提高消费者的购买意愿。

2.2 调节作用——消费者调节定向

Geers(2005)指出个体为达到特定目标会努力改变或控制自己思想的过程称为自我调节。消费者调节定向(consumer regulatory focus)即为消费者在自我调节过程中所表现出的特定倾向。消费者调节定向主要为两种——与提高需要相关的促进定向(promotion focus)、与安全需要相关的预防定向(prevention focus)。促进定向和预防定向的关注点以及对待目标状态不同，促进定向关注积极结果并趋近目标，预防定向关注消极结果并回避目标(Molden et al.，2008)。诱发调节定向的情境也是不同的，关注收益会启动消费者促进定向，同时产生提高收益的动机，受到损失威胁的情况会启动消费者预防定向，产生规避损失的动机(姚琦等,2010)。消费者促进定向和预防定向在满足需求类型、结果关注以及情绪体验方面存在显著的不同,这些差异直接影响消费者对不同信息的敏感性(姚琦和乐国安,2009)。当消费者评价信息时,促进定向占主导的消费者对提高需要的信息会更加敏感,而预防定向占主导的消费者会对安全需要的信息会更敏感(杜晓梦等,2015)。

调节性匹配理论说明,当不同调节定向的个体分别使用各自所偏好的行为策略时,就达成了调节性匹配(Higgins,2000)。调节性匹配对消费者的行为决策有着重要的影响,当消费者的行为策略与自我调节定向一致时会增强追求目标的动机,并产生积极的效价(林晖芸和汪玲,2007)。调节定向不仅表现为人格特质,而且也可以表现为情境性调节定向,即调节定向在短期内可以通过情境中传递的信息线索启动(Evans & Petty,2003)。所以营销人员采用促进型框架或预防型框架来呈现不同的信息,以启动消费者短期的调节定向。同时 Lee 和 Aaker(2004)的研究表明当信息呈现的方式与消费者调节定向一致时能达到最好的说服效果。因此,为了更好地提高作物营养强化信息的沟通效果,需要运用情境性信息来启动消费者不同的调节定向。保健型的作物营养强化沟通信息,旨在降低消费者潜在的认知风险,能够启动消费者预防定向。提升型的作物营养强化沟通信息,凸显了给消费者带来的效益,能够启动消费者促进定向。当作物营养强化沟通信息呈现方式与消费者调节定向相一致时,更能够提高消费者对作物营养强化的购买偏好,从而提高购买意愿。因此本文提出假设:

H2:作物营养强化食物沟通信息对消费者购买意愿的影响受到消费者调节定向的调节作用;

H2a:当提供保健型作物营养强化食物沟通信息时,启动消费者预防型调节定向更能提高其购买意愿;

H2b:当提供提升型作物营养强化食物沟通信息时,启动消费者促进型调节定向更能提高其购买意愿。

2.3 中介机制——决策正确感

调节性匹配使个体对自己当前的行为产生了一种"正确感",这种正确感体验源于调节性匹配(Camacho et al.,2003)。决策正确感(decision feeling right)是指消费者在处理决策过程中体会到自己做的就是对的、有意义的感觉。调节性匹配产生的决策正确感体验,会使消费者对自己当前的行为感到自信,并产生积极的情绪。当消费者仅仅产生想法或观点本身并不能影响判断,只有对自己拥有的想法或观点感到自信才会影响判断行为。Avnet 和 Higgins(2006)的研究发现,不同调节定向所偏好的行为策略不同,产生的体验也不同。促进定向的消费者进行评价时偏好以感情为基础,而预防定向的消费者则偏好以理智为基础。据此本文研究将决策正确感分为效能正确感和情感正确感两类,其中效能正确感是指评价一个事物的好坏是以功能效益来衡量的,情感正确感是指个体在进行决策、判断时的情绪状态。因此,需要区分消费者在处理作物营养强化沟通信息时产生的不同体验。预防型调节定向的消费者更关注弥补营养不足与安全需要,主要基于效用的角度来评价作物营养强化食物的功效。促进型调节定向消费者关注自我的发展提升并获得更多的生活幸福感，是更高层次的需求，是基于情感的角度来评价作物营养强化并产生积极的体验。基于此，本文提出假设：

H3：作物营养强化食物沟通信息对消费者购买意愿的影响受到决策正确感的中介作用；

H3a：保健型作物营养强化食物沟通信息与预防型调节定向的交互作用通过效能正确感的中介作用影响消费者购买意愿；

H3b：提升型作物营养强化食物沟通信息与促进型调节定向的交互作用通过情感正确感的中介作用影响消费者购买意愿。

3. 研究方法

3.1 方法介绍

本研究采用实验经济学的方法，该方法指通过构造一个可操作的微观经济环境，将实验被试进行随机分组，控制必要变量，实现对有关变量的定量测度。实验经济学作为一种研究方法正在加剧改变经济学的研究范式，为越来越多的经济相关领域所借鉴。本文通过两个实验验证上述假设。实验一主要检验营养强化食物信息沟通对消费者购买意愿影响的主效应；实验二进一步验证主效应的同时，检验了消费者调节定向的调节作用和决策正确感的中介作用机制。采用准实验的方法，通过实验材料刺激消费者，观察不同类型的信息沟通对消费者购买意愿的影响，并验证交互作用和中介机制。

3.2 研究一

3.2.1 预研究

预研究的目的是检验自变量作物营养强化沟通信息类型的操纵材料是否成功。我们在线上邀请了70位普通消费者参与该研究。让被试分别阅读两段材料，回答操纵检验问题。材料内容如下：

> 2016年10月12日国务院公布的"中国居民营养与健康现状"研究报告表明，我国城镇居民普遍存在铁、锌、维生素A等微量营养元素缺乏的问题，我国城镇地区大约拥有3亿营养不良人口。作物营养强化是使食用农作物在生产中增加微量营养素的浓度或生物利用性的过程，也就是通过育种手段提高现有农作物中为人体吸收利用的微量营养元素含量，可以增加和平衡人体吸纳的营养物质，对人体营养健康十分有帮助。据世界卫生组织健康与疾病评估证实，作物营养强化安全性高，能够有效补充人体所需的微量元素，保障人们的身体健康。（保健型）
>
> 2016年10月12日国务院公布的"中国居民营养与健康现状"研究报告表明，我国城镇居民在饮食方面已经基本满足膳食营养均衡的要求，因此对生活品质有了更高的追求。作物营养强化是使食用农作物在生产中增加微量营养素的浓度或生物利用性

的过程，也就是通过育种手段提高现有农作物中为人体吸收利用的微量营养元素含量，可以增加和平衡人体吸纳的营养物质，对人体营养健康十分有帮助。作物营养强化食物能够促进人体体力和智力充分发展，为人们城镇居民生活品质和幸福提供物质保障。（提升型）

实验结果表明，当刺激材料为保健型时，$M_{保健} = 5.27$，$M_{提升} = 4.82$，$t(68) = 2.44$，$p<0.05$；当刺激材料为提升型时，$M_{保健} = 4.10$，$M_{提升} = 5.20$，$t(68) = -5.00$，$p<0.05$，说明刺激材料的操纵是成功的。

3.2.2 正式实验

实验 1 设计为单因素（作物营养强化沟通信息：保健型 vs. 提升型）的被试间操纵设计。其中，作物营养强化沟通信息为自变量，购买意愿为因变量。正式实验目的是验证主效应，即验证假设 H1，H1a，H1b。实验过程为要求被试分别阅读关于作物营养强化沟通信息的描述材料，回答操纵性检验问题，并完成购买意愿的测量。通过问卷星网站推送160 份问卷，有效回收 156 份，其中男性样本占 40%，女性样本占 60%，平均年龄为35 岁。

购买意愿的测量问卷改编自（Dodds et al.，1991）的问卷，问卷共包含 3 道题，如"我可能会购买作物营养强化食物"等，测量采用李克特 7 分量表，1 表示完全不同意，7 表示完全同意。购买意愿的 Cronbach'α 的系数值为 0.89，说明问卷信度良好。

结果表明，作物营养强化沟通信息对购买意愿的影响显著，当提供保健型作物营养强化沟通信息时，$F(1, 154) = 7.56$，$p<0.05$，说明保健型作物营养强化沟通信息能够提高营养需求型消费者购买意愿；当提供提升型作物营养强化沟通信息时，$F(1, 154) = 5.97$，$p<0.05$，说明提升型作物营养强化沟通信息能够提高价值需求型消费者购买意愿，即验证假设 H1a，H1b。

3.3 研究 2

3.3.1 预研究

预研究的目的是检验调节定向的操纵材料是否合适，在线下邀请 78 位普通消费者参与该研究。研究首先采用 Higgins（2001）等人的调节定向问卷 RFQ（the Regulatory Focus Questionnaire），问卷共包括 11 道题，其中有 6 道题测量促进定向，如"无法得到生活中想要的"等，另 5 道题测量预防定向，如"成长中曾做过让父母无法忍受的事"等，促进定向和预防定向的 Cronbach'α 的系数值分别为 0.72，0.74，说明问卷信度良好。在完成特质性调节定向的测量后，接着让被试随机阅读两段材料中的一种，回答操纵检验问题。材料内容分别如下：

> 为了向当地居民推广作物营养强化粮食（指利用生物育种手段提高农作物中为人体吸收的微量营养元素），某市进行了如下宣传，"人体必需的营养素近 50 种，其中任何营养素摄入不合理都会使身体机能发生紊乱，从而导致各种疾病或者亚健康状态，并对各类急性、传染性疾病的免疫能力下降。作物营养强化提高了主要粮食作物

中微量营养元素的含量(铁、锌、维生素 A 等)，有助于改善微量营养元素缺乏的状况，避免出现身体营养不良导致的各种疾病"。(预防定向)

为了向当地居民推广作物营养强化粮食(指利用生物育种手段提高农作物中为人体吸收的微量营养元素)，某市进行了如下宣传，"人体必需的营养素近 50 种，均衡的营养摄入有助于提高健康水平和生活品质，而健康水平和生活品质的提高能够带来更愉悦的生活享受。作物营养强化提高了主要粮食作物中的微量营养素含量(铁、锌、维生素 A 等)，能够为人们带来更优质、更富有营养的食物，并且有利于提升广大家庭和个人的幸福感"。(促进定向)

结果表明，特质调节定向得分(完全不同意/完全同意)上差异显著，$t(77) = 56.51$，$p<0.001$。其中，当刺激材料为预防型调节定向时，特质调节定向的前测得分为，$M_{预防} = 3.84$，$M_{促进} = 4.92$，$t(42) = 51.82$，$p<0.001$；操纵调节定向的后测得分为 $M_{预防} = 5.67$，$M_{促进} = 4.87$，$t(76) = 3.17$，$p<0.001$，差异显著，说明预防型刺激材料的操纵是成功的；当刺激材料为促进型调节定向时，特质调节定向的前测得分为，$M_{预防} = 3.76$，$M_{促进} = 4.78$，$t(34) = 30.31$，$p<0.001$；操纵调节定向的后测得分为 $M_{预防} = 4.37$，$M_{促进} = 5.92$，$t(76) = -7.58$，$p<0.001$，差异显著，说明促进型调节定向的操纵是成功的。

3.3.2　正式实验

实验 2 设计为 2(作物营养强化沟通信息：保健型 vs. 提升型)×2(调节定向：预防型 vs. 促进型)被试间操纵设计。其中，调节变量为调节定向，中介变量为效能正确感和情感正确感，因变量为对作物营养强化的购买意愿。实验目的主要有两个，首先，检验调节定向对主效应的调节作用；其次，是检验效能正确感和情感正确感的中介作用，即验证假设 H2 与 H3。通过问卷星网站推送 215 份问卷，有效回收 208 份，其中，男性样本占 45%，女性样本占 55%，平均年龄为 34 岁。

效能正确感和价值正确感的测量问卷改编自 Avnet 和 Higgins(2006)的问卷，被试在阅读完作物营养强化沟通信息后对作物营养强化感知评价进行打分，问卷共包含 6 道题，其中 3 道题测效能正确感，如"我相信作物营养强化食物有不错的功效"、"我认为利用作物营养强化食物补充微量元素是正确的选择"；另外 3 道题测情感正确感，如"我对作物营养强化食物的看法积极乐观"、"我相信作物营养强化食物能带来更愉悦的生活"，测量采用李克特 7 分量表，1 表示完全不同意，7 表示完全同意。效能正确感和价值正确感的 Cronbach'α 的系数值分别为 0.85，0.90，说明问卷信度良好。

结果表明，作物营养强化沟通信息与调节定向之间存在交互作用，$F(3, 204) = 0.008<0.05$。如图 1 所示，当提供保健型作物营养强化沟通信息时，$M_{保健-预防} = 5.32 > M_{保健-促进} = 4.95$，说明预防型调节定向相对于促进型调节定向更能够提高消费者对作物营养强化的购买意愿；当提供提升型作物营养强化沟通信息时，$M_{提升-预防} = 4.98 < M_{提升-促进} = 5.31$，说明促进型调节定向相对于预防型调节定向更能够提高消费者对作物营养强化的购买意愿，即验证假设 H2a，H2b。

假设 3a 认为效能型正确感在保健型作物营养强化沟通信息对购买意愿的影响中起到中介作用，并且这种中介作用受到预防型调节定向的调节，即有调节的中介。按照 Zhao

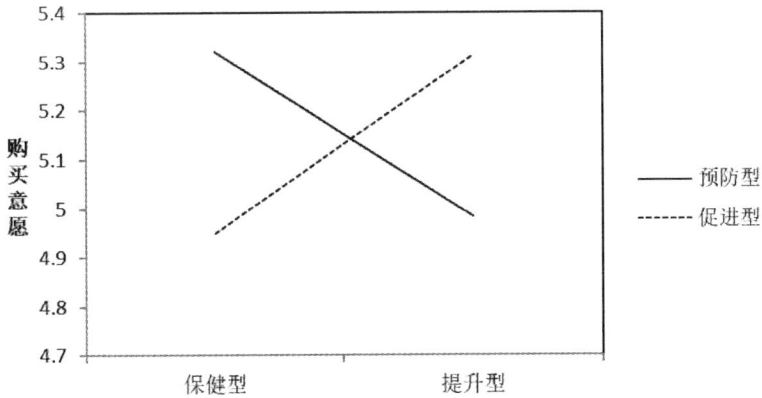

图 1　作物营养强化沟通信息类型与调节定向对购买意愿的交互作用

(2010)等人提出的中介分析程序,参照 Preacher(2007)等人和 Hayes(2013)提出的有调节的中介分析模型进行 Bootstrap 中介检验,选择模型 7,Bootstrap 的样本量选择 5000。结果显示在表 1 中,当作物营养强化的沟通信息为保健型时,效能型正确感的中介效应显著,间接效应值为 0.85,95%的置信区间为(0.47,1.22)不包含 0。当作物营养强化沟通信息为提升型时,效能型正确感的中介效应不显著,因此验证了假设 H3a。

表 1　　　　　　　　　　　　　　效能正确感有调节中介效应检验

预测变量	购买意愿	
	B	SE
作物营养强化沟通信息	1.0675**	0.3396
调节定向	1.1147*	0.3457
效能正确感	0.4860	0.2171
作物营养强化沟通信息×调节定向	0.3369**	0.6086
调节定向	利用 Bootstrap 方法估计的间接效应			
	Indirect effect	SE	LLCI	ULCI
预防型	0.8474	0.1892	0.4743	1.2204
促进型	0.1565	0.1176	-0.2217	0.5347

注:*表示 $p<0.05$,**表示 $p<0.01$。

　　假设 H3b 认为情感正确感在提升型作物营养强化沟通信息对购买意愿的影响中起到中介作用,并且这种中介作用受到促进型调节定向的调节。同样采用 Bootstrap 中介检验方法对假设进行检验。选择模型 7,Bootstrap 的样本量选择为 5000。结果显示在表 2 中,当作物营养强化的沟通信息为提升型时,情感型正确感的中介效应显著,间接效应值为

0.58，95%的置信区间为(0.23，0.94)不包含0。当作物营养强化沟通信息为保健型时，情感型正确感的中介效应不显著，因此验证了假设H3b。

表2 情感正确感有调节中介效应检验

预测变量	购买意愿	
	B	SE
作物营养强化沟通信息	0.5349 *	0.3922
调节定向	0.5019 *	0.3992
情感正确感	0.7522	0.2507
作物营养强化沟通信息×调节定向	0.4550	0.2070

调节定向	利用Bootstrap方法估计的间接效应			
	Indirect effect	SE	LLCI	ULCI
预防型	0.4999	0.2600	−0.0126	1.0125
促进型	0.5807	0.1800	0.2259	0.9355

注：* 表示 $p < 0.05$。

4. 研究结论与启示

4.1 研究结论

1. 对于不同需求层次的消费者，采用不同类型的作物营养强化沟通信息能进一步提高消费者购买意愿

对于营养需求导向型消费者，提供保健型沟通信息能够为其决策判断提供依据和信心；对于价值导向型消费者，提供提升型沟通信息更能迎合其生活品质追求的价值理念。作物营养强化在我国是一个新兴事物，需要企业或相关部门提供关于作物营养强化的信息，帮助消费者更好地了解作物营养强化，增加对作物营养强化食物的认知，才能够引导消费者合理作出对作物营养强化食物的购买决策行为。

2. 作物营养强化沟通信息对购买意愿的影响受到消费者调节定向的调节作用

调节定向是一种动机导向，能够对消费者的行为决策产生重要的影响。调节匹配理论说明当调节定向与消费者的行为策略信息相一致时，能取得更好的沟通效果。由于预防型的调节定向使消费者更多关注损失与风险方面的信息，促使消费者产生规避损失的动机倾向，此时保健型的作物营养强化沟通信息能起到更好的说服效果。促进型调节定向使消费者更多关注收益方面的信息，使消费者产生趋利的动机倾向，此时提升型的作物营养强化沟通信息会更有吸引力。

3. 作物营养强化沟通信息对购买意愿的影响受到决策正确感的中介作用

决策正确感是消费者对自己作出评价决策的一种信心表现，当消费者充分相信自己作出的判断时，就会采取相应的行为来支持自己的决策。保健型信息突出的是作物营养强化在补充微量元素方面的核心产品功能，提升型信息强调的是作物营养强化在提升生活幸福感方面的作用，分别有利于增强消费者对作物营养强化效能和情感方面判断的正确感。当消费者依据作物营养强化沟通信息作出评价时，在相信自己的判断后会采取购买行为。

4.2 管理启示

1. 企业或政府部门需要针对不同需求群体提供不同的作物营养强化沟通信息。

目前作物营养强化食物的推广普及程度较低，致使广大消费者对作物营养强化食物的认知程度较低，使消费者缺乏决策信息难以作出对作物营养强化食物的购买判断。而解决这些问题最有效的办法是向消费者提供作物营养强化沟通信息，加深消费者对作物营养强化食物的了解，为消费者的决策判断提供信息支持。

2. 企业或政府部门要善于利用不同的情境启动消费者的调节定向，与作物营养强化沟通信息产生调节性匹配。

调节匹配理论说明当消费者的决策判断与调节定向的动机相匹配时，会对消费者的态度与行为产生重要影响。当提供保健型的作物营养强化沟通信息时，需要启动消费者防御型调节定向，当提供提升型作物营养强化沟通信息时，需要启动消费者促进型调节定向，才能够达到更好的说服效果。

3. 企业或政府部门要善于引导消费者产生对作物营养强化判断决策的正确感知。

当消费者充分相信自己作出的判断决策时，就会采取相应的行为。为了提高消费者对作物营养强化食物的购买意愿与行为，就需要提高消费者对购买作物营养强化食物的决策信心。为了达到更好的效果，在消费者处理保健型作物营养强化沟通信息时，需要提高消费者效能方面的正确感知，在消费者处理提升型作物营养强化沟通信息时，需要提高消费者情感方面的正确感知。

◎ 参考文献

[1]杜晓梦，赵占波，崔晓. 评论效价、新产品类型与调节定向对在线评论有用性的影响[J]. 心理学报，2015(4).

[2]何一哲，宁军芬，郭仲民，等. 中国发展生物强化功能食品的机遇与挑战[J]. 世界农业，2008(5).

[3]范云六. 生物强化应对隐性饥饿[J]. 生物产业技术，2007，25(3).

[4]李路平，张金磊. 中国生物强化项目的成本收益和成本有效性分析——以生物强化富铁小麦为例[J]. 生物技术进展，2016，6(6).

[5]罗良国，王艳. 日本食物消费结构演变及启示[J]. 农业经济问题，2007(8).

[6]林晖芸，汪玲. 调节性匹配理论述[J]. 心理科学进展，2007，15(5).

[7]逢学思，周晓雨，徐海泉，等. 美国食品营养强化发展经验及对我国的启示[J]. 中国农业科技导报，2017，19(12).

[8]王玉英，陈春明，王福珍，等. 营养强化辅助食品补充物对甘肃贫困农村婴幼儿体格生长的影响[J]. 卫生研究，2007，36(1).

[9]许世卫，李哲敏. 以营养健康为重点目标的农业生产结构调整战略[J]. 农业经济问题，2006(12).

[10]姚琦，乐国安. 动机理论的新发展：调节定向理论[J]. 心理科学进展，2009，17(6).

[11]张继国，张兵，王惠君，等. 食物强化策略对我国居民营养状况的改善作用[J]. 中国健康教育，2012，28(12).

[12]Avnet, T., Higgins, E. T. How regulatory fit affects value in consumer choices and opinions[J]. *Journal of Marketing Research*, 2006, 43(1).

[13]Camacho, C. J., Higgins, E. T., Luger, L. Moral value transfer from regulatory fit: What feels right is right and what feels wrong is wrong[J]. *Journal of Personality & Social Psychology*, 2003, 84(3).

[14]Dodds, W. B., Monroe, K. B., Grewal, D. Effects of price, brand, and store information on buyers' product evaluations[J]. *Journal of Marketing Research*, 1991, 28(3).

[15]Evans, L. M., Petty, R. E. Self-guide framing and persuasion: Responsibly increasing messageprocessing to ideal levels[J]. *Pers Soc Psychol Bull*, 2003, 29(3).

[16]Geers, A. L., Weiland, P. E., Kosbab, K., et al. Goal activation, expectations, and the placebo effect[J]. *Journal of Personality & Social Psychology*, 2005, 89(2).

[17]Grunert, K. G. Food quality and safety: Consumer perception and demand[J]. *European Review of Agricultural Economics*, 2005, 32(3).

[18]Hayes, A. F. Introduction to mediation, moderation, and conditional process analysis: A regression-based approach[J]. *Journal of Educational Measurement*, 2013, 51(3).

[19]Higgins, E. T., Friedman, R. S., Harlow, R. E., et al. Achievement orientations from subjective histories of success: Promotion pride versus prevention pride[J]. *European Journal of Social Psychology*, 2001, 31(1).

[20]Higgins, E. T. Making a good decision: Value from fit[J]. *Am Psychol*, 2000, 55(11).

[21]Johns, T., Eyzaguirre, P. B. Biofortification, biodiversity and diet: A search for complementary applications against poverty and malnutrition[J]. *Food Policy*, 2007, 32(1).

[22]Lee, A. Y., Aaker, J. L. Bringing the frame into focus: The influence of regulatory fit on processing fluency and persuasion[J]. *Journal of Personality & Social Psychology*, 2004, 86(2).

[23]Molden, D. C., Lee, A. Y., Higgins, E. T. Motivations for promotion and prevention[R]. *Handbook of Motivation Science*, 2008.

[24]Nestel, P., Bouis, H. E., Meenakshi, J. V., et al. Biofortification of staple food crops[J]. *Journal of Nutrition*, 2006, 136(4).

[25] Preacher, Derek, D. Rucker, Andrew, F. Hayes. Addressing moderated mediation hypotheses: Theory, Methods, and prescriptions [J]. *Multivariate Behavioral Research*, 2007, 42(1).

[26] Schwarz, N. Metacognitive experiences in consumer judgment and decision making [J]. *Journal of Consumer Psychology*, 2004, 14(4).

[27] Townsend, C., Kahn, B. E. The "visual preference heuristic": The influence of visual versus verbal depiction on assortment processing, perceived variety, and choice overload [J]. *Journal of Consumer Research*, 2014, 40(5).

[28] White, P. J., Broadley, M. R. Biofortification of crops with seven mineral elements often lacking in human diets-iron, zinc, copper, calcium, magnesium, selenium and iodine [J]. *New Phytologist*, 2009, 182(1).

[29] Zhao, X., Lynch, J. G., Chen, Q. Reconsidering baron and kenny: myths and truths about mediation analysis [J]. *Journal of Consumer Research*, 2010, 37(2).

The Effect of Types of Communication Information on Biofortification Food Purchase Attention: The Role of Consumer Regulation Focus and Decision Feeling Right

Qing Ping[1]   Zhang Shengnan[2]   Sun Shan[3]

(1, 2, 3 Economics & Management School of Huazhong Agricultural University, Wuhan, 430070)

Abstract: The development of biofortification food have great impact on removing hidden hunger and improving human health. The research about biofortification emerge recently, consumers generally lack awareness of biofortification, resulting in lower acceptance and purchase attention, so is need to communicate and propagandize the information about biofortification food. This study divides the publicity information into two types of health-care and promotion. By using empirical research methods, it is found that providing the information of biofortification food can effectively improve the purchase intention, and this effect is moderated by regulatory focus. Among, for health-care information, is better to motivate prevention focus; for promotion information, is better to motivate promotion focus. Feeling right of functional and emotion play an important role as mediator.

Key words: Biofortification food communicate information; Consumer regulatory focus; Decision feeling right; Willingness to purchase

专业主编：曾伏娥

孤独感对怀旧消费偏好的影响研究 *

● 杨 强[1] 张 康[2] 孟 陆[3]
(1, 2, 3 天津理工大学管理学院　天津　300384)

【摘　要】为探讨孤独感对怀旧偏好的影响及其作用机制,研究采用实验法。研究一通过 UCLA 量表测量被试的孤独感水平,初步探索孤独感与个体的怀旧消费偏好之间的关系。研究二和研究三分别采用不同的孤独感启动方法来验证孤独感对怀旧偏好的影响,并检验了寻找生活意义的动机在该过程中的中介效应。结果表明:(1)高孤独者比低孤独者具有更强烈的怀旧消费偏好;(2)寻找生活意义的动机在该过程中起中介作用。这一研究发现进一步丰富了现有的孤独感和怀旧文献,并对怀旧营销的设计具有重要的实践指导意义。

【关键词】孤独感 怀旧 怀旧消费 生活意义 寻找生活意义动机

中图分类号:F713.55　　　　文献标识码:A

1. 引言

随着互联网科技的迅猛发展,社交网络日益普及。但在社交媒体和社交方式日益多样化的同时,越来越多的人反而感到孤独,孤独感已成为一种非常普遍的社会现象(陈瑞和郑毓煌,2015)。孤独感是个体主观上感知的社会孤立,它描述了个体预期与现实之间的差距(Peplau & Perlman, 1982)。现有针对孤独感的研究主要集中于孤独感对个体生理及心理方面的消极影响,并将孤独感日趋普遍的原因归结于人口结构、人际关系、生活方式的转变(Griffin, 2010)。近年来,也有研究将孤独感作为一个新的研究变量引入消费者行为领域,并发现孤独感对个体的消费决策具有重要影响(Lastovicka & Sirianni, 2011),随着孤独群体的不断壮大,探讨孤独感对个体消费行为的影响显得更加重要。

孤独感因个体期望获得的社会联结与实际情况的差距而产生,这让个体更渴望获得社会支持。已有研究表明个体能够通过怀旧来获取社会支持,这是因为怀旧作为人们对过去美好时光的感性思考,是一种与自我相关的社会情感(Wildschut et al., 2006),具备一定

* 基金项目:本文系国家社会科学基金项目"快速迭代情境下创新产品扩散障碍识别与营销变革研究"(项目批准号:16BGL086)阶段性成果。

通讯作者:张康,E-mail: zkang619@126.com.

的社会功能，能够为个体提供社会纽带，从而使其感知到社会支持(Sedikides et al.，2008)。

近年来，怀旧消费已成为一种新的消费模式。儿时的玩具、零食，一系列的青春电影，以及以"李雷"、"韩梅梅"等中小学课本人物为主题的产品成为市场"新宠"。消费者的怀旧情怀给企业带来了新的商机，如百雀羚等老品牌借怀旧营销吸引了大量消费者，得以在激烈的市场竞争中立足。怀旧消费趋势的发展得益于消费者购物动机的转变。随着商品经济的迅速发展，消费者在购买产品/服务时已不再是简单追求产品/服务本身的使用价值，而是表现出对附加于产品/服务上的情感和文化价值的追求，产品/服务已成为满足消费者的情感需要的一种载体(张莹和孙明贵，2011)。相关研究表明，消极情绪如无聊(van-Tilburg et al.，2013)、难过(Wildschut et al.，2006)等，和情境因素如社会排斥(Loveland et al.，2010)等均会提高消费者对怀旧元素的偏好。具体而言，无聊、难过等负面情绪易让个体产生负面的自我认知，从而对个体的自我概念产生威胁。在这种情况下会激发个体保护和增强自我概念积极性的动机，怀旧通过让个体回忆过去美好的、有意义的经历而让个体肯定自我价值，提高自我概念的积极性(Wildschut et al.，2006)。而孤独感是个体主观感知到的社会孤立，这一负面情绪同样会对个体的自我概念产生威胁。因此，孤独感也会同无聊、难过等负面情绪一样对个体的怀旧倾向产生影响。

基于此，本文认为怀旧消费是个体对孤独感的一种应对方式，驱动怀旧消费的并不是出于孤独个体依附他人的需要，而是他们重拾生活意义的动机。个体的基本需求之一是让自己的生活富有意义(Heine et al.，2006)。孤独者由于其主观感知到了社会孤立，这种消极情感体验对个体的生活意义造成威胁，为了克服这一威胁，个体可以借助怀旧消费，进而对生活意义产生新的理解。

有鉴于此，本研究试图从寻找生活意义的全新视角探索驱动孤独个体怀旧消费的内在动因，揭示孤独感对怀旧消费的作用机理和影响路径，并分析不同孤独个体间的差异，以期为孤独个体提供情绪疏解渠道，并可提高企业怀旧营销策略的有效性和科学性。

2. 相关研究评述

2.1 孤独感

参照 Peplau 等人的定义，我们将孤独感视为个体主观感知的社会孤立，即当个体预期的社会联接与现实中的社会联接间存在较大差距时，由此产生孤独感(Peplau & Perlman，1982)。孤独感可以是个体长期所处的孤独状态，即个体的个性特征，也可以是个体在特定情境下的临时孤独状态(陈瑞和郑毓煌，2015)。在营销领域现有研究中，大多数探讨的是作为个体特质的孤独感对消费者行为的影响(Wang et al.，2012；Pieters R.，2013)。此外，少数研究将孤独感作为临时情境状态并予以启动，如 Wildschut 等人(2006)以及 Zhou 等人(2008)的实验过程中，两组被试先被告知"其在学校群体中所处的不同程度的孤独水平"，进而激发被试不同的孤独感水平。长期孤独状态和临时启动的孤独状态均会影响到个体主观的孤独感。因此，在研究孤独感的作用时既可以借 UCLA 量表对个体长期的孤独状态进行测量（Russell et al.，1984），也可以借鉴前人的研究，通过特定的刺激激发个体产生临时的孤独感知。

孤独感一旦被激发，便会对个体的认知、情绪和行为产生重要影响。以往针对孤独感的研究多关注于孤独感对个体生理上的伤害：失眠、酗酒、药物依赖、降低免疫力及其在个体心理方面的负面影响（Kiecoltglaser et al.，1984；Sarah et al.，2005）。近年来，营销学者将孤独感作为一个有趣的研究变量引入消费者行为领域，发现孤独感也会对个体的消费行为产生重要的影响（Lastovicka & Sirianni，2011）。已有研究验证了孤独感与物质主义存在因果循环关系，即物质主义使个体的社会关系受阻而引发孤独感；反过来，孤独感又激发个体对物质的依赖，以缓解孤独（Pieters R.，2013）。陈瑞和郑毓煌（2015）研究了孤独感对不确定性消费偏好的影响，发现孤独感会导致消费者感知控制缺失，从而提高消费者的不确定规避偏好。孤独感会使个体对社会关系有更强烈的渴望（Epley et al.，2008），并促使个体采用不同的方式来弥补人际关系的缺失，以缓解孤独感带来的消极影响。

综上所述，孤独感是一种个体主观感知的社会孤立，不仅对个体的生理、心理等方面有重要影响，而且也会对个体的消费决策产生影响。本研究试图通过考察孤独感与怀旧偏好之间的关系，进而探讨怀旧消费是否能够成为应对孤独感的一种新方式。

2.2 怀旧

早期的西方学者把怀旧视为思乡病，在远离家乡的水手、士兵和大学生等群体中较易发生（Sedikides et al.，2006）。20 世纪中叶以后，西方学者对于怀旧有了新的认识，并将怀旧和思乡病区分开来。怀旧表现为个体对以往经历的渴望，怀旧的对象可以是某个人、某件事或者某一个地方。个体通过怀旧能重温美好的过去时光、快乐的童年等重要的回忆。现在的学者将怀旧视为一种自我意识的情绪，是个体对过去常见事物的一种偏爱。怀旧既可以是如快乐、温暖等正面的，也可以是如悲伤、失落等负面的，还可以是一种苦乐参半的情绪（Sedikides et al.，2006；Barrett et al.，2010）。

目前，学者们主要将怀旧分为两类来研究。第一类研究聚焦在心理领域，主要考察怀旧的社会功能，具体研究个体的怀旧情绪或行为。已有研究发现，怀旧增强个体对过去的美好时光和有意义的社会关系的回忆，促使其产生更多的积极情绪并提升个体的自尊（Cheung et al.，2013）、提高个体的自我评价（Wildschut et al.，2006）、加强社会联结（Wildschut et al.，2010）。怀旧使个体对过去有意义的事件进行回忆，而感受到现在的生活充满意义。因此，个体处于无聊（van-Tilburg et al.，2013）、难过（Wildschut et al.，2006）等消极情绪时更易产生怀旧倾向。

第二类研究则把怀旧引入到营销领域，视其为一种特别的营销元素，并探索在哪种情境下消费者会产生怀旧消费倾向，以及怀旧营销会在哪些条件下对消费者的决策和行为产生影响。现有研究发现，受到社会排斥的个体为了找回其缺失的归属感，会倾向于进行怀旧消费（Loveland et al.，2010）。此外，压力使个体感知到对周围事件缺乏控制，进而激发个体的怀旧消费倾向（毕圣等，2016）。本文采用这一研究视角，把怀旧作为营销元素来研究，进一步讨论孤独感对个体怀旧偏好的影响机制。

上述文献回顾表明，现有相关研究主要从依附动机角度分析孤独感对消费者行为的影响，关于孤独感对怀旧消费的影响则属于较新的研究领域。怀旧消费无法帮助消费者寻求社会关系或物质产品的依附，因此涉及孤独感与怀旧消费关系的研究也较为鲜见。本文提出，孤独个体进行怀旧消费，并不是为了满足其依附动机，而是因为这一特定的消费行为可以缓解孤独感引起的负面影响，如对其生活意义的威胁。因此，孤独感也是怀旧消费的一个重要因素。

2.3 生活意义

西方心理学对于个体生活意义的实证研究已有四十多年历史，然而，学者们对于生活意义的定义始终存在分歧。尽管如此，学者们普遍认可生活意义的概念可以从两个方面得以体现，即连贯性和目的性(Steger et al.，2006)。在连贯性方面，生活意义常常与人们对世界的理解联系在一起，使之易于理解和连贯，这通常被称为生活意义的认知成分，即"对生活中的经历进行感知"。在目的性方面，生活意义意味着个体生活中的核心目标、目的和方向。此外，学者提出了定义生活意义的第三个方面——重要性。在重要性方面，生活意义可以被定义为对一个人的生命价值的总体评价，即它的重要性、意义和内在价值(George & Park，2014；Steger et al.，2014)。综上，生活意义体现在个体对周围的世界的认知和理解(连贯性)、个体行动所依据的目标或方向(目的性)及个体自身存在的意义和价值(重要性)。(Heintzelman & King，2014a)。生活意义是测量个体幸福感的指标之一，对个体是至关重要的。因此，个体具有追寻生活意义(seeking for meaning)的动机，只是每个人的动机程度是有所不同的。

3. 理论基础及研究假设

3.1 孤独感对怀旧消费的影响

近年来，孤独感对消费者行为的影响受到了学者的关注，研究表明孤独感会影响到个体的消费决策和行为(Lastovicka & Sirianni，2011)。首先，孤独感会影响消费者的产品偏好，高孤独者在私下里更偏爱小众产品，但在公开环境下，高孤独者为了建立社会联系，会选择大众产品来迎合他人(Wang et al.，2012)。此外，孤独感还会增强个体不确定性消费的规避偏好(陈瑞和郑毓煌，2015)。

虽然现有研究并未直接关注孤独感与怀旧消费的关系，但相关研究结论为本文奠定了理论基础。一方面，作为个体主观感知到的社会孤立，孤独感这种负面情绪会降低个体信心，使其看不到自身的存在价值，甚至对自己持消极评价(Peplau & Perlman，1982)，而怀旧通过让个体对有意义的社会关系进行回忆，进而增强个体的自尊(Cheung et al.，2013)、提高个体的自我评价(Wildschut et al.，2006)。由此看来，相比于低孤独者，高孤独者更易表现出怀旧消费倾向。另一方面，孤独感因个体期望获得的社会联结与实际情况的差距而产生，具体表现为个体期望的社会关系与现实情况在质量(如个体对其所拥有的人际关系的满意度或者主观感受到的社会接纳)或数量(如友人的数量和社交频率)方面存在较大差距时所形成的消极情绪体验(Peplau & Perlman，1982)。高孤独者对社会关系更为渴望，并产生一种重建社会关系的需求（Epley et al.，2008）。而怀旧作为个体对过去美好时光的感性思考，是一种与自我相关的社会情感（Wildschut et al.，2006），具备一定社会功能，能够为个体提供社会纽带，使其感知到社会支持（Sedikides et al.，2010），增强社会联结（Zhou et al.，2008；Wildschut et al.，2010）。由此可见，高孤独者更倾向于进行怀旧消费以缓解孤独感给其带来的负面体验，如对个体生活意义的威胁等。因此，本文提出以下假设：

H1：高孤独者比低孤独者具有更强烈的怀旧消费偏好。

3.2 孤独感对生活意义的影响

本研究认为孤独感从两个方面威胁个体的生活意义。第一，孤独感是个体主观感知的社会孤立，这种被别人孤立的感觉会降低个体的信心，看不到自身的存在价值，甚至对自己持消极评价（Peplau & Perlman，1982），Baumeister（1992）认为个体的自我需要和自我实现是生活意义的主要来源之一。由此可见，个体消极的自我认知会对其生活意义造成威胁。第二，高孤独者常常感到自己无法掌控周围事件的发展和结局（陈瑞和郑毓煌，2015），控制感的缺失让个体更倾向认为未来充满不确定性。孤独感使个体感知到未来的不确定性和改变的困难性，这使得个体对未来失去了信心和憧憬，进而对其生活意义产生了怀疑。

人类的基本需求之一是个体让自己的生活充满意义（Heine et al.，2006）。研究表明，当个体的生活意义遭到威胁时，会促使他们产生重新满足这一基本需求的渴望，进而激发其寻找生活意义的动机。当个体感知生活缺乏意义时，他们会通过全家旅行或接受挑战等行为来帮助其重新理解和寻找生活的目的和意义（Steger et al.，2008）。因此，高孤独感会激发个体产生更强烈的寻找生活意义的动机。

3.3 生活意义对怀旧消费的影响

当生活意义受到威胁时，个体较易产生怀旧倾向，因怀旧能够从两个方面帮助个体重新理解生活意义。一方面，当个体怀旧时，更容易回忆起如恋爱、第一次蹦极、毕业等具有特殊意义的经历（Wildschut et al.，2006）。这些有意义的事件不同于日常琐事，对个体也更重要。个体可以通过对这些事件的回忆而重新感知自己的存在价值和重拾生活意义（Routledge et al.，2011）。因此，当个体生活意义受到威胁时，个体会产生寻找生活意义的动机，此时他们会更倾向于怀旧，借助于回忆以往有意义的事件来重新理解生活意义。另一方面，个体的怀旧对象是那些与自己亲密的人，包括家人、朋友等。有关这些人的回忆能够让个体感受到自己是有人在乎和关心的（Wildschut et al.，2010），而使个体感知到社会支持（Zhou et al.，2008）。社会支持是生活意义的另一个重要来源（Hicks et al.，2010）。因此，当个体产生寻找生活意义的动机时，他们更倾向于进行怀旧消费，以增强其对社会支持的感知，进而重拾生活意义（Routledge et al.，2011）。由此可见，个体的生活意义受到威胁会促使个体产生怀旧偏好。带有怀旧元素的广告或产品会刺激消费者的怀旧想法，因此当消费者渴望重拾生活意义时，他们更易产生怀旧偏好，具体表现在对怀旧营销元素的偏好。

综上所述，本文提出孤独感会对个体的生活意义产生威胁，从而激发个体寻找生活意义的动机。当个体渴望重新理解和寻找生活意义时，较易产生怀旧偏好。基于此，提出如下研究假设：

H2：寻找生活意义的动机在孤独感对怀旧消费偏好的影响过程中起中介作用。

4. 研究方法

为了验证以上假设，本文设计了三个子研究。研究 1 初步探索孤独感与个体的怀旧消费偏好之间的关系；研究 2 通过对孤独感进行操纵，检验孤独感是否对个体的怀旧消费偏好产生影响；研究 3 采用不同于研究 2 的孤独感操纵方法，即通过不同的广告语文字线索，唤醒个体的孤独感知，检验 H1。同时，探索个体寻找生活意义动机在其中的中介效应，即检验 H2。

4.1 研究1

研究 1 的目的是初步探索孤独感与个体的怀旧消费偏好之间的关系（H1）。

4.1.1 实验设计与被试

本实验采用单因素组间设计，参与实验的被试为北方某大学学生，共 100 名，其中，男生 48 人。被试年龄 18~28 岁，平均 21.95 岁。这些被试被随机分配到怀旧组/非怀旧组。

4.1.2 实验流程与刺激物

首先，让被试填答一份"个人情感调查量表"来测量被试的长期孤独状态。该量表来自修正版的 UCLA 孤独感量表（Russell et al.，1984），是一份只含 10 个题项的简化版量表（Pieters R.，2013）。被试对这 10 个陈述题项进行依次评价，题项采用的是七级李克特量表（1＝非常不同意，7＝非常同意）。对于反向题项进行反转计分，最后所有题项加总平均作为孤独感变量（$\alpha=0.846$，$CR=0.848$），分值的高低代表个体孤独感的不同水平。

其次，被试阅读一则介绍虚拟相机的广告，并对产品进行评价。在怀旧组，被试看到一幅印有儿童和相机的广告图片，且图片右上角的广告语是"是否还记得儿时的我们，那是一个特别的年代，那时的我们单纯、善良、可爱、执著。过去的记忆弥足珍贵，欧派相机时刻与你相随，记录你最美的样子"。在非怀旧组，被试所看的广告上印有一幅年轻女性手拿相机的图片，且图片右上角的广告语是"活在当下，感受此时此刻的美好，用心铭记每一个现在。欧派相机时刻与你相随，为你捕捉当下的每一个幸福瞬间。抓住现在，不留遗憾。"之后，被试对所看广告的怀旧程度及购买意愿依次进行评价（Loveland et al.，2010），所有题项均采用 7 级李克特量表（1＝非常不同意，7＝非常同意）。

最后，我们收集了所有被试的人口统计信息（包括性别、年龄、受教育程度），向被试分发小礼物、表达谢意，完成了实验。

4.1.3 实验结果

首先，以怀旧感知为因变量进行方差分析，结果与预期一样，相比于非怀旧广告，怀旧广告导致被试的怀旧感更为强烈($M_{怀旧广告}=5.08$，$M_{非怀旧广告}=3.47$，$F(1, 98)=56.33$，$p<0.001$），验证了实验对怀旧的操纵是成功的。由于孤独感是连续变量，怀旧与否是分类变量。因此，本文参照（Irwin & McCleland，2001；Spiller et al.，2013）的建议使用 spotlight 方法对数据进行分析，检验孤独感和怀旧与否对购买意愿的交互影响：以购买意愿为因变量、怀旧与否（0＝非怀旧，1＝怀旧），标准化的孤独感和二者交互项为自变量进行线性回归分析。数据结果显示，孤独感和怀旧程度对购买意愿的交互效应显著，$\beta=0.587$，$t(96)=2.08$，$p=0.013$，Cohen's $d=0.38$。具体而言，孤独感并不影响被试对于非怀旧组的相机的购买意愿，$\beta=0.149$，$t(96)<1$，$p=0.42$，Cohen's $d=0.11$。而对于怀旧组的相机，孤独感对其购买意愿存在显著的正向影响，$\beta=0.438$，$t(96)=2.35$，$p=0.023$，Cohen's $d=0.43$，即越孤独的被试对怀旧产品的偏好越高。结果验证了 H1。

4.1.4 讨论

研究 1 通过测量个体的长期孤独感，验证了高孤独者比低孤独者更偏好采用怀旧广告诉求的产品，提供了孤独感与个体怀旧偏好是相关的，但研究 1 的结果不足以说明二者之间具有因果关系。此外，这一影响是否也适用于个体的临时启动的孤独感？研究 2 将对这些问题进行检验。

4.2 研究 2

研究 2 的主要目的是通过操纵被试的孤独感水平再一次验证 H1。同时，我们增加控制组以探索高孤独者与低孤独者在怀旧偏好上的差别来源，为该影响背后的心理机制提供初步证据。

4.2.1 实验设计与被试

研究 2 采用（高孤独 vs. 低孤独 vs. 控制）单因素实验设计。本次实验对象是北方某大学的 150 名本科生，删除掉 5 份操控部分填写无意义词汇的样本，得到有效样本 145 份（18～25 岁，平均年龄 20.98 岁；男性 56 人）。

4.2.2 实验流程与刺激物

本实验由两个看似不相关的任务构成，每个被试在完成实验后将获得一份小礼品。在第一个任务里，我们随机从 145 人中抽取 100 人，借鉴 Zhou 等人（2008）的操纵方法，对被试的孤独感水平进行操纵，并对被试进行单独测试，另外 45 人不作任何操控。首先，被试完成一份含 10 个题项的孤独感量表，来自于修正版的 UCLA 量表（Russell et al.，1984）。两个实验组分别进行如下操控：在高孤独组，被试回答的各个问项均加入了"有时"这样的限定词（如"我有时感到孤独"、"我有时缺少陪伴"等）。而在低孤独组，所提供的问项则是加入了"总是"这样的限定词（如"我总是感到孤独"、"我总是缺少陪伴"等）。和预期结果一样，相比于低孤独组的被试（$M=2.43$），高孤独组的被试（$M=5.69$）对于问项中的大多数都表示了同意（$F(1, 98)=142.64$，$p<0.001$）。随后，被试收到虚假反馈。高孤独组的被试被告知与其他学生相比，他们的孤独感水平是高于平均值的。对应地，低孤独组的被试得知自己的分数是比较低的，其孤独感水平是远低于平均值的。为了加强对孤独感的操纵，被试需在一张单独的纸上列出他们认为出现该孤独感分值的原因。然后，通过两个问项对被试进行操纵检验（问项分别是"现在，我觉得有点孤独"和

"这一刻，我感到很孤独"；1 = 非常不同意，7 = 非常同意）。和预期一致，操纵检验的结果显示高孤独组的参与者（$M = 5.36$）的孤独感水平要明显高于低孤独组的被试（$M = 3.89$，$F(1，98) = 13.32，p < 0.01$）。

在第二个任务里，我们采用陈欢等人（2016）在其研究二中的音乐会作为本研究的刺激物。通过不同的音乐会描述信息来操纵怀旧/非怀旧条件。在怀旧组，该音乐会的主题是"岁月留声"，广告语是"重温记忆中的歌声，讲述光阴流转的故事"。在非怀旧组，该音乐会的主题是"音海徜徉"，广告语是"捕捉跳跃的音符，编织绚烂多彩的乐章"。

开始实验之前，我们进行了两个前测。在第一个前测里（$N = 58$），被试在七分量表上评价怀旧或者非怀旧组的音乐会在多大程度上引发了自己怀旧的感觉。和预期一样，结果表明怀旧音乐会令被试的怀旧感更为强烈（$M_{怀旧音乐会} = 5.48$，$M_{非怀旧音乐会} = 3.65$，$F(1，57) = 112.09，p < 0.001$）。在第二个前测里（$N = 47$），被试评价怀旧或者非怀旧组的音乐会在多大程度上使他们产生有关孤独感的联想（1 = 完全没有，7 = 非常强烈）。结果发现，怀旧或非怀旧音乐会让被试联想到孤独感的程度没有显著差异，且两组的均值都小于 4（$M_{怀旧音乐会} = 2.01$，$M_{非怀旧音乐会} = 1.99$，$F(1，46) = 0.01，p = 0.937$）。可见，实验刺激物并不会引起被试对孤独感的联想，以排除实验情景操纵会对被试的孤独感造成影响，对实验结果产生干扰。

在正式实验中，被试将阅读这两个音乐会的描述信息，然后选择他们更愿意去的一场音乐会。接着，被试在 7 分量表上评价他们对这两场音乐会的相对喜欢程度（1 代表更喜欢非怀旧音乐会 A，7 代表更喜欢怀旧音乐会 B，4 代表两者没有区别）。最后，我们收集了所有被试的人口统计信息（包括性别、年龄、受教育程度），向被试分发小礼物、表达谢意，完成了实验。

4.2.3 实验结果

首先，音乐会选择的描述性分析结果显示：在高孤独组中，96%的被试选择了怀旧音乐会，4%的被试选择了非怀旧音乐会；在低孤独组中，60%的被试选择了怀旧音乐会，40%的被试选择了非怀旧音乐会；在控制组中，70.11%的被试选择了怀旧音乐会，29.89%的被试选择了非怀旧音乐会。进一步，以音乐会的偏好为因变量进行卡方检验，显示三组被试的选择存在明显差别，$\chi^2(2) = 22.58，p < 0.001，\phi = 0.41$。为进一步探究差异的来源，我们采用卡方分割进行两两比较。与预期一致，高孤独组的被试比低孤独组（$\chi^2(1) = 23.12，p < 0.001，\phi = 0.52$）和控制组（$\chi^2(1) = 17.32，p < 0.001，\phi = 0.43$）的被试更有可能选择怀旧音乐会，而低孤独组和控制组之间没有显著差别，$\chi^2(1) = 1.43$，$p = 0.21，\phi = 0.13$。由此可见，孤独感对音乐会选择的影响主要来自高孤独提高被试选择怀旧音乐会的概率，而不是低孤独降低被试选择怀旧音乐会的概率。

接下来，我们以音乐会喜爱程度为因变量进行方差分析。结果发现，孤独感对喜爱度的影响显著，$F(2，142) = 24.75，p < 0.001，\eta^2 = 0.25$。高孤独组的被试（$M = 5.78$）比低孤独组（$M = 4.76，p < 0.001$）和控制组（$M = 5.02，p < 0.001$）的被试更加喜欢怀旧音乐会，而控制组和低孤独组之间没有显著差异（$p > 0.1$）。这一结果与方差分析的结果高度一致。因此，H1 得到验证。

4.2.4 讨论

研究 2 通过临时启动个体的不同孤独感水平和产品的怀旧诉求,再次验证孤独感对怀旧消费偏好的影响,并证实二者之间存在因果关系。此外,我们发现高、低孤独组在怀旧消费偏好上的差异是由高孤独增强被试的怀旧偏好驱动的。这一结果为我们提出的心理机制提供了初步的支持。那么,该影响过程是否受到个体寻找生活意义动机的影响?这个问题将在研究 3 进行检验。

4.3 研究 3

研究 3 的主要目的是采取一种不同于研究 2 的孤独感启动方法,即通过不同的广告诉求来唤醒个体的孤独感,测量被试的怀旧消费偏好(H1)。同时,加入寻找生活意义动机的测量,检验寻找生活意义动机是否在该过程中起中介作用,即检验 H2。

4.3.1 实验设计与被试

研究 3 采用的是 2(孤独感:有/无)×2(怀旧与否:是/否)双因素组间设计。本次实验对象是北方某大学的 114 名本科生,在删除 2 份不完整问卷后,得到有效样本 112 份(19~25 岁,平均年龄 20.89 岁;男性 55 人)。

4.3.2 实验流程与刺激物

我们借助不同的广告诉求对孤独感进行操纵。实验在实验室中进行,实验中的刺激物是一家虚拟餐厅。表面上是让被试对所展示的餐厅图片及其广告进行评价。每一个被试被随机分配到以下四个条件中的任一个。在孤独/怀旧组的被试会看到以下关于餐厅的广告语"城市越来越大,围墙越来越多,道路越来越堵,你我越来越远。人们只在朋友圈神出鬼没,却在现实的圈子无影无踪。孤独不在一个人里面而在许多人中间。当你感到孤单的时候,不妨选择我们的餐厅。这是一间有历史味道的餐厅,在这里,你可以品尝到那些年难忘的美食,餐厅里的每个细节也会让你感到熟悉和亲切,这些美好的回忆能够帮助你找到一种心的寄托,让你不再那么孤单"。在孤独/非怀旧组的被试会看到包含"城市越来越大,围墙越来越多,道路越来越堵,你我越来越远。人们只在朋友圈神出鬼没,却在现实的圈子无影无踪。孤独不在一个人里面而在许多人中间。当你感到孤单的时候,不妨选择我们的餐厅。这是一家开业不久的新餐厅,在这里,你会品尝到各类新潮美食,除了味觉的享受,餐厅里的每个细节都彰显着现代时尚风格。让你在享受美食的同时,感受到新时代的气息,适应新生活的快节奏,让你不再那么孤单"。在非孤独/怀旧组的被试则看到"这是一间有历史的餐厅,在这里,你有机会再次品尝到儿时最难忘的美食,除了味觉的享受,餐厅里的每个细节都会让你感到熟悉和温暖。往事很难重现,这里却可以让你在享受美食的同时,尽情回味过去的美好"。在非孤独/非怀旧组的被试会阅读到以下广告语"这是一家开业不久的新餐厅,在这里,你会品尝到各类新潮美食,除了味觉的享受,餐厅里的每个细节都彰显着现代时尚风格。我们紧追新时代的脚步,让你在享受美食的同时,感受到新时代的气息"。接下来,我们通过 Steger 等人(2006)的量表来测量被试寻找生活意义的动机的程度大小。被试完成寻找生活意义动机的测量后继续进行实验。

在正式实验中,每组被试都将看到对应条件下的餐厅广告,并认真阅读给出的广告语。然后被试对孤独感、所看广告的怀旧程度、购买意愿等依次进行评价,所有题项均采用7级李克特量表(1=非常不同意，7=非常同意)。最后，我们收集了所有被试的人口统计信息(包括性别、年龄、受教育程度)，向被试分发小礼物、表达谢意，完成了实验。

4.3.3 实验结果

首先，我们进行操控检验。以怀旧感知为因变量的方差分析结果显示，怀旧广告比非怀旧广告能够让被试感受到更强烈的怀旧感($M_{怀旧广告}=5.02$，$M_{非怀旧广告}=2.95$，$F(1,110)=55.43$，$p<0.001$)。因此，我们对怀旧的操纵是成功的。以孤独感知为因变量进行方差分析，结果与预期一样，相比于非孤独组，孤独组的被试会感到更为强烈的孤独感($M_{孤独组}=4.85$，$M_{非孤独组}=2.17$，$F(1,110)=17.86$，$p<0.01$)。因此，我们对孤独感的操纵是成功的(见图1)。

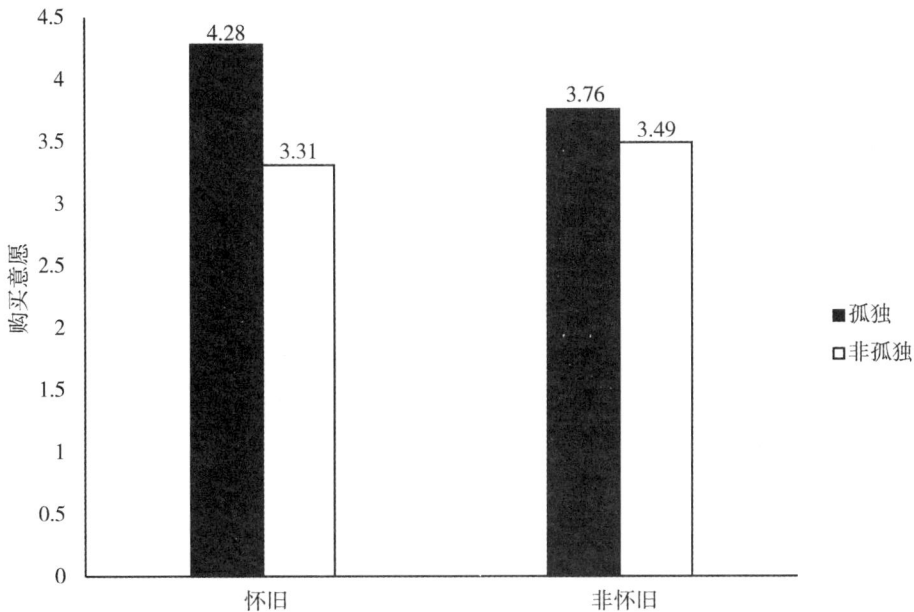

图1　孤独感和是否怀旧对消费者购买意愿的交互作用

然后，以购买意愿进行单变量方差分析，结果显示，孤独感的主效应和怀旧程度的主效应均不显著，但孤独感与怀旧程度具有显著的交互效应($F(1,108)=13.62$，$p<0.001$)。进一步简单效应分析显示，孤独感显著增加了消费者对怀旧餐厅的购买意愿($M_{孤独}=4.28$，SD$=0.85$，$M_{非孤独}=3.31$，SD$=0.79$，$F(1,108)=27.32$，$p<0.001$)，但对非怀旧餐厅并没有显著影响。本实验结果支持了H1，孤独感与怀旧程度的交互作用如图1所示。

最后，为了进一步厘清该影响机制，以寻找生活意义的动机为因变量做单因素方差分析。结果显示高孤独者比低孤独者具有更强的寻找生活意义的动机($M_{低孤独}=3.49$，$M_{高孤独}=4.68$，$F(1,110)=10.08$，$p<0.01$)。然后，我们采用Hayes(2009)的bootstrapping方法验证中介效应。我们将自变量孤独感(0=高孤独，1=低孤独)、中介变量寻找生活意义的动机、因变量怀旧消费偏好放入模型4中(见图2)，将重复测量的样本

量设为5000，置信区间设置成95%，得出相应回归系数。

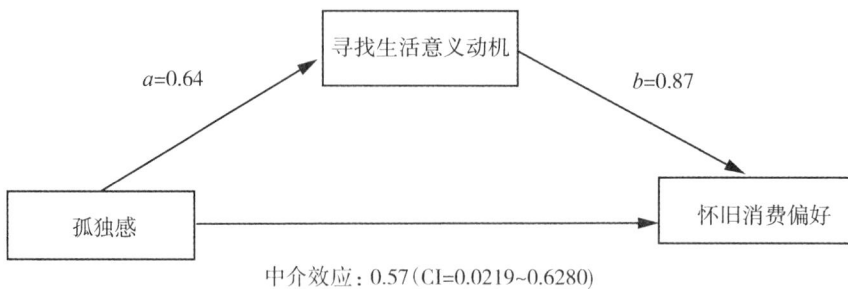

图 2　中介效应检验模型

检验结果显示，孤独感正向影响寻找生活意义的动机（$\beta = 0.64$，$t(111) = 2.13$，$p<0.05$），该动机正向影响怀旧偏好（$\beta = 0.87$，$t(111) = 3.14$，$p<0.01$）。寻找生活意义的动机在孤独感对怀旧偏好的影响所起到的中介作用效应量为 0.57，其所在的置信区间显著地偏离 0（95% CI = 0.0219~0.6280），中介效应显著。因此，H2 得到验证。

4.3.4　讨论

研究 3 通过一种新的方法，即在广告语中加入相关文字暗示来对被试的孤独感水平进行启动，验证了孤独感水平对怀旧消费偏好的影响，并通过验证中介机制揭示了该影响过程的潜在心理机制。

5. 结论与建议

5.1　研究讨论

本研究检验了孤独感对个体怀旧偏好的影响及其潜在的心理机制，并通过实验验证了孤独感会影响个体的怀旧消费偏好。具体而言，高孤独者比低孤独者具有更强的怀旧偏好，既表现为个体对采取怀旧诉求的产品产生更为积极的态度及购买意愿（研究 1、3），也表现为个体在进行产品选择时更有可能选择怀旧产品（研究 2）。在这个影响过程中，孤独感激发个体产生寻找生活意义的动机，进而增强消费者对怀旧营销的偏好。尽管本文采用了不同的孤独感操纵方法和不同的实验设计方案，但实验结果是一致的，均对研究假设给予了支持。因此，本研究为孤独感对个体怀旧偏好的影响提供了充足的实证支持。

5.2　理论贡献和现实意义

本文的理论贡献可以从以下两个方面得以体现：

第一，本文揭示了孤独感对消费者怀旧消费偏好的影响，这一发现提供了除孤独个体物质主义诉求、小众产品偏好之外的另一消费特征——怀旧消费偏好。因此，本文提供了新的证据用以说明孤独感对个体的消费行为是有影响的。这一结果表明怀旧消费也是个体为了应对高孤独感带来的消极情感体验的一种对策选择。我们的研究发现进一步补充和丰富了现有的孤独感、怀旧消费的相关文献。

第二，本研究通过检验寻找生活意义的动机的中介作用，拓展了学者解释孤独感对消费行为影响的传统思路。近年来，逐渐扩大的孤独群体吸引了营销学者的注意（Pieters，2013），然而大多数研究是以个体的依附动机为出发点，分析孤独感对个体的消费行为的影响。不同于之前的研究，我们证实孤独感并不单单激发个体的依附动机。由于孤独感让个体感知到社会孤立，进而威胁其生活意义，激发个体产生寻找生活意义的动机。怀旧可以帮助个体重新理解生活意义，因此，孤独感能够提高个体的怀旧消费偏好。

除了上述理论贡献之外，本研究无论是对个体还是对企业都有重要的现实意义。首先，已有研究证实了个体对生活意义的感知与其心理状态是紧密相关的。生活意义的缺失往往会造成个体的自我认同危机、抑郁等心理疾病。本研究提出，高孤独者缺乏生活意义，进而容易引发其心理疾病问题。怀旧消费能够帮助个体克服这种威胁，进而在一定程度上缓解孤独感对个体的心理幸福感的消极影响。因此，怀旧营销不仅是一种营销策略，而且也对高孤独者的心理健康具有重要的现实意义。其次，本研究对企业如何提高怀旧营销策略的有效性具有实践意义。当企业在制定怀旧产品的广告文案时，可以尝试在其中加入类似"城市越来越大，围墙越来越多，道路越来越堵、你我越来越远"的文字暗示，创造一个能够唤醒消费者潜在孤独感的意境，进而提高其对广告、产品的态度，进而增强其购买意愿。此外，企业应该充分重视怀旧消费的市场发展机遇，并识别出人们热衷怀旧消费的原因，从而找准目标市场，实现精准营销。很多媒体关注到年轻人怀旧的现象。80后、90后虽然年轻，却表现出强烈的怀旧倾向，他们对带有"怀旧"标签的产品/服务表现出更为积极的态度和购买意愿。本研究指出，孤独感会导致个体的怀旧消费倾向。企业应该充分意识到消费者热衷怀旧消费的一个重要的原因是他们在现实生活中的孤独感。因此，营销人员在进行市场细分时，需要对孤独的消费群体加以关注，并在营销传播中采用怀旧诉求以提升这些消费者的品牌态度和购买意向。最后，对于孤独的消费群体，企业在实行怀旧营销的同时，还可以借助社交媒体来建立与这些人的社会联系，通过线上的交流和线下的实体产品的销售，能够有效锁定这一群体，有助于企业维持稳定的市场绩效和发现新机遇。

5.3　局限性与未来研究展望

本研究也存在一定的局限性。首先，本文关于孤独感对怀旧偏好影响的研究结果可能在理论上与研究社会排斥的文献相关。近几年，也有很多学者研究社会排斥对个体消费决策的影响，如 Wan 等人（2014）探讨了社会排斥对个体的独特性消费需求的影响，刘尊礼等人（2015）则探讨了社会排斥对拟人化产品购买的影响。孤独感和社会排斥从本质上均可看成是个体归属感的缺失。因此，未来的研究可以进一步探讨孤独感对怀旧消费偏好的影响是否可能也受社会排斥的影响。

其次，本研究通过不同的孤独感操纵方法（直接测量长期孤独状态和启动临时的孤独感知）验证了这两种状态所导致的孤独感对消费者怀旧偏好有同样的影响。然而，已有研究表明，长期个性特征和短期临时状态的某些个体属性并不一定总是一致的。因此，这两种影响是否遵循同样的机制还有待进一步检验。未来的研究可以引入其他因变量进行实验，进一步验证此结论是否成立。

最后，为了保证研究结构的内部效度，本研究为实验研究。受实验条件所限，实验的样本量过低，后续研究可以扩大样本量来进一步验证。本研究所采用的实验刺激物为虚拟的产品/品牌，今后的研究可以采用真实产品/品牌来探究孤独感对怀旧偏好的影响，以提高研究的外部效度。

◎ 参考文献

[1]毕圣，庞隽，吕一林. 压力对怀旧偏好的影响机制[J]. 营销科学学报，2016，12(8).

[2]陈欢，毕圣，庞隽. 权力感知对怀旧偏好的影响机制[J]. 心理学报，2016(12).

[3]陈瑞，郑毓煌. 孤独感对不确定消费偏好的影响：新产品、产品包装和概率促销中的表现[J]. 心理学报，2015(8).

[4]刘尊礼，余明阳. 社会排斥对拟人化产品购买的影响：类社会特征的中介效应[J]. 现代管理科学，2015(7).

[5]张莹，孙明贵. 怀旧消费的形成机制与营销启示[J]. 理论探讨，2011(4).

[6]Barrett, F. S., Grimm, K. J., Robins, R. W. Music-evoked nostalgia：Affect, memory, and personality[J]. *Emotion*, 2010, 10(3).

[7]Cheung, W. Y., Wildschut, T., Sedikides, C. Back to the future：Nostalgia increases optimism[J]. *Pers Soc Psychol Bull*, 2013, 39(11).

[8]Epley, N., Waytz, A., Akalis, S., Cacioppo, J. T. When we need a human：Motivational determinants of anthropomorphism[J]. *Social Cognition*, 2008, 26(2).

[9]Hayes, A. F. Beyond baron and kenny：Statistical mediation analysis in the new millennium[J]. *Communication Monographs*, 2009, 76(4).

[10]Heine, S. J., Proulx, T., Vohs, K. D. The meaning maintenance model：On the coherence of social motivations[J]. *Pers Soc Psychol Rev*, 2006, 10(2).

[11]Heintzelman, S. J., King, L. A. Life is pretty meaningful[J]. *American Psychologist*, 2014a, 69(6).

[12]Hicks, J. A., Schlegel, R. J., King, L. A. Social threats, happiness, and the dynamics of meaning in life judgments[J]. *Personality & Social Psychology Bulletin*, 2010, 36(10).

[13]Irwin, J. R., McCleland, G. H. Misleading heuristics and moderated multiple regression models[J]. *Journal of Marketing Research*, 2001, 38(1).

[14]Kiecoltglaser, J. K., Ricker, D., George, J., et al. Urinary cortisol levels, cellular immunocompetency, and loneliness in psychiatric inpatients[J]. *Psychosomatic Medicine*, 1984, 46(1).

[15]Lastovicka, J. L., Sirianni, N. J. Truly, Madly, Deeply：Consumers in the throes of material possession love[J]. *Journal of Consumer Research*, 2011, 38(2).

[16]Loveland, K. E., Smeesters, D., Mandel, N. Still preoccupied with 1995：The need to

belongand preference for nostalgic products [J]. *Journal of Consumer Research*, 2010, 37 (3).

[17] Pieters, R. Bidirectional dynamics of materialism and loneliness: Not just a vicious cycle[J]. *Journal of Consumer Research*, 2013, 40(4).

[18]Routledge, C., Arndt, J., Wildschut, T., Sedikides, C., Hart, C. M., Juhl, J., et al. The past makes the present meaningful: Nostalgia as an existential resource[J]. *Journal of Personality & Social Psychology*, 2011, 101(3).

[19]Russell, D., Cutrona, C. E., Rose, J., Yurko, K. Social and emotional loneliness: An examination of Weiss's typology of loneliness [J]. *Journal of Personality & Social Psychology*, 1984, 46(6).

[20]Sarah, D. Pressman., Cohen, S., Miller, G. E., Barkin, A., Rabin, B. S., Treanor, J. J. Loneliness, social network size, and immune response to influenza vaccination in college freshmen[J]. *Health Psychology Official Journal of the Division of Health Psychology American Psychological Association*, 2005, 24(3).

[21] Sedikides, C., Wildschut, T., Arndt, J., Routledge, C. Nostalgia: Past, Present, and future[J]. *Current Directions in Psychological Science*, 2008, 17(5).

[22]Spiller,S. A., Fitzsimons, G. J., Lynch, Jr., J. G., Macclelland, G. H. Spotlights, floodlights, and the magic numberzero: Simple effects tests in moderated regression[J]. *Journal of Marketing Research*, 2013, 50(1).

[23] Steger, M. F., Frazier, P., Oishi, S., Kaler, M. The meaning in life questionnaire: Assessing the presence of and search for meaning in life [J]. *Journal of Counseling Psychology*, 2006, 53(1).

[24] Steger, M. F., Kashdan, T. B., Sullivan, B. A., Lorentz, D. Understanding the search for meaning in life: Personality, cognitive style, and the dynamic between seeking and experiencing meaning[J]. *Journal of Personality*, 2008, 76(2).

[25]Steger, M. F., Fitch-Martin, A., Donnelly, J., Rickard, K. M. Meaning in life and health: Proactive health orientation links meaning in life to health variables among American undergraduates[J]. *Journal of Happiness Studies*, 2014, 58(3).

[26] Van-Tilburg, W. A. P., Igou, E. R., Sedikides, C. In search of meaningfulness: Nostalgia as an antidote to boredom[J]. *Emotion*, 2013, 13(3).

[27] Wan, E. W., Xu, J., Ding, Y. To Be or Not to Be Unique? The effect of social exclusion on consumer choice[J]. *Journal of Consumer Research*, 2014, 40(6).

[28]Wang, J., Zhu, R., Shiv, B. The lonely consumer: Loner or conformer[J]. *Journal of ConsumerResearch*, 2012, 38(6).

[29]Wildschut, T., Sedikides, C., Arndt, J., Routledge, C. Nostalgia: Content, triggers, functions[J]. *Journal of Personality & Social Psychology*, 2006, 91(5).

[30]Wildschut, T., Sedikides, C., Routledge, C. Nostalgia as a repository of social

connectedness: The role of attachment-related avoidance [J]. *Journal of Personality & Social Psychology*, 2010, 98(4).

[31] Zhou, X. Y., Sedikides, C., Wildschut, T., Gao, D. G. Counteracting loneliness: On the restorative function of nostalgia[J]. *Psychological Science*, 2008, 19(10).

The Influence Study of Loneliness on Nostalgia Consumption Preference

Yang Qiang[1]   Zhang Kang[2]   Meng Lu[3]

(1, 2, 3 School of Management, Tianjin University of Technology, Tianjin, 300384)

Abstract: In order to explore the effect of loneliness on nostalgia and its mechanism of action, the experimental method was used. The study is to measure the loneliness level of the subjects through the UCLA scale, and explore the relationship between loneliness and the nostalgia consumption preference of the individual. Research two and research three used different starting methods of loneliness to verify the influence of loneliness on nostalgic preference, and examined the mediating effect of finding the meaning of life in the process. The results showed that: (1) high loneliness had a stronger nostalgic consumption preference than those with low loneliness; (2) the motive for finding life meaning played an intermediary role in the process. This study found that it further enriched the existing loneliness and nostalgic literature, and has an important practical guiding significance for the design of nostalgia marketing.

Key words: Loneliness; Nostalgia; Nostalgic consumption; Meaning in life; The motive for searching the meaning of life

专业主编：曾伏娥

新能源汽车碳排放交易机制
及车主选择行为研究[*]

● 汪挺松[1]　邢　正[2]　孙正佳[3]

(1, 2 武汉大学经济与管理学院　武汉　430072；3 深圳大学经济学院　深圳　518061)

【摘　要】本文针对新能源汽车碳排放交易机制展开研究，并对该机制下消费者的选择行为进行了深入探讨。通过构建消费者购车决策模型，对新能源汽车和常规动力汽车两种车型的购车成本进行分析，得出均衡碳价，并对消费者购车选择行为进行讨论。结果显示，若长期市场碳价期望值高于均衡碳价，高碳价带来的收益能够弥补两种车型之间成本差额，理性的消费者倾向于购买新能源汽车；反之，则倾向于购买常规动力汽车。在新能源汽车碳排放交易机制下，碳排放交易也会对消费者行车行为产生影响。因此，本文进一步构建了消费者行车选择模型，研究了不同因素对消费者行车选择的影响。结果显示，预算的增加促使消费者增加行车总里程，同时，尽可能买入碳排放额以满足私家车的使用意愿，增大私家车的里程占比；强烈的用车倾向和较高的初始碳配额也能产生类似的效果，并且对新能源汽车车主的影响更大。

【关键词】新能源汽车 个人碳排放交易机制 购车模型 行车模型
中图分类号：F540.4　　　　　文献标识码：A

1. 引言

近年来，能源相对短缺和自然环境恶化等问题愈发严重，大力推广和使用新能源汽车已经成为我国实现节能减排和经济改革目标的重要战略决策。自 2009 年以来，国家出台了一系列扶持新能源汽车产业的政策和措施，而且在多个城市，新能源汽车还享受快速上

　* 基金项目：2016 湖北省技术创新专项软科学研究类项目"以互联网技术和碳排放交易促进湖北省新能源汽车产业发展的新商业模式研究"（2016ADC072）；国家自然科学基金面上项目"集装箱码头前沿区域的集成调度及碳税对港区碳排放的影响研究"（71771180）；本文为武汉大学自主科研项目（人文社会科学）研究成果，得到"中央高校基本科研业务费专项资金"资助；深圳大学人文社科青年扶持项目（85202-00000538）。

　通讯作者：邢正，E-mail：xzbestone@ whu. edu. cn.

牌、不限行等政策优惠。在持续政策合力推动下，我国新能源汽车产业快速发展，2009—2015 年累计产量达到 49.7 万辆，2016 年产量新增 51.2 万辆，市场规模位居世界第一。但随着新能源汽车生产技术的日益成熟和市场推广成效的逐渐显现，新能源汽车推广过程中对补贴的过度依赖和"骗补"问题也暴露出来。财政部、科技部、工业和信息化部、发展改革委联合下发的《关于 2016—2020 年新能源汽车推广应用财政支持政策的通知》规定，除燃料电池汽车外其他车型补助标准适当退坡，其中，2017—2018 年补助标准在 2016 年基础上下降 20%，2019—2020 年补助标准下降 40%，2020 年后补贴将全面退出。一次性补贴既不可持续，又暴露出了诸多问题，而个人碳交易(personal carbon trading，PCT)能够充分发挥市场作用，为低碳排放者提供持续长久的收益，同时也解决了过度依赖补贴和"骗补"等问题。在个人碳交易机制下，每个消费者都会得到一定的碳排放额，未使用的部分可以出售以获利(陈红敏，2014)。在政府补贴取消之后，如何通过个人碳排放交易来推动新能源汽车产业的发展成为一个重要研究课题。在碳排放交易机制下，碳排放交易也会对消费者的购车和行车行为产生影响。而现有文献对此研究甚少，且主要集中在能源选择上。因此，对实施碳交易后消费者购车和行车选择情况进行进一步研究也很有必要。

本文针对新能源汽车碳排放交易机制以及该机制下消费者购车行车选择进行研究，具有以下理论价值和社会意义：①激发消费者低碳减排的积极性，实现保护环境的目的；②实现财富再分配，促进新能源汽车的进一步推广和使用；③充分利用市场对资源的配置作用，将政府从政府补贴和市场推广中解放出来，降低了成本，有利于节省开支以改善民生；④为政府合理调节相关影响因素提供参考，有利于增强减排约束力以及达到低碳和缓解交通压力的目的。

全文研究主要包括以下内容：第 2 部分对相关文献从三个方面进行梳理；第 3 部分提出新能源汽车碳排放交易机制，对其运营方式进行详细阐述；第 4 部分构建消费者购车选择模型和行车选择模型；第 5 部分利用软件 Matlab 2016b 对其进行数值分析，得到均衡碳价和不同因素对消费者行车选择的影响状况；第 6 部分结合上面的分析，对全文进行总结。

2. 文献综述

目前，我国新能源汽车的推广主要依靠政府补贴，而这一方式作用有限又不可持续。个人碳排放交易作为替代政府补贴的有效方式，为本文新能源汽车碳交易体系的建立提供了理论基础。受到个人碳交易的影响，消费者的消费习惯和消费行为也会相应发生变化。因此，本文从新能源汽车补贴推广方式、个人碳排放交易理论、碳交易对消费者的影响三个方面对相关文献进行了梳理。

在新能源汽车的推广方式和补贴政策方面，Panos Lorentzaiadis 等人(2011)通过建立基于以旧换新政策的数学模型，分析了新能源汽车对传统汽车的替代作用，并得到最优补贴水平。张海斌等人(2015)利用多 Agent 方法，考虑新能源汽车销售企业之间的行为外部性，基于销售回馈契约研究了政府补贴力度对企业汽车销量的影响，得出动态补贴模式优于静态补贴模式的结论。范如国等人（2017）构建了与中央政府补贴、新能源汽车成本、消费者初始效用等因素挂钩的地方政府最优补贴模型，得到了不同条件下地方政府的最优补贴政策。Lulu Shao(2017)对完全垄断和双头垄断两种市场结构下，对补贴激励计划和价格折扣激励计划分别建模，利用纳什均衡得出政府应根据电动汽车的单位环境影响调整补贴政策和补贴对象，寻求环境的可持续发展。

在个人碳排放交易的理论研究方面，Fleming(1997)于20世纪90年代率先提出国内可交易配额(Domestics Tradable Quotas, DTQs)概念，建议根据英国能源消费状况设置碳排放总配额，按照一定比例免费分配给个人，并允许交易碳排放配额。随后，Fawcett (2010)提出了个人碳配额方案，覆盖所有家庭能源消耗和个人交通碳排放，并认为随着国家碳预算的减少，个人碳配额也应该随之减少，以达到减排目的。这两种方案都要求设立专门的碳账户，人们在购买能源时，必须使用账户中的碳排放额来抵扣所购能源的碳排放额。Niemeier(2008)提出的家庭碳交易(Household Carbon Trading)方案仅覆盖家庭能源的使用，利用已有的家庭能源账户系统，大大降低了系统复杂度和运营成本。杨选梅等人(2010)利用多元线性回归讨论了家庭消费活动与碳排放之间的关系，得出了家庭碳排放量的显著影响因素，并总结出一套适合中国国情的碳排放系数。李健等人(2014)提出了基于"碳币"的个人碳交易机制，覆盖家庭能源消耗和交通等方面。Yao Li 等(2017)提出了个人汽油许可证交易方案，通过构建一般效用优化模型，利用 Slusky 价格效应分析价格变化对许可证需求的影响。L. I. Guzman & A. Clapp(2017)将个人碳交易中技术、行为和市场机制进行整合，提出了以手机应用程序和多功能碳信用卡为基础的"碳-健康-储蓄"个人碳体系，该体系与人们近期活动的优先程度紧密相关并能及时获得反馈。

在碳交易对消费者的影响研究方面，Alberto M. Zanni 等人(2013)通过分析人们面对碳税和碳交易时的两阶段反应，得出二者对消费者出行和能源消费均有一定影响，且个人碳交易对环保意识较高的人群影响更大。Charles Raux 等人(2015)分别研究了碳税和个人碳交易对人们出行的影响，得出碳交易可以有效地改变旅行行为，从而减少个人旅行的运输排放，但二者的有效性并无显著差异。李军等人(2016)以消费行为理论和效用理论为基础，建立了个人碳交易体系下消费者能源消费选择模型，研究了市场均衡状态下碳价对消费者能源消费的影响。Jun Li 等人(2015)提出了个人碳交易下的均衡模型，利用消费者剩余价值理论分析了引入个人碳交易制度后消费者的福利变化，并对消费者转变为低碳生活方式的临界条件进行了研究。Jin Fan 等人(2016)以动态规划为手段求解能源消费模型，得到碳价越高碳交易活动越活跃，但随着碳排放率增大，能源消费和消费者碳排放交易活动会受到抑制的结论。

现有文献虽然对新能源汽车的补贴政策进行了深入研究，但在政府补贴即将退出的背景下，其理论价值和指导作用已经大幅下降。现有个人碳交易体系架构复杂，运营成本很高，对于新能源汽车领域并不具有针对性，难以实现对新能源汽车车主进行补贴的目的。另外，碳排放交易对消费者影响方面的研究很少，且主要集中在能源选择上，并未涉及消费者的购车和行车选择行为。并且现有文献在进行能源选择研究时，只是简单假设低收入人群是碳排放额的供给方，高收入人群是碳排放额的需求方，未考虑到低收入人群并不一定都是碳排放额的出售者，也有可能买入碳排放额以满足消费需求，高收入群体反之。针对以上研究不足，本文提出了新能源汽车碳排放交易机制，综合考虑消费者用车成本和该机制下碳交易成本与收益情况，建立消费者购车与行车选择行为模型，对均衡碳价的意义和初始碳配额、用车倾向性等因素对不同预算人群行车行为影响进行了深入研究。

本文的创新之处体现在以下三点：第一，将个人碳交易聚焦于交通领域，提出了汽车领域的个人碳交易机制，丰富了个人碳交易理论；第二，提出了均衡碳价的两种计算方法；第三，打破了前人"高收入者买入碳，低收入者卖出碳"的传统假设，模型更具现实意义。

3. 新能源汽车碳排放交易机制

新能源汽车碳排放交易机制包含覆盖范围、参与者、碳配额分配方案、碳排放量测算方式、碳排放交易平台、运营方式等几个部分。在新能源汽车碳排放交易机制中，每位车主都会获得一定的初始碳配额。碳排放额是可交易的，高碳排放群体需要在市场上购买超出碳配额的部分，而碳消费水平较低的个人或组织则可以出售富余的配额以获取收益。该机制充分利用市场作用，不仅实现了给予低碳排放者补贴的目的，还将政府从高额购车补贴中解放出来，降低了成本。

3.1 覆盖范围

由于新能源汽车碳排放交易机制实施的目的是控制碳排放总量，实现高碳排放群体和低碳排放群体之间的转移支付，变相给予新能源汽车车主补贴。因此，覆盖范围为实施该碳排放交易机制的地区内，包含新能源汽车、常规动力汽车在内的所有机动车辆。

3.2 参与者

新能源汽车碳排放交易机制的参与者有车主或组织、政府和碳排放交易中心。

在新能源汽车碳排放交易机制中，机动车车主或组织是碳排放交易的主体，碳排放交易中心提供交易的平台和技术、管理支持，政府起监督、协调的作用。对于出租车和公交车驾驶员来说，他们对车辆并无所有权和管理权。因此，其碳排放的管理和交易由相应的出租车公司和公交车公司来完成。

在碳排放交易市场中，无论是新能源汽车车主还是常规动力汽车车主，都可能出现实际碳排放量高于或低于碳配额的情况。因此，他们都有可能买入或卖出碳排放额以满足自身行车需要或利用市场碳价波动以盈利，成为买方或卖方。政府和碳排放交易中心会根据市场上碳额的供需情况和碳价水平，买入或卖出碳额以维持市场相对稳定。因此，政府和碳排放交易中心既是买方又是卖方。

3.3 碳配额分配方案

合理的碳配额分配方案对低碳减排目标的实现和碳交易的有序进行具有重要影响。碳排放总配额包含个人碳排放配额、交易预留配额和政府调节配额，且

碳排放总配额＝个人碳排放总配额＋交易预留配额＋政府调节配额

碳配额分配方案如下：

1. 碳排放总配额

应根据拟实行个人碳排放交易机制地区的经济发展状况和能源碳排放总量，结合发展规划，制定地区机动车碳排放总配额。例如，湖北省机动车碳排放总配额可以通过预测下年交通运输业 GDP 总量，根据减排计划预估单位 GDP 碳排放量，求二者的乘积获得。

2. 个人碳排放总配额

个人碳排放总配额是分配给每位车主的年碳排放配额之和，结合地区碳减排计划和市场状况进行分配。根据车的种类和用途，分配每个人的年碳排放配额有所差别，如私家车、出租车、公共汽车、货车、卡车等不同种类车辆的碳配额不同，公共汽车、货车等根据其车型大小也有所区别，但不同车型的私家车配额没有差别。根据外部性理论，每个人的初始消费排放权应该相等，否则会对他人产生净外部危害。因此，本文假设不同车型的私家车主享有等量的初始碳配额，并且与拥有的私家车数量无关。另外，对于公共交通车辆，碳配额的分配应当有适当政策上的优惠。

3. 交易预留配额

由于车主买卖碳配额的时间和数量具有很大随机性，很有可能出现碳交易市场碳额不足，无法交易的状况。交易预留配额是分配给碳排放交易中心的那部分配额，保证了碳排放交易活动的正常有序进行。其数额由政府根据预估的市场需求和交易状况决定。

4. 政府调节配额

碳配额交易市场的大量投机行为和异常交易都有可能导致碳配额的紧缺和碳价的剧烈波动。政府调节配额可以缓解"碳荒"、碳价剧烈波动等问题，起到市场调节作用。其数额等于碳排放总额减去个人碳排放配额和交易预留配额的部分。

3.4 碳排放量测算方式

碳排放量测算的方式有两种：一种是当车辆年检时（或定期），由车管所记录下汽车的里程数，数据自动同步进入碳排放交易平台。采用这种方式，车管所工作人员同时观察车辆的状态，如果车辆老化，耗油严重，则可以适当上调碳排放系数。另一种是安装一种特制的车载碳排放记录器，将数据实时上传至碳排放交易平台。碳排放交易平台获得数据后，通过代入公式计算得到实时碳排放量，并将实时碳排放量与车主初始碳配额比较，得出车主的碳排放状态。车主根据当前的碳排放状态，在碳排放交易平台上进行碳排放额的交易。

碳排放系数的含义是该车型平均每公里排放的碳量，单位是 $kg\ CO_2/km$。计算方法为通过测算该车型平均每公里消耗能源的量，再将这部分能源转化为二氧化碳量。

实时碳排放量的计算方法为

$$实时碳排放量 = (当前汽车里程数 - 初始里程数) \times 碳排放系数$$

3.5 碳排放交易平台

碳排放交易平台是买卖双方进行碳排放额交易的电子平台，包括网页、电脑客户端、手机客户端等多种形式，由碳交易中心负责开发、维护和运营。碳排放交易平台不仅是碳排放交易的载体，还是政策公布的手段、市场信息获取的渠道、咨询服务提供的窗口。目前，北京、上海、天津、深圳、武汉等地已经建立了碳交易中心和碳排放交易平台。未来，新能源汽车碳排放交易平台作为碳排放交易平台的重要组成部分，由碳交易中心统一运营。

3.6 运营方式

新能源汽车碳排放交易机制的交易过程如图1所示：

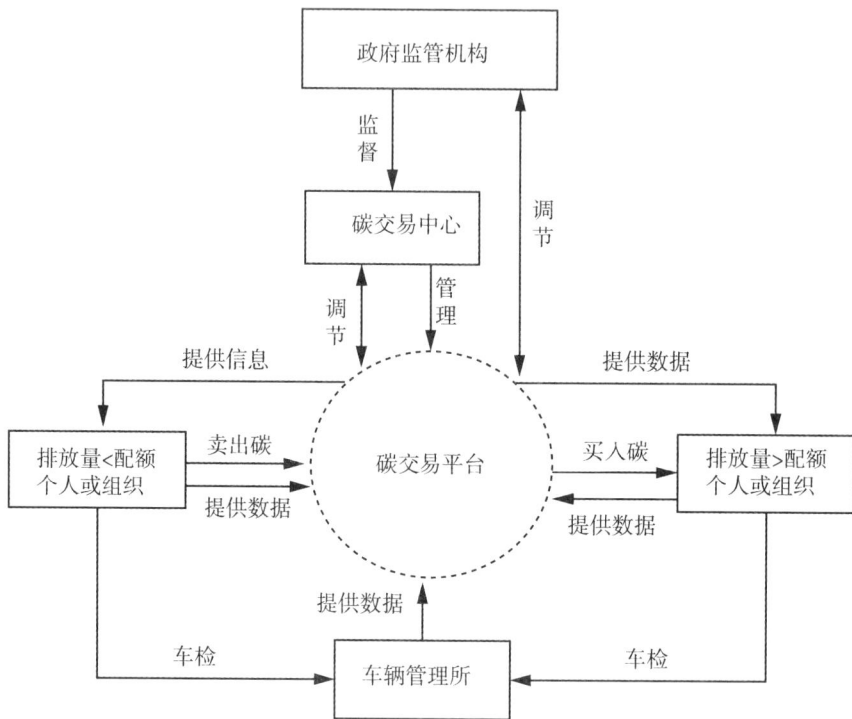

图1 碳排放交易过程示意图

每个碳排放交易周期(通常为一年)开始后，每位车主或组织都会获得碳配额。在碳排放交易周期任何时候，车主都可以根据自己碳配额的使用情况，在碳排放交易平台上进行买卖操作。碳排放交易中心和政府可以对每笔碳交易收取一定量的手续费，从而支付运营成本和前期投入，也为盈利提供了可能性。

在碳排放交易周期的末期，如果实际碳排放量高于可用的碳配额总量(包含初始碳配额和购买的碳排放额)，车主或组织都必须将差额部分补齐，否则车辆不允许通过年检。如果可用的碳配额总量高于实际碳排放量，则超出部分可以继续出售或者保留至下一碳排放交易周期。

在整个碳排放交易过程中，碳排放交易中心需加强内部管理和交易平台的维护，保证交易体系的正常运营。政府要注重监督，防止贪污腐败和寻租现象的发生。如果在某个时期持续出现"碳荒"或碳价过低的情况，那么碳排放交易中心和政府监管部门应及时排查异常的原因，通过制止不正常交易、向市场投放或购买碳等手段来维持市场相对稳定。

4. 消费者购车和行车选择模型

4.1 消费者购车选择模型

由于碳交易会使低碳排放者通过出售富余碳配额增加收入，这将对消费者在新能源汽车和常规动力汽车的购买选择上产生影响。为了分析和计算的方便，下文研究的新能源汽车仅指纯电动汽车，研究周期为其生命周期，并假设新能源汽车和常规动力汽车有相同的生命周期。

未实行碳交易时，常规动力汽车在其生命周期内的总成本为：

$$C_c = C_{bc} + C_{fc} + C_{mc} + C_{oc} \tag{1}$$

其中，C_c 为总成本，C_{bc} 为购置成本，C_{fc} 为燃油成本，C_{mc} 为维护成本，C_{oc} 为其他成本。

新能源汽车在其生命周期内的总成本为

$$C_n = C_{bn} + C_{en} + C_{mn} + C_{on} \tag{2}$$

其中，C_n 为总成本，C_{bn} 为购置成本，C_{en} 为电力成本，C_{mn} 为维护成本，C_{on} 为其他成本。

购置成本包含裸车价格和购置税，能源成本(燃油成本、电力成本等)指汽车生命周期内的能源费用，维护成本包括养护和维修费用，其他成本包括上牌、年检费用、车船使用税以及相关保险等。一般情况下，具有相同效用时，新能源汽车的购置成本和维护成本高于常规动力汽车，并且总成本 $C_n > C_c$。

实施碳交易之后，由于碳排放额的交易给低碳排放者带来了额外的收益，给高碳排放者带来了附加的支出。因此，常规动力汽车和新能源汽车的成本变为：

$$C_c' = C_c + P_i \cdot |z_c| + P_c \cdot z_c \tag{3}$$

$$C_n' = C_n + P_i \cdot |z_n| + P_c \cdot z_n \tag{4}$$

z 表示碳排放额的交易量，$z>0$ 代表卖出碳排放额，$z<0$ 代表买入碳排放额。这里的 z 值可以是消费者碳排放交易额的预期值或者碳排放交易市场买入或卖出碳排放额的均值。P_i 是单位碳交易量的手续费，P_c 表示碳价。

当 $C_c' = C_n'$ 时，可以获得均衡碳价

$$P_c^* = \left| \frac{C_c - C_n + P_i \cdot (|z_c| - |z_n|)}{z_n - z_c} \right| \tag{5}$$

当 $P_c > P_c^*$ 时，$C_n' > C_c'$，即新能源汽车成本较低，理性的消费者更倾向于选择新能源汽车。当 $P_c < P_c^*$ 时，$C_n' < C_c'$，即常规动力汽车成本较低，理性的消费者更倾向于选择常规动力汽车。

但是，消费者的碳排放交易额往往是难以预期的，由于碳排放交易市场信息不完备，买入或卖出碳排放额的均值也是不可获得的。因此，采用预估碳排放交易额这种方法存在

一定难度，可以采用考查车辆生命周期碳总排放量的方法求得均衡碳价。

Ψ_c 表示生命周期内常规动力汽车总碳排放量，Ψ_n 表示生命周期，新能源汽车总碳排放量。当总碳排放量差额的价值等于成本差值时，存在均衡碳价。即当 $P_c \cdot \mid \Psi_c - \Psi_n \mid = \mid C_n - C_c \mid$ 时，有

$$P_c^{**} = \left| \frac{C_n - C_c}{\Psi_c - \Psi_n} \right| \tag{6}$$

当 $P_c > P_c^{**}$ 时，总碳排放量差额的价值足以弥补成本差值，理性的消费者更倾向于选择新能源汽车。当 $P_c < P_c^{**}$ 时，总碳排放量差额的价值不足以弥补成本差值，理性的消费者更倾向于选择常规动力汽车。

在国家对新能源汽车的市场推广进行大力扶持的大背景下，均衡碳价的得出对于政府初始碳价的设置具有重要意义。为了促使消费者选择购买新能源汽车，政府应使初始碳价高于均衡碳价。尽管碳价是由市场决定的，而且是波动的，但是政府可以通过设置最低限价、碳价较低时大量购入碳排放额等方法避免碳价长期处于较低水平。

如果消费者预期在一个较长周期内，碳的平均价格高于均衡碳价，即消费者使用新能源汽车的成本低于常规动力汽车，那么消费者就会倾向于购买新能源汽车。也就是说，只要碳价水平和其他条件的设置比较合适，新能源汽车碳排放交易机制同样能起到其他补贴政策的效果，推动新能源汽车的推广和使用。

4.2 消费者行车选择模型

在新能源汽车碳排放交易机制下，碳交易行为会使车主发生额外支出或收益，从而对私家车的使用产生一定影响。本文在满足基本出行需求和预算、碳配额约束的情况下，以一年为周期，进一步讨论两类车主对于私家车和公共交通的行车里程选择情况。本文所使用的决策变量和符号如表1所示。

表1 决策变量和符号

决策变量		符号和参数	
x	新能源汽车年行驶里程(km)	P_x	新能源汽车每千米成本(元/km)
y	常规动力汽车年行驶里程(km)	P_y	传统动力汽车每千米成本(元/km)
g	公共交通年里程(km)	P_g	公共交通每千米成本(元/km)
z	碳排放额交易量(kg CO_2)	P_i	单位碳交易手续费(元/kg CO_2)
符号和参数		P_c	碳价(元/kg CO_2)
a	舒适度比例系数	I	预算额(元)
k_1	必要出行需求(km)	C_x	新能源汽车每千米碳排放量(kg CO_2/km)
k_2	灵活出行需求(km)	C_y	传统动力汽车每千米碳排放量(kg CO_2/km)
ω	初始碳配额(kg CO_2)		

这里假设，碳排放交易市场是一个完全竞争完全信息的市场，不存在政府最低限价，且所有消费者都是充分理性的，完全从经济利益和效用最大化的角度出发进行行车选择决策。

4.2.1 新能源汽车车主的行车选择模型

对新能源汽车车主来说，乘坐私家车和采用公共交通带来的舒适度是不同的。新能源汽车车主以效用最大化为原则进行行车里程选择决策，其总效用由新能源汽车的行驶里程和公共交通的里程来决定。在碳排放交易市场上，新能源汽车车主的交易决策受到消费预算、必要行车需求、碳配额等因素的约束。因此，新能源汽车车主的行车选择模型可以表示为：

$$\text{Max } Obj = a \cdot x + g \tag{7}$$
$$\text{s.t. } P_x \cdot x + P_g \cdot g + P_i \cdot |z| - P_c \cdot z \leqslant I \tag{8}$$
$$x + g \geqslant k_1 \tag{9}$$
$$x + g \leqslant k_1 + k_2 \tag{10}$$
$$C_x \cdot x + z \leqslant \omega \tag{11}$$

公式(8)表示行车和碳交易产生的所有费用要在总预算之内。$P_x \cdot x + P_g \cdot g$ 为新能源汽车车主在新能源汽车和公共交通上的支出；z 可为正也可为负，为正时表示卖出碳排放额，为负时表示买入碳排放额；$P_i \cdot |z|$ 为买卖碳排放额的手续费支出；当 $z > 0$ 时，$P_c \cdot z$ 为卖出碳排放配额的收入，当 $z < 0$ 时，$P_c \cdot z$ 为购买碳排放配额的支出。新能源汽车车主的行车需求分为刚性行车需求和灵活行车需求。公式(9)和公式(10)表示使用私家车和公共交通的总里程要保证满足刚性行车需求，又要在一定的里程约束之内。公式(11)表示碳约束，$C_x \cdot x$ 为行驶里程 x 消耗的能源所对应的二氧化碳排放量。当 $z > 0$ 时，公式(11)表示消费者实际碳排放量要小于初始碳配额与卖出的碳排放额之差；当 $z < 0$ 时，公式(11)表示消费者实际碳排放量要小于初始碳配额与买入的碳排放额之和。需要注意的是，当消费者采用公共交通，如乘坐公交车时，产生的碳排放由公交公司清缴，不消耗消费者的碳配额。

4.2.2 常规动力汽车车主的行车选择模型

与新能源汽车车主行车选择模型类似，常规动力汽车车主的行车选择模型如下所示：

$$\text{Max } Obj = a \cdot y + g \tag{12}$$
$$\text{s.t. } P_y \cdot y + P_g \cdot g + P_i \cdot |z| - P_c \cdot z \leqslant I \tag{13}$$
$$y + g \geqslant k_1 \tag{14}$$
$$y + g \leqslant k_1 + k_2 \tag{15}$$
$$C_y \cdot y + z \leqslant \omega \tag{16}$$

该模型中各约束条件表示含义与新能源汽车行车选择模型类似，这里不再赘述。

5. 数值分析

5.1 基于成本核算的均衡碳价

通过对"汽车之家"官网数据进行采集分析发现，"别克英朗 2017 15N 自动精英型"和

"比亚迪 秦 2017EV300 精英型"分别在常规动力汽车和新能源汽车中市场关注度最高，且月销售量排在前列。因此，本文选取它们作为两种车型的代表进行均衡碳价的估算。

根据特斯拉实验室数据，常规动力汽车平均每百千米耗汽油 10.5L，纯电动汽车平均每百千米用电 17kW/h。采用热值转换法，可得 1L 汽油完全燃烧释放的能量等价产生 2.3kg CO_2，1kW/h 电的能量等价产生 0.785kg CO_2。假设汽油平均价格为 6.6 元/升，电价为 0.56 元/kW·h。由上述数据可计算得到：

$$P_x = 0.095 \text{ 元/km} \qquad P_y = 0.693 \text{ 元/km}$$
$$C_x = 0.133 \text{ kg/km} \qquad C_y = 0.242 \text{ kg/km}$$

纯电动汽车的维护成本包括保养费用和电池更换成本。但根据厂商政策，"比亚迪秦"电动车在购车后享受终身电芯质保，即使由于电芯损坏或者电池使用过久导致实际容量下降等原因需要更换电池，也不产生额外费用。其他成本中，必要支出包括年检费用、上牌费用、车船使用税、交通事故责任强制保险，商业保险选取了第三者责任险、车辆损失险、全车抢盗险。假设汽车生命周期为 10 年，行驶里程为 20 万千米，且生命周期内不发生重大交通事故，所有车辆维修的费用都在保险覆盖范围之内，不考虑时间价值，则其各项成本如表 2 所示：

表 2　　　　　　　　　　两种汽车车辆生命周期内各项成本　　　　　　　　（单位：元）

	购置成本		能源成本	维护成本		其他成本	
	裸车	购置税		保养费用	电池更换	必要支出	商业保险
比亚迪秦 2017EV300	235900	15122	19000	30000	—	10900	37339.5
别克英朗 201715N	126900	8135	138600	23000	—	10720	25097.4

采用车辆生命周期碳总排放量考察法，代入公式（6），得到 $P_c^{**} = 0.725$ 元/kg CO_2。也就是说，只要碳交易市场碳价的期望值大于 0.725 元/kg CO_2，就会对新能源汽车的推广和使用起到促进作用。需要说明的是，此例仅是为了简单演示计算方法和步骤，更为科学地获取均衡碳价需要综合考虑市场上所有汽车的价格和能耗参数、研究区域内常规动力汽车和新能源汽车的数量和比例、能源价格的变动情况等诸多因素。

5.2 不同因素对消费者行车行为影响分析

5.2.1 参数与定义

除上面已定义的参数，下面对其他参数和概念进行说明。假设消费者采用公共交通时，平均每次行程为 5 千米，花费 2 元，则 $P_g = 0.4$ 元/km。其他参数数值为 $P_i = 0.06$ 元/kg CO_2，$k_1 = 10000$ km，$k_2 = 6000$ km，考察周期为一年。

消费者行车需求的满足会极大程度上受到预算的制约。根据偏好理论，消费者的用车倾向性在一定程度上会影响消费者的行车选择行为。对不同的消费者来说，即使预算相差无几，不同的用车倾向性也会产生不同的行车选择。初始碳配额是新能源碳排放交易机制的关键因素之一，其数额的高低与消费者碳交易额密切相关。初始碳配额的变化会导致消费者交易碳带来的支出或收益发生改变,进而引起预算的相对变化,影响消费者的行车选择。基于上面的分析,本文选取预算、用车倾向性、初始碳配额三个因素对消费者行车行为的影响展开研究。

当仅使用私家车时,如果车主的预算仅勉强满足必要出行需求,则称该车主属于低预算人群;如果车主预算可以满足必要出行需求和碳交易费用,但无法覆盖所有出行需求和碳交易费用,则称该车主属于中预算人群;如果车主预算能够完全满足所有出行需求和碳交易费用,则称该车主属于高预算人群。

对消费者来说,私家车环境更舒适、使用更方便,但由于新能源汽车存在马力不高、加速时间长、续航里程较短、维护成本较高等不足,我们约定,当 $a = 1.2$ 时,称新能源汽车车主相对于采用公共交通,对使用新能源汽车具有一般倾向性。同样的,由于常规动力汽车不存在上述不足,约定当 $a = 1.6$ 时,对常规动力汽车车主来说,相对于采用公共交通,对使用常规动力汽车具有一般倾向性。当 $a = 4$ 时,两种车主都对使用私家车具有强烈倾向性。

新能源汽车碳排放交易机制实行的重要目的之一在于实现新能源汽车车主和常规动力汽车车主之间的转移支付,使新能源汽车消费者有机会通过出售多余的碳排放额,获得额外收入。在新能源汽车碳排放交易机制中,行车里程的不确定性导致了碳配额和实际碳排放额之间差额大小不确定,两种类型的车主均有可能买入或卖出碳排放额。由上述数据得知,仅采用私家车时,满足新能源汽车车主所有行车需求的碳排放额并不一定可以满足常规动力汽车车主的必要出行需求。我们规定,若仅使用私家车,初始碳配额能够满足新能源汽车车主的必要出行需求,但不能完全满足所有出行需求时(此时必然无法满足常规动力车主的必要出行需求),称该初始碳配额为适当的碳配额;若初始碳配额能够勉强满足常规动力汽车车主必要行车需求,但不能完全满足所有出行需求时(此时必然满足新能源汽车车主的所有出行需求),称该初始碳配额为充足的碳配额。

5.2.2 预算对消费者行车选择的影响

当消费者对使用私家车具有一般倾向性,初始碳配额为适当碳配额时,不同预算的新能源汽车车主和常规动力汽车车主的行车选择和碳排放交易情况如图2和图3所示。图中横轴表示市场碳价,左纵轴表示行车里程,右纵轴表示碳排放交易额。

当预算较低时,两种消费者都选择通过卖出一定量碳排放额获得收入,以保证满足行车里程的需要。此时,作为碳排放交易市场中碳排放额的供给方,随着碳价的提高,两种消费者都选择减少碳排放额的卖出量,同时增加私家车的行车里程。这与传统的经济学理论是矛盾的,但可以通过价格效应来进行分析。当碳价升高时,低预算的消费者更倾向于出售碳排放额来获取额外收入,进而增加对私家车的投入;但私家车行车里程的增加会产生更多的碳排放,消费者会预留一部分碳排放额以应对实际碳排放额的增加。碳排放额作为一种特殊的商品,其收入效应为正,替代效应为负,且收入效应的绝对值大于替代效应的绝对值,因此价格效应为正。综合这两个方面的因素,用于出售的碳排放额反而因为碳价的提高而减少。

当预算适中时,如图2(b)所示,由于新能源汽车相对公共交通,单位成本更低,舒适度更高,当碳价水平相对较低时,消费者会买入一定量的碳排放额,以保证私家车的使

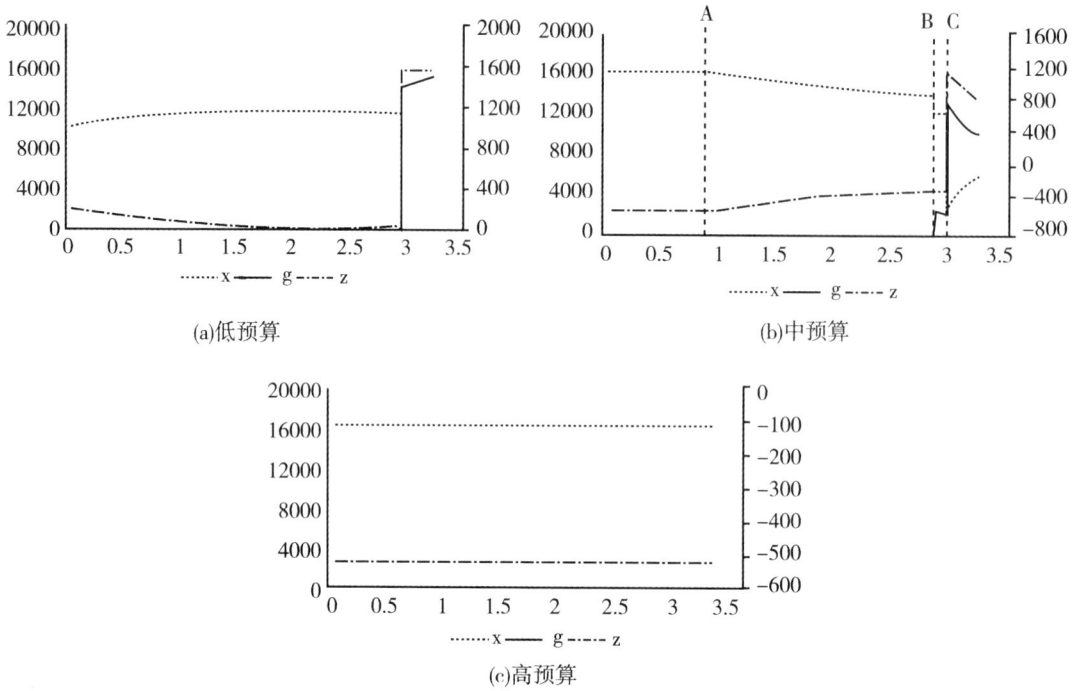

(a)低预算

(b)中预算

(c)高预算

图 2　不同预算下新能源汽车车主的行车选择

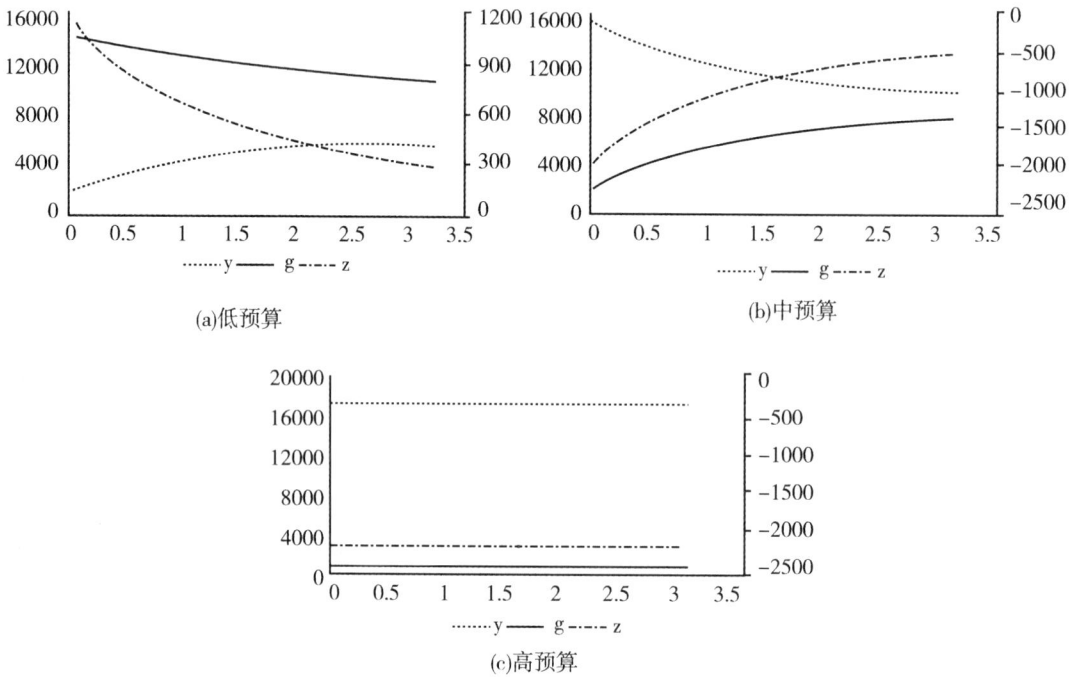

(a)低预算

(b)中预算

(c)高预算

图 3　不同预算下常规动力汽车车主的行车选择

用。在 A 左侧，由于预算相对充足，行车里程达到上限，碳排放交易额保持稳定。随着碳价的提高，买入的碳排放额减少，私家车的行车里程下降。当碳价提高到某一水平 B 时，原有预算已无法维持 B 处的效用水平，于是采取不买入碳排放额、减少私家车使用、少量使用公共交通的策略。此时，预算出现了一定的剩余，直到 C 处完全用尽，在 C 处行车选择情况发生突变，之后又重复了上述过程。区别在于，新的过程中卖出的碳排放额变相增加了消费者的预算，曲线呈现出了新的特点。对常规动力汽车车主来说，碳排放额为正常品，碳价越高，消费量越少，私家车的行驶里程下降。

当预算较高时，碳排放额的价格弹性很小，基本为零。在一定范围内，无论碳价怎么变动，消费者都会购入实际碳排放额与初始碳配额的差额部分，实现自己使用私家车的愿望，并且满足所有的行车需求。

从横向上分析，对新能源汽车车主来说，总体上，随着预算的提高，消费者的行车总里程有所增加，消费行为实现了从卖出碳排放额以保证行车需求到买入碳排放额以满足私家车使用意愿的转变。对常规动力汽车车主来说，随着预算的提高，公共交通里程的占比不断下降，私家车的行驶里程不断增加，消费行为也实现了这种转变，且买入的碳排放额稳步增加。

5.2.3 用车倾向性对消费者行车选择的影响

当消费者对使用私家车具有强烈倾向性，初始碳配额为适当碳配额时，消费者的行车选择和碳排放交易情况如图 4、图 5 所示。各分图代表的人群和坐标轴的含义与图 2、图 3 一致。

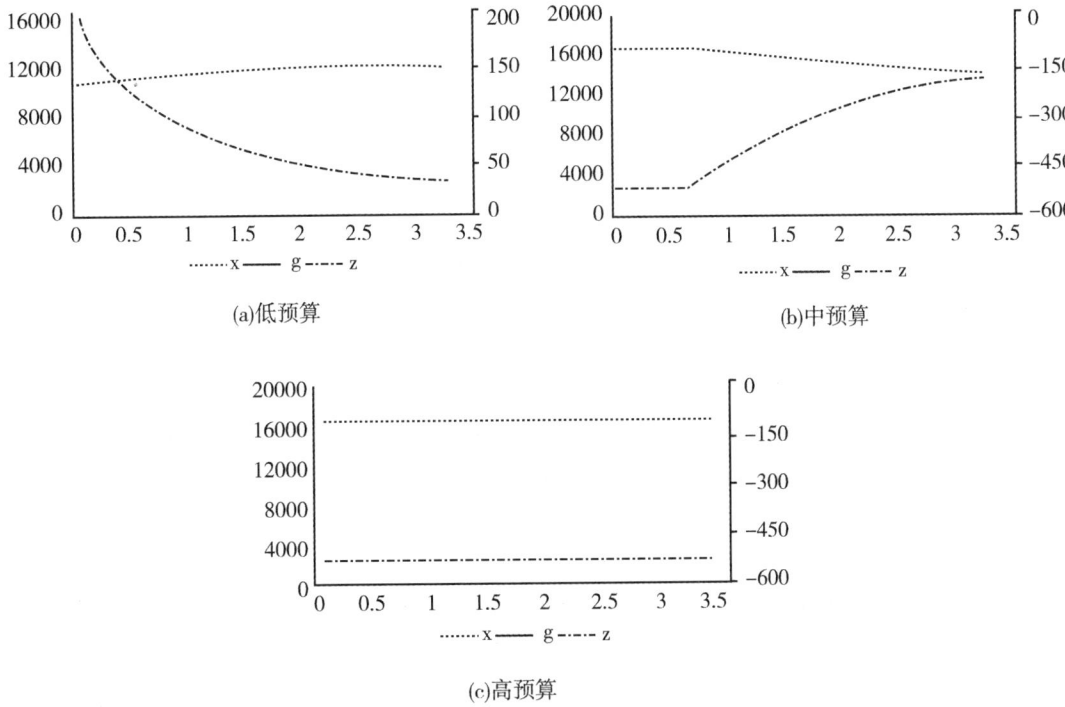

(a)低预算

(b)中预算

(c)高预算

图 4 强烈倾向下新能源汽车车主的行车选择

159

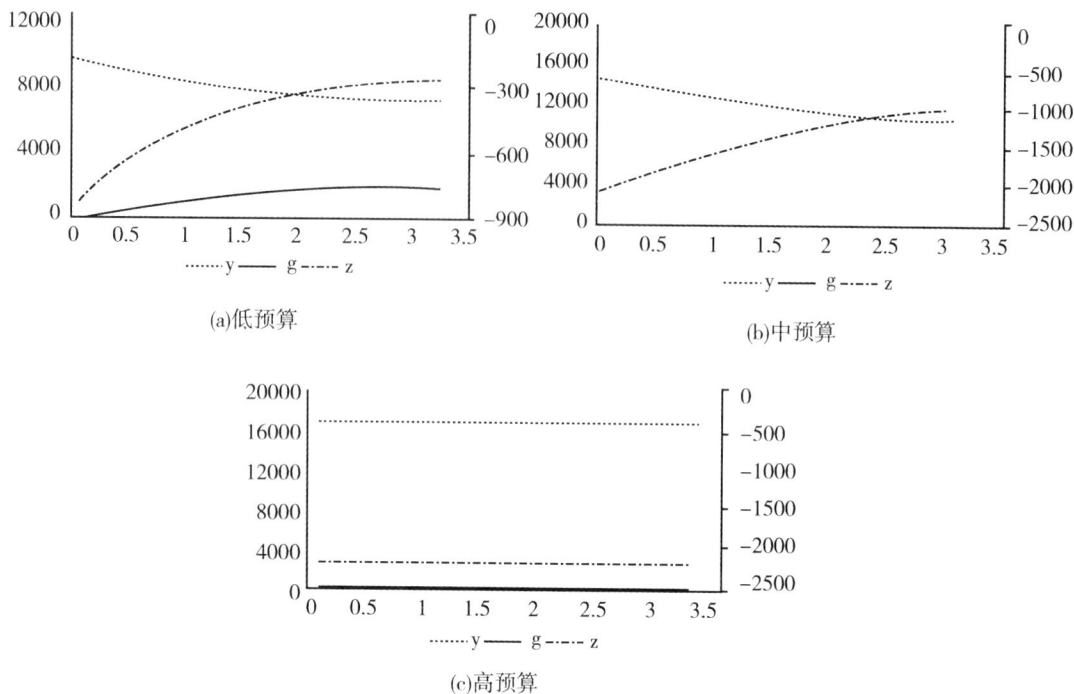

(a)低预算

(b)中预算

(c)高预算

图 5   强烈倾向下常规动力汽车车主的行车选择

将图 4、图 5 与图 2、图 3 对应进行对比，可以得到：

对低预算人群来说，由于对使用新能源汽车具有强烈倾向性，并没有出现公共交通替代新能源汽车的突变点，但由于预算和初始碳配额的限制，其行车里程和碳排放交易额并没有变化，只是在原突变点的位置实现了自然延伸。对常规动力汽车车主而言，碳排放额转变成一种正常商品，且私家车的行车里程占比有了明显提高，但由于总预算的约束和常规动力汽车单位距离成本较高，总行车里程有所下降。

对中预算人群来说，新能源汽车车主的行车行为对碳价的敏感度大大下降，两种消费者都倾向于买入碳排放额，尽可能地使用私家车最大限度地满足自己的出行需求。

对高预算人群来说，由于在一般倾向下已经决定全部使用私家车满足出行需求。因此，对私家车的强烈倾向性对行车选择行为并没有影响。

从横向进行分析，无论是新能源汽车车主还是常规动力汽车车主，随着对使用私家车倾向性的提高，都倾向于通过减少碳排放额的卖出或增加碳排放额的购买来满足私家车的使用意愿，且私家车的行车里程占比得到了提升。

5.2.4   碳配额对消费者行车选择的影响

当消费者对使用私家车具有一般倾向性，初始碳配额为充足碳配额时，消费者的行车选择和碳排放交易情况如图 6、图 7 所示。各分图代表的人群和坐标轴的含义与图 2、图 3 一致。

将图 6、图 7 与图 2、图 3 对应进行对比，可以得到：

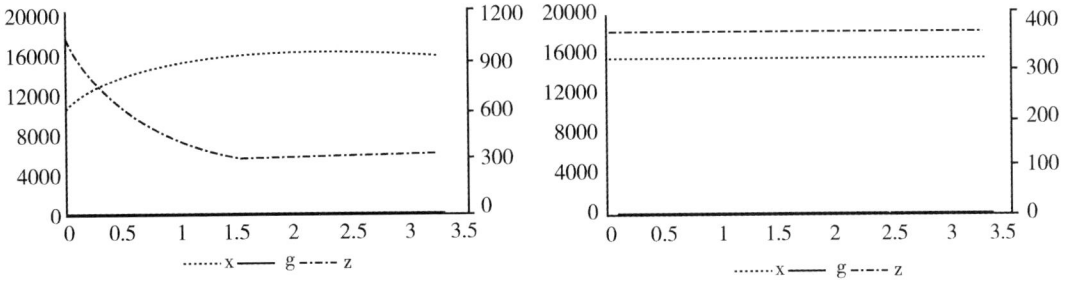

(a)低预算

(b)中预算

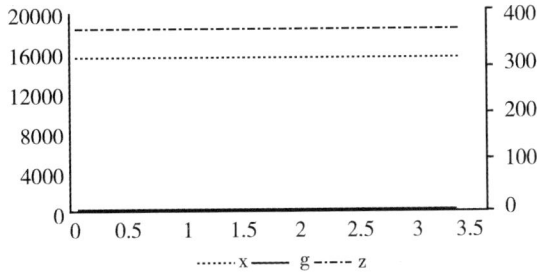

(c)高预算

图 6   高配额下新能源汽车车主的行车选择

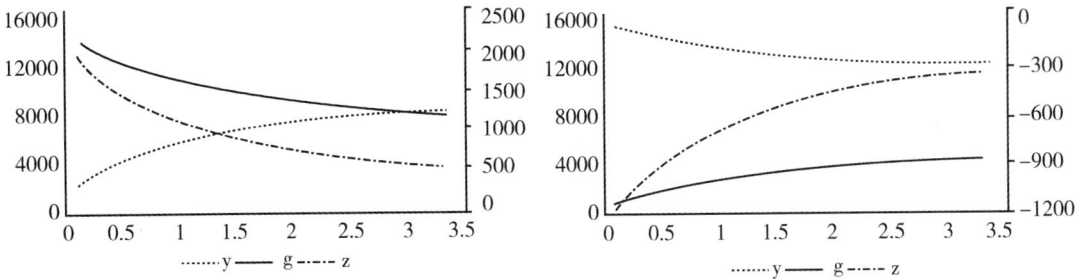

(a)低预算

(b)中预算

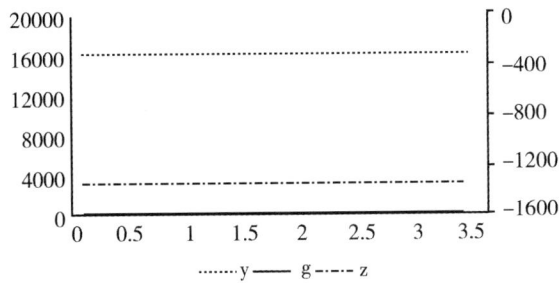

(c)高预算

图 7   高配额下常规动力汽车车主的行车选择

对低预算人群来说，初始碳配额的增加意味着可以出售以获得额外收入的碳排放额增加了。但当碳价较低时，实际获得的收入很少，对增加私家车的行车里程作用不大。随着碳价的提高，卖出的碳排放额带来了更多的收入，消费者增加了对使用私家车的投入，私家车的行车里程增加；同时，私家车的实际碳排放量也增加了，可以卖出的碳排放额减少。但碳价提高带来实际收入增加的正向影响大于卖出碳排放额减少的负向作用，因此，随着碳价的提高，私家车的行车里程显著增加。

对中预算人群来说，初始碳配额的增加意味着额外增加了一笔收入，在行车选择行为上体现出了高预算人群的某些特点。对新能源汽车车主来说，充足的碳配额已经可以满足其所有的行车需求，可以将多余的部分卖出。若当前预算不足以满足所有行车需求，则用于加大对使用私家车的投入；若行车里程已经达到上限，则可以仅出售以盈利。对常规动力汽车车主来说，初始碳配额的增加所起的作用与低预算人群一致。

对高预算人群来说，由于在适当的碳配额下已经决定全部使用私家车满足出行需求，初始碳配额的增加对高预算人群的行车选择行为并没有影响。但由于初始碳配额的提高，新能源汽车车主不需要再买入碳排放额，常规动力汽车车主买入的碳排放额也相应减少了。

从横向来看，初始碳配额的提高对两种车主都有明显影响，主要体现在随着碳价的提高，私家车行驶里程占比较适当初始碳配额时有显著提高。这种影响对新能源汽车车主的作用更大。

6. 结论

新能源汽车产业作为节能减排的朝阳产业，面对政府补贴即将全面退出的状况，对如何采用碳排放交易的方式继续推动我国新能源汽车产业的发展进行研究就显得很有必要。本文对新能源汽车碳排放交易进行了探讨，提出了新能源汽车碳排放交易机制和基于新能源汽车碳排放交易机制的两种获得均衡碳价的方法，并且对不同因素变动对消费者行车选择的影响进行了深入研究，得出了以下四点结论：

（1）在消费者面临购车选择的情况下，当市场碳价高于均衡碳价时，高碳价带来的收益能够弥补两种车型之间成本差额，理性的消费者倾向于购买新能源汽车；反之，则更倾向于购买常规动力汽车。政府可以参考均衡碳价，利用买入或卖出碳排放额、制止不正常交易行为等手段，将市场碳价维持在某一适当区间内，以促进新能源汽车的推广和使用。

（2）一般而言，私家车的行车里程随着碳价的升高而下降，但对低收入群体来说，反而出现了随着碳价升高，私家车行车里程增加、碳排放额出售量减少的现象，碳排放额作为一种特殊的商品呈现出了劳动力市场中劳动力供给的某些特性。总的来说，预算的增加促使消费者增加行车总里程，同时尽可能买入碳排放额以满足私家车的使用意愿，增大私家车的里程占比。

（3）强烈的用车倾向使得消费者对碳价的敏感程度有所下降，为了维持私家车的使用意愿，消费者宁愿付出更多的使用成本。政府可以根据减排目标和当地交通状况，对私家车的相关政策、配套设施建设等用车倾向影响因素进行合理调节，以达到低碳和缓解交通压力的目的。

（4）初始碳配额的增加意味着消费者用车成本的下降，尤其是对低排放人群来说，意味着可出售碳排放额的增加和收入的提高。用车成本的下降使得消费者行车预算相对提升，行车里程也随之增加。尤其是对于新能源汽车车主，这种作用效果更为明显。政府应合理设置初始碳配额，避免因初始碳配额过高而引起的减排约束力下降。

本文也存在一些不足之处。如果新能源汽车碳排放交易机制率先在某一区域内实施，那么外来车辆的碳排放情况就无法进行监管，只能将该机制的实施范围进一步扩大才能解决这一问题。此外，本文假设电价是稳定不变的，但事实上，电价是阶梯变化或在一定范围内波动的。尤其是引入新能源发电机制和碳排放交易后，碳价的变动对电价和消费者的行车行为都有一定影响。这一问题有待未来进行深入的研究。

◎ 参考文献

[1]陈红敏.个人碳排放交易研究进展与展望[J].中国人口·资源与环境，2014(9).

[2]范如国，冯晓丹."后补贴"时代地方政府新能源汽车补贴策略研究[J].中国人口·资源与环境，2017(3).

[3]李健，朴胜任.个人碳交易模式和运行机制研究[J].干旱区资源与环境，2014(10).

[4]李军，王善勇，范进，赵定涛.个人碳交易机制对消费者能源消费影响研究[J].系统工程理论与实践，2016(1).

[5]杨选梅，葛幼松，曾红鹰.基于个体消费行为的家庭碳排放研究[J].中国人口·资源与环境，2010(5).

[6]杨洲木，王文平，张斌.低碳绿色型产业升级进程中的政策干预机理——基于新结构经济学理论框架[J].经济评论，2017(3).

[7]张海斌，盛昭瀚，孟庆峰.新能源汽车市场开拓的政府补贴机制研究[J].管理科学，2015(6).

[8]张明志，孙婷，李捷.中国制造2025的碳减排目标会实现吗[J].广东财经大学学报，2017(4).

[9]Alberto,M. Zanni, Abigail, L. Bristow & Mark Wardman. The potential behavioural effect of personal carbon trading: Results from an experimental survey[J]. *Journal of environmental economics and policy*, 2013, 2(2).

[10]Charles, R., Yves, C., Damien, P.. Would personal carbon trading reduce travel emissions more effectively than a carbon tax? [J]. *Transportation Research Part D: Transport and Environment*, 2015(35).

[11]Fawcett, T., Personal carbon trading: A policy ahead of its time? [J]. *Energy policy*, 2010(38).

[12]Fleming, D. Tradable quotas: Setting limits to carbon emissions[R]. *Elm Farm Research Centre*, Newbury, 1997.

[13]Jin Fan, Yao Li. Allowance trading and energy consumption under a personal carbon trading scheme: A dynamic programming approach[J]. *Journal of cleaner production*, 2016

(112).

[14]Jun Li, Jin Fan, Dingtao Zhao, et al. Allowance price and distributional effects under a personal carbon trading scheme[J]. *Journal of cleaner production*, 2015, 103.

[15]Li Guzman, Clapp, A. Applying personal carbon trading: A proposed 'Carbon, Health and Savings System' for British Columbia, Canada[J]. *Climate policy*, 2017(17).

[16] Lulu Shao, Jun Yang, Min Zhang. Subsidy scheme or price discount scheme? Mass adoption of electric vehicles under different market structures [J]. *European journal of operational research*, 2017, 261(3).

[17]Niemeier, D., Gould, G., Karner, A. Rethinking downstream regulation: California's opportunity to engage households in reducing greenhouse gases [J]. *Energy policy*, 2008, 36.

[18]Panos, L., Stylianos, V. A quantitative model of accelerated vehicle-retirement induced by subsidy[J]. *European journal of operational reaearch*, 2011(211).

[19]Yao Li, Haonan He, et al. Can personal gasoline permit trading be effective? [J]. *Journal of cleaner production*, 2017, 142(1).

Carbon Trading Mechanism of New Energy Vehicles and Its Impact on Vehicle Owner's Choice

Wang Tingsong[1]   Xing Zheng[2]   Sun Zhengjia[3]

(1, 2 Economics and Management School of Wuhan University, Wuhan, 430072;

3 Economics School of Shenzhen University, Shenzhen, 518061)

Abstract: A carbon trading mechanism of NEVs is proposed in this paper, and then consumers' choice under this mechanism is studied. This paper develops a vehicle-purchasing model for consumers and obtains the equilibrium carbon price by analyzing the total costs of CVs and NEVs. The results show that if carbon price in market is higher than the equilibrium carbon price in a long term, the benefits brought by high carbon price can make up the cost variance between CVs and NEVs, which makes consumers prefer to purchase NEVs, and vice versa. The carbon trading mechanism also has an impact on consumer's driving behavior. This paper continues to develop a vehicle-driving model to study how different factors influence driving decisions. The results show that the increase of budget would make vehicle owners increase their total driving mileage, and purchase as more carbon credit as possible to meet their needs of using own vehicles in order to enlarge the proportion of private vehicle mileage. Intense favor of vehicles and high initial carbon credit have similar functions as high budget, and are more influential to NEV owners.

Key words: New energy vehicles; Personal carbon trading; Vehicle-purchasing model; Vehicle-driving model

专业主编：许明辉

PPP 模式下养老地产项目风险评价研究*

● 张洛熙[1] 吴师为[2]

（1，2 武汉大学经济与管理学院 武汉 430072）

【摘 要】PPP 模式下养老地产项目可以降低项目融资困难，缓解政府财政和运营管理压力、保障公民养老权利并提供适老化服务。根据养老地产项目风险在项目生命周期中的可控程度，结合 PPP 模式特点构建初始风险指标体系，针对具体项目运用信噪比进行风险指标的筛选优化。在此基础上采用区间数形式进行指标权重赋值，并基于群组评价思想对指标初始权重进行修正，最终通过专家评分法确定项目风险评价等级。实例验证了该指标体系及评价方法的可行性与实用性，并提出了相对策略。

【关键词】养老地产项目 PPP 模式 风险评价 信噪比 群组评价

中图分类号：F293.33 文献标识码：A

1. 引言

随着人口老龄化的加快，社会化养老日趋主流。当前国内养老机构以养老院为主要形式，养老服务单一、居住环境落后、配套设施不完善等问题日趋难以满足社会需求，品质化养老成为解决现状的主导方向之一。养老地产因具有居住环境好、服务质量高、功能齐全、配套完善等优势，逐渐成为促进我国养老服务产业发展，完善我国养老保障体系的重要组成内容。在鼓励民间资本参与养老服务业的政策背景下，引入 PPP（Public-Private-Partnership）模式不仅可以减少项目融资困难、加快养老地产项目建设，而且还能缓解政府财政和运营管理压力、保障公民养老权利并提高老年生活质量。但同时，由于新模式的采用对项目的理念创新、方案规划及运营管理等都提出了更高的要求，不确定性及其风险性大大增加，PPP 模式养老地产项目风险管理面临更大的挑战。

当前国内外学者对 PPP 模式项目的风险研究主要集中于风险识别、评价方法的应用创新以及整体评价模型的构建。风险识别一般基于以下几种维度：参与主体风险分担角度

* 本研究得到武汉市城乡建设委员会科技计划项目"PPP 投资模式下城市基础设施建设项目风险评价"（项目批准号：201622）的资助。

通讯作者：吴师为，E-mail：shiweiwu@whu.edu.cn。

（Li Bing. et al.，2005；乌云娜等，2013）、项目全生命周期角度（Thomas A. V. et al.，2003）、项目可控性角度（Darrin et al.，2002；Ke Y. et al.，2010；Jin Xiaohua et al.，2011；曹聪，2013)以及实践调研角度（Hastak M. et al.，2000；亓霞等，2009）。目前在针对具体事件或活动的风险评估领域中，运用较为普遍的风险评估法有模糊综合评价法、模糊熵分析法、综合指数法、层次分析法、数据包络分析法、粗糙集度量评价法、灰色评价法、证据理论评价法、Topsis 法等，不断地改进各种方法的不足，并结合具体问题建立相应模型进行评价（Ke Y. et al.，2010，2011；Xu Y. et al.，2010；刘宪宁等，2011）。

在养老地产风险研究中，如何将养老地产特点与工程项目风险管理相结合是多数学者关注的重点。刘玉峰（刘玉峰等，2012）通过整理风险起源、归责对象、风险后果及影响对象，探讨了养老地产 PFI 项目风险的合理化分担。刘群红等（刘群红等，2014；冯雪东等，2016)基于养老地产特点及发展背景、趋势对该模式下相关风险因素进行甄别。Cooper（Cooper M. C.，2006）对养老社区的建筑规划设计、适老化改造等问题进行研究；Eichholtz（Eichholtz P. et al.，2007）从投资回报的角度研究，在养老住宅和养老服务是彼此可分离的养老地产项目时，医疗房地产项目的回报率较高，而当养老医疗服务和养老居家服务更被需要提供且需求较大时，综合性的养老地产项目所获得的回报率较高，这也可以从侧面证明养老地产项目的价值更应该注重养老、养生、医疗照护服务。

由上可知，当前在对 PPP 项目、养老地产项目的风险研究中风险识别部分已较为成熟、全面，但对 PPP 模式下的养老地产项目而言，由于受到自身结构特点、政府政策、市场容量、福利水平以及价值思维等内外多重因素影响，其风险指标体系的构建依然处于探索、完善阶段。因此，系统、全面地识别风险因素是 PPP 模式下养老地产项目风险管理的关键之一。此外，现有评价方法大都依赖于相关专家的主观经验与判断，不能满足 PPP 模式下养老地产项目风险评价的群组决策要求，且由于 PPP 模式引入养老地产项目较晚、实践经验缺乏，相关研究中的不确定性大大增加，使得指标重要性确定及评价公正性赋值问题更加难以处理。由此可见处理决策信息模糊性、保证专家群组共识也是 PPP 模式下养老地产项目风险研究亟待解决的问题之一。

因此本文的主要研究思路：(1)结合 PPP 模式及养老地产项目特点，在文献总结的基础上结合德尔菲法查进行问卷调研，针对项目全生命周期内不同参与主体分别发放问卷，基于风险的可控程度构建 PPP 模式下养老地产项目的初始风险评价指标体系。(2)评价过程中针对具体项目，利用信噪比降低指标维度、优化指标体系，提高评价效率。(3)根据群组评价思想降低群组内部认知偏差、保证评价主体可控，并引入区间数表达决策信息的不确定性及模糊性，改进传统风险评价中权重确定的主观性，使评价结果更加科学可信，以期为 PPP 模式下养老地产项目风险管理提供决策依据。

2. PPP 模式下养老地产项目风险评价指标体系的建立

2.1 风险评价指标体系的构建

PPP 模式下养老地产项目是指政府公共部门和开发商合作建设的养老地产项目，以特许权协议为基础，彼此间形成伙伴式的合作关系，尤其是在项目运营期提供全面、优质的养老服务，实现地产和健康管家服务的有机结合，具有市场运作、服务社会的双重属性，是养老体系的重要组成部分。与一般商业地产项目相比，PPP 模式下养老地产项目具有"双主体"管理、参与方众多，目标客户单一，项目运营周期长，投资额巨大但资金投资回报率低的特点，需要有创新的理念、良好的融资能力、先进的规划方案、完善的运营体系和和谐的政企关系。本文基于现有研究成果，从项目参与主体及全生命周期过程两个维度进行风险识别，并根据参与主体对其可控程度将风险划分为系统风险和非系统风险。

2.1.1 项目参与主体分析

本文基于文献（焦媛媛等，2016）对 PPP 项目利益相关者的关系分析，结合养老地产项目特点，对 PPP 模式下养老地产项目参与主体及责任进行归纳整理，结果见表1。

表1 **PPP 模式下养老地产项目参与主体及责任**

	项目参与主体	承担的责任		项目参与主体	承担的责任
1	政府投资者	为项目公司提供特许权	8	供应商	生产要素提供者
2	私人投资者	项目融资方	9	勘察设计单位	项目设计、技术转化承担者
3	政府职能部门	项目前期的规划、审批、合作者	10	咨询单位	给予咨询意见，指导项目决策
4	房地产开发公司	项目的建设运营单位	11	监理单位	监督和保障建设项目目标达成
5	银行和金融机构	项目债权人	12	项目用户	项目直接使用者，包括老年人及其他运营单位
6	总承包商	项目直接实施者	13	周边群众	项目对其生产生活带来影响
7	分包商	部分项目内容直接承担者	14	公益组织	保护环境，维护群众利益

2.1.2 建立初始风险评价指标体系

根据《项目管理知识体系指南》（PMBOK 指南，第五版）及养老地产项目的特点，将 PPP 模式下养老地产项目全生命周期划分为三个阶段：项目决策阶段、项目实施阶段和项目运营阶段。基于项目参与主体及全生命周期两个维度，通过对养老地产风险以及 PPP 项目风险等相关文献进行梳理，编制 PPP 模式下养老地产项目风险指标调查问卷。本文采用德尔菲法，对相关专家发放问卷，并收集、整理和落实。相关专家来自项目参与主体，主要包括政府部门（5 份）、房地产开发公司（9 份）、保险公司（7 份）、设计院（3 份）、总承包商（3 份）、咨询单位（3 份）、监理单位（3 份）、项目用户（2 份），发放共计 35 份调查问卷。因此，本文在在文献梳理和调查问卷的基础上通过参与者对项目的可控程度将风险划分为系统风险和非系统风险，建立了 PPP 模式下养老地产项目初始风险评价指标体系，见表 2。

表 2   **PPP 模式下养老地产项目初始风险评价指标体系**

控制层 X_b	准则层 X_{bc}	要素层 X_{bcd}
PPP 模式下养老地产项目初始风险指标体系 系统风险 X_1	政治风险 X_{11}	资产征用风险 X_{111}、政府决策风险 X_{112}、项目审批风险 X_{113}、土地风险 X_{114}、养老产业政策风险 X_{115}、回收项目经营权风险 X_{116}
	法律风险 X_{12}	法律变更风险 X_{121}、监管体系风险 X_{122}
	经济风险 X_{13}	利率风险 X_{131}、外汇风险 X_{132}、通胀风险 X_{133}、税收风险 X_{134}、GDP增长率风险 X_{135}、PPP 模式融资风险 X_{136}
	市场风险 X_{14}	市场竞争风险 X_{141}、市场需求变化 X_{142}
	社会风险 X_{15}	传统观念风险 X_{151}、老年收入风险 X_{152}、公众反对风险 X_{153}、老年化水平风险 X_{154}
	环境风险 X_{16}	气候/地质风险 X_{161}、环保风险 X_{162}、不可抗力风险 X_{163}
非系统风险 X_2	建造风险 X_{21}	供应风险 X_{211}、技术风险 X_{212}、完工风险 X_{213}、安全风险 X_{214}、工程变更风险 X_{215}、设计规划风险 X_{216}、成本风险 X_{217}、质量风险 X_{218}、监理风险 X_{219}
	运营风险 X_{22}	运营成本超支风险 X_{221}、费用支付风险 X_{222}、运营收入风险 X_{223}、运营能力风险 X_{224}、配套设施风险 X_{225}、养老服务风险 X_{226}
	管理风险 X_{23}	沟通组织风险 X_{231}、决策定位风险 X_{232}、项目财务风险 X_{233}、项目管理能力风险 X_{234}、招标风险 X_{235}、合同风险 X_{236}
	合作风险 X_{24}	第三方信用风险 X_{241}、政府信用风险 X_{242}、股东信用风险 X_{243}

2.2 初始风险评价指标体系的优化

风险评价体系优化的基本任务是从众多风险因素中找出最有效的风险评价指标。本文基于质量管理中特征变量选择的实验设计思想，运用马田系统中的信噪比分别对系统风险以及非系统风险(表 2)中要素层风险进行筛选，以减少冗余指标、优化风险评价系统。通过信噪比(signal-to-noise ratio 即 SNR)的增益比较选择 PPP 模式下养老地产项目的关键风险指标，有助于系统选择关键变量的风险，并提高系统的表现(彭勇等，2006)。其中增益代表采用风险的 SNR 均值与不采用该风险的 SNR 均值之差，按从大到小的顺序进行排序，最后剔除排在末尾的若干风险。研究表明，运用马田系统中的信噪比对指标体系进行选择，可以在保证结论准确性的前提下对指标体系进行科学、有效地精简，从而提高系统效率(田菁，2011)。马田系统中的信噪比与因素轮换法、超饱和表试验法、Cotter 筛选法、多步分组筛选法以及正交表法等众多特征因素选择的试验方法相比，实验次数少、效

率高,在精简风险指标体系方面最为有效(陈湘来等,2010)。具体过程如下:

2.2.1 计算样本均值

通过向 PPP 模式下养老地产项目中参与主体发放指标调查问卷,确定 PPP 模式下养老地产项目中各风险指标的影响值,即发生概率与影响危害的乘积。根据养老地产参与主体类型 l 分别计算风险 X_{bcd}(其中,b 表示指标体系的控制层,bc 表示指标体系相对应的准则层,bcd 表示指标体系相对应的要素层)的影响值均值 μ_l^{bcd}。本文问卷采用 7 分值的李克特量表法进行选项设计,指标的发生概率以及危害程度描述为"很低、低、较低、一般、较高、高、很高"7 种等级,其中概率对应的分值为"0.1、0.25、0.4、0.55、0.7、0.85、1",危害程度对应的分值为"1、2、3、4、5、6、7"。

2.2.2 确定信噪比

根据 PPP 模式下养老地产项目中系统以及非系统风险的个数分别选择恰当的 2 水平正交表,其中系统风险选用 L32(2^{23}),非系统风险选用 L32(2^{24})正交表。正交表中的"行"表示各组合方案,"列"表示 PPP 模式下养老地产项目中各风险,水平"1"表示选择该风险,水平"2"表示不选择。根据各行水平为"1"的风险指标生成基准空间,并计算各行的信噪比即各组合方案的信噪比(沈沛龙,2011)。本文使用大型信噪比,并以"1"水平下 PPP 模式养老地产项目风险的影响均值 μ_{ml} 作为质量特征数,公式如(1):

$$\eta_m = -10\lg\left(\frac{1}{q}\sum_{l=1}^{q}\frac{1}{\mu_{ml}^2}\right) \tag{1}$$

式 1 中,η_m 为正交表第 m 行即第 m 个组合方案的信噪比,m 的取值范围为 1~32;μ_{ml} 为根据参与主体 l 的问卷计算得到的第 m 个组合方案下养老地产项目风险的影响均值,即 $\frac{1}{n}\sum_c\sum_d\hat{\mu}_l^{bcd}$,其中 n 表示正交矩阵中第 m 行"1"水平下风险的个数,$\hat{\mu}_l^{bcd}$ 表示"1"水平下风险 X_{bcd} 的影响均值,其中,风险的影响值为发生概率及危害程度的乘积;q 为被调查的 PPP 项目中参与主体类型的数量。

2.2.3 指标筛选

在得出各方案的信噪比后,通过比较各风险因子的水平信噪比的增益值分别对 PPP 模式养老地产项目中系统风险以及非系统风险下各风险进行有效筛选,其计算公式如下:(李昭阳等,2000):

$$t_{bcd}^r = \frac{T_{bcd}^r}{k_{bcd}^r} \quad (r = 1, 2) \tag{2}$$

式(2)中,k_{bcd}^r 为风险 X_{bcd} 在 32 个方案中 r 水平下出现的次数,T_{bcd}^r 表示 X_{bcd} 在 r 水平下信噪比之和。则 PPP 模式下养老地产项目风险 X_{bcd} 的增益值为式(3):

$$\Delta t_{bcd} = t_{bcd}^1 - t_{bcd}^2 \tag{3}$$

式(3)中 t_{bcd}^1 表示选择风险 X_{bcd} 时的检出效果,t_{bcd}^2 表示不选择风险 X_{bcd} 时的检出效果。将 PPP 模式下养老地产项目风险按增益值从大到小的顺序进行排序,最后分别剔除系统风险以及非系统风险中排在末尾 e% 的风险。

3. PPP 模式养老地产项目风险评价

3.1 风险评价指标权重的确定

由于风险本身的复杂多变以及人类思维的模糊性与决策者的偏好差异，很难采用特定的偏好形式刻画风险。为了更好描述风险评价过程中决策信息的不确定性与模糊性，本文引入区间数概念对风险指标进行重要性赋值。同时基于群组评价思想（Kuncheva L. I.，1995）利用区间距离共识度检验专家评价的共识性，并基于偏离程度对指标权重进行修正。

3.1.1 确定风险评价指标初始权重

根据优化后的风险评价指标体系，聘请 N 位专家对准则层以及要素层构造互反判断矩阵，并根据各风险因素的相对影响程度进行两两比较，构建互反区间数判断矩阵并检验矩阵一致性。

则要素层风险指标 X_{bc} 权重向量为式（4）：

$$
\begin{aligned}
{}^{\beta}W_{bc} &= ({}^{\beta}w_{bc1},\ {}^{\beta}w_{bc2},\ \cdots,\ {}^{\beta}w_{bcn}) = \{({}^{\beta}w_{bcd}^{L},\ {}^{\beta}w_{bcd}^{U})\} \\
&= ([{}^{\beta}k_{bc}{}^{\beta}w_{bc1}^{L},\ {}^{\beta}m_{bc}{}^{\beta}w_{bc1}^{U}],\ \cdots,\ [{}^{\beta}k_{bc}{}^{\beta}w_{bcn}^{L},\ {}^{\beta}m_{bc}{}^{\beta}w_{bcn}^{U}])
\end{aligned} \tag{4}
$$

其中，${}^{\beta}k_{bc} = \left[\sum_{j=1}^{n}\left(\dfrac{1}{\sum_{i=1}^{n}{}^{\beta}a_{bcij}^{U}}\right)\right]^{\frac{1}{2}}$，${}^{\beta}m_{bc} = \left[\sum_{j=1}^{n}\left(\dfrac{1}{\sum_{i=1}^{n}{}^{\beta}a_{bcij}^{L}}\right)\right]^{\frac{1}{2}}$。

式（4）中，${}^{\beta}a_{bcij}$ 表示 PPP 项目专家 β 认为风险 X_{bci} 与风险 X_{bcj} 相比的影响力的程度；${}^{\beta}a_{bcij}^{L}$ 表示重要性标度下限；${}^{\beta}a_{bcij}^{U}$ 表示重要性标度上限；n 表示风险 X_{bc} 中要素风险的个数。

且准则层指标权重为式（5）：

$$
\begin{aligned}
\bar{W}_{bc} &= \frac{1}{N}\sum_{\beta=1}^{N}{}^{\beta}W_{bc} = (\bar{w}_{bc1},\ \bar{w}_{bc2},\ \cdots,\ \bar{w}_{bcn}) \\
&= \left(\frac{1}{N}\sum_{\beta=1}^{N}{}^{\beta}w_{bc1},\ \frac{1}{N}\sum_{\beta=1}^{N}{}^{\beta}w_{bc2},\ \cdots,\ \frac{1}{N}\sum_{\beta=1}^{N}{}^{\beta}w_{bcn}\right)
\end{aligned} \tag{5}
$$

3.1.2 风险评价指标初始权重修正

1. 计算指标权重区间共识度。

令 φ_{bc} 为 PPP 项目 N 位专家间对 PPP 模式养老地产项目风险 X_{bc} 中要素层风险指标 $\{X_{bcd}\}$ 区间权重的共识度。由于与传统评价方法不同，本文基于区间数理论构造评价模型，因此权重皆为区间数，故传统群组评价理论中平均距离的概念难以满足区间数模型。因此，为了更好反映区间数模型中两专家意见间的距离值，本文将区间数距离与群组评价理论中平均距离概念相结合，计算得出区间数模型中两专家间的距离值。令 $\sigma({}^{\beta}W_{bc},\ {}^{\gamma}W_{bc})$（如式（6））表示专家 β 与专家 γ 给出的关于风险 X_{bc} 中要素层风险 $\{X_{bcd}\}$ 区间权重间的欧式距离，其中 n 表示 PPP 模式养老地产项目风险 X_{bc} 中要素层风险 $\{X_{bcd}\}$ 的个数，${}^{\beta\gamma}\sigma_{bc}^{L}$ 表示专家 β 与专家 γ 间权重向量 ${}^{\beta}W_{bc}$ 中下界 ${}^{\beta}W_{bc}^{L}$ 的欧氏距离，${}^{\beta\gamma}\sigma_{bc}^{H}$ 表示专家 β 与

专家 γ 间权重向量 $^{\beta}W_{\mathrm{bc}}$ 中上界 $^{\beta}W_{\mathrm{bc}}^{U}$ 的欧氏距离。

$$\sigma(^{\beta}W_{\mathrm{bc}},\ ^{\gamma}W_{\mathrm{bc}}) = \left| \sqrt{\frac{1}{n}\sum_{i=1}^{n}(^{\beta}w_{\mathrm{bc}i} - {}^{\gamma}w_{\mathrm{bc}i})^2} \right| = |\ (^{\beta\gamma}\sigma_{\mathrm{bc}}^{L},\ ^{\beta\gamma}\sigma_{\mathrm{bc}}^{H})\ | = \frac{^{\beta\gamma}\sigma_{\mathrm{bc}}^{L} + {}^{\beta\gamma}\sigma_{\mathrm{bc}}^{H}}{2} \quad (6)$$

在群组决策过程中,由于 PPP 模式养老地产项目实施的复杂性以及模式的多样性常导致专家意见不可避免会存在分歧,在考虑共识度时,应当考察整个群体的共识性水平,可将专家意见的区间欧式距离均值 σ_{bc} 作为衡量共识度的参数,即将任意两位专家所给的区间权重向量的欧式距离累加并求均值(式(7)):

$$\sigma_{\mathrm{bc}} = \frac{2\sum_{\beta=1,\ \gamma>\beta}^{N-1}\sigma(^{\beta}W_{\mathrm{bc}},\ ^{\gamma}W_{\mathrm{bc}})}{N(N-1)} \quad (7)$$

则 N 位专家间对 PPP 模式养老地产项目风险 X_{bc} 中要素层风险 $\{X_{\mathrm{bcd}}\}$ 区间权重的共识度为式(8):

$$\varphi_{\mathrm{bc}} = 1 - \sigma_{\mathrm{bc}} \quad (8)$$

通过相关研究可得平均共识度阈值 φ^{*},若 $\varphi_{\mathrm{bc}} > \varphi^{*}$,则认为 PPP 模式养老地产项目专家间的意见达成了共识;反之,则需对指标权重进行调整。

2. 基于共识度的指标权重修正

PPP 模式养老地产项目专家间的区间欧式距离越小,风险区间权重越一致。因此专家 β 与专家 γ 对 PPP 模式养老地产项目风险 X_{bc} 中要素层风险指标 $\{X_{\mathrm{bcd}}\}$ 区间权重的共识性系数为式(9):

$$\tau_{\mathrm{bc}}^{\beta\gamma} = 1 - \sigma(^{\beta}W_{\mathrm{bc}},\ ^{\gamma}W_{\mathrm{bc}}) \quad (9)$$

则每位专家的偏离度为式(10):

$$D_{\mathrm{bc}}^{\beta} = \left| \frac{\sum_{\gamma=1}^{N}\tau_{\mathrm{bc}}^{\beta\gamma} - \frac{1}{N}\sum_{\beta=1}^{N}\sum_{\gamma=1}^{N}\tau_{\mathrm{bc}}^{\beta\gamma}}{\frac{1}{N}\sum_{\beta=1}^{N}\sum_{\gamma=1}^{N}\tau_{\mathrm{bc}}^{\beta\gamma}} \right| \times 100\% \ (\beta \neq \gamma) \quad (10)$$

判断依据:若 $D_{\mathrm{bc}}^{\beta} > D^{*}$,则表明专家 β 在对 PPP 模式养老地产项目风险 X_{bc} 中要素层风险 $\{X_{\mathrm{bcd}}\}$ 区间权重的意见与其他专家偏差度较大,故应予以剔除;若 $D_{\mathrm{bc}}^{\beta} < D^{*}$,则表明专家 β 的意见与其他专家不存在较大偏差,可予以保留;其中,偏差度阈值 D^{*} 可根据项目特点以及相关研究设立。同理,可对 PPP 模式养老地产项目准则层风险进行检验及修正。

3. 指标权重调整

剔除偏差较大的专家意见后,剩余 N' 位专家,则 PPP 模式养老地产项目风险 X_{bc} 中要素层风险 $\{X_{\mathrm{bcd}}\}$ 最终区间权重见式(11)。同理可得 PPP 模式下养老地产项目准则层风险权重。

$$\begin{aligned} W_{\mathrm{bc}} &= \frac{1}{N'}\sum_{\beta=1}^{N'}{}^{\beta}W_{\mathrm{bc}} = (w_{\mathrm{bc}1},\ w_{\mathrm{bc}2},\ \cdots,\ w_{\mathrm{bc}n}) \\ &= \left(\frac{1}{N'}\sum_{\beta=1}^{N'}{}^{\beta}w_{\mathrm{bc}1},\ \frac{1}{N'}\sum_{\beta=1}^{N'}{}^{\beta}w_{\mathrm{bc}2},\ \cdots,\ \frac{1}{N'}\sum_{\beta=1}^{N'}{}^{\beta}w_{\mathrm{bc}n} \right) \end{aligned} \quad (11)$$

3.2 项目风险综合评估值的确定

$$评价综合值\ Z = \sum_{b=1}^{2} w_b \times \sum_{c=1}^{6} [w_{bc} \times \sum_{d=1}^{6} (w_{bcd} \times P_{bcd})] \tag{12}$$

式(12)中 w_b 为系统风险指标以及非系统风险指标权重,本文采用主观评分法确定系统指标以及非系统风险指标权重; w_{bc} 为各准则层风险指标所对应的权重; w_{bcd} 为风险 X_{bc} 所对应要素层风险指标的权重, $d = 1 \sim 6$ 为第 d 个要素层风险; P_{bcd} 为所聘请的 N 位专家专家针对 PPP 模式下养老地产项目每个要素层风险 X_{bcd} 进行的风险管理评价分值。其中,风险评价值采用非线性的方法计量,分为五级,即非常低([90,100])、低([80,90))、中([60,80))、高([30,60))、非常高([0,30))。

本文将 PPP 模式下养老地产风险管理评价结果分为五个等级,具体见表3。

表3   **PPP 模式下养老地产项目风险管理评价等级表**

得分	90～100	80～90	60～80	30～60	0～30
等级	风险低	风险较低	风险中等	风险较高	风险高

4. 案例分析

本文针对湖北省某市 PPP 模式下养老地产项目进行风险评估。该项目总投资 100 亿元人民币,项目总建筑面积 160 万平方米左右,项目运营采用会员制加征收管理费制。

4.1 风险评价指标的确定

本文通过向该政府部门、房地产公司、养老机构运营、PPP 项目管理等多领域相关人员及专家发放问卷(见表2)(回收有效问卷 87 份),运用信噪比(SNR)对初始风险指标体系进行筛选,其中,e% = 30%。通过计算系统风险各风险因子"1"、"2"水平下的信噪比,可得图1。

由图1可得,利率风险(X_{131})、公众反对风险(X_{153})、环保风险(X_{162})、外汇风险(X_{132})、老年化水平风险(X_{154})、气候/地质风险(X_{161})及不可抗力风险(X_{163})在系统风险中表现最为不显著,对 PPP 项目养老地产项目影响较小,因此剔除该 7 项风险。同理,本案例对非系统风险进行优化,继而剔除设计规划风险(X_{216})、供应风险(X_{211})、沟通组织风险(X_{231})、招标风险(X_{235})、完工风险(X_{213})、监理风险(X_{219})以及技术风险(X_{212})共计 7 项风险。

本案例评价指标为表2剔除上述系统风险中 7 项及非系统风险中 7 项共计 14 项风险所建立的风险评价指标体系。

4.2 风险评价指标权重的确定

对优化后的 PPP 模式养老地产项目风险评价指标系统建模,本案例采用专家咨询法聘请 5 位专家对各风险因素的重要性程度以及风险管理评价等级进行评判，并使用区间数模型计算 PPP 模式下养老地产项目风险权重。

4.2.1 确定风险评价指标权重

为了消除 PPP 项目专家个体间对养老地产项目认知的偏差，本文运用群组评价思想通过设立平均共识度阈值 $\varphi^* = 0.9$ 来检验项目专家评价的共识性，设立偏差度阈值 $D^* = 0.1$ 对 PPP 模式下养老地产项目风险权重进行修正。本案例以系统风险下准则层风险权重进行计算。初始权重为：(X_{11}，X_{12}，X_{13}，X_{14}，X_{15}) = ([0.150，0.162]，[0.077，0.086]，[0.097，0.110]，[0.473，0.510]，[0.150，0.162])，通过比较专家的偏离度 D_{bc}^{β}，剔除共识度较低的专家意见后对余下专家意见进行汇总，得系统风险下准则层风险最终权重为：(X_{11}，X_{12}，X_{13}，X_{14}，X_{15}) = ([0.199，0.218]，[0.078，0.093]，[0.112，0.133]，[0.328，0.389]，[0.199，0.218])。从优化结果可以看出，群组评价法消除了极端值对风险权重的影响，各风险权重间距较优化前有所减小，使计算结果更具可信度(见图 1)。

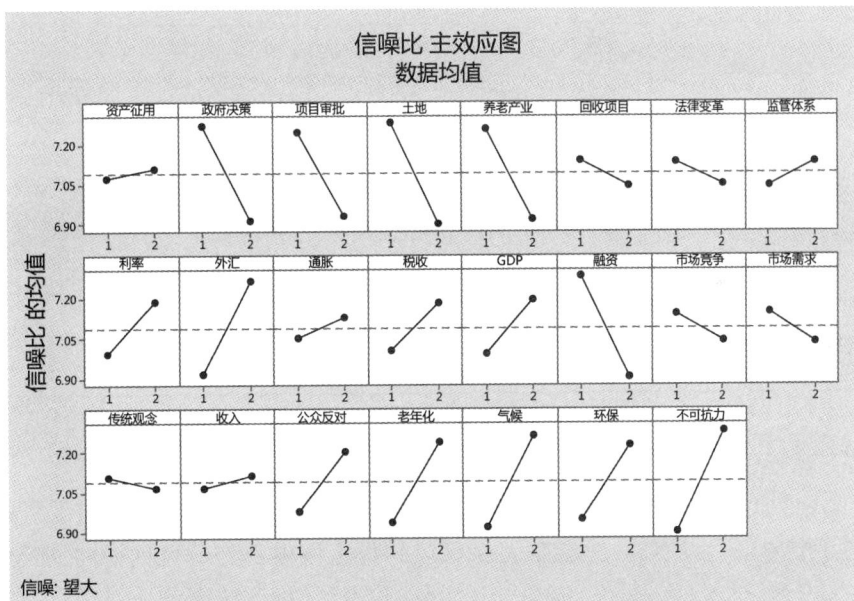

图 1 PPP 模式下养老地产项目系统风险信噪比

同理，本文对 PPP 模式养老地产项目各层风险权重系数进行计算。经过计算，社会风险、运营风险以及管理风险下要素层风险的专家评定意见存在一定分歧，难以满足平均共识度阈值 φ^*。剔除偏差度较大的专家意见后，确定 PPP 模式养老地产项目各层风险权重系数见表 4：

表4	PPP模式养老地产项目各层风险权重区间
风险因素	区间权重
(X_1, X_2)	$([0.460, 0.460], [0.540, 0.540])$
$(X_{11}, X_{12}, X_{13}, X_{14}, X_{15})$	$([0.199, 0.218], [0.078, 0.093], [0.112, 0.133], [0.328, 0.389], [0.199, 0.218])$
$(X_{21}, X_{22}, X_{23}, X_{24})$	$([0.161, 0.186], [0.396, 0.455], [0.253, 0.291], [0.103, 0.119])$
$(X_{111}, X_{112}, X_{113}, X_{114}, X_{115}, X_{116})$	$([0.0430, 0.0494], [0.442, 0.464], [0.130, 0.156], [0.032, 0.037], [0.221, 0.266], [0.065, 0.075])$
(X_{121}, X_{122})	$([0.680, 0.739], [0.278, 0.302])$
$(X_{133}, X_{134}, X_{135}, X_{136})$	$([0.149, 0.170], [0.028, 0.030], [0.028, 0.030], [0.729, 0.833])$
(X_{141}, X_{142})	$([0.278, 0.302], [0.680, 0.739])$
(X_{151}, X_{152})	$([0.500, 0.500], [0.500, 0.500])$
$(X_{214}, X_{215}, X_{217}, X_{218})$	$([0.068, 0.078], [0.155, 0.093], [0.440, 0.501], [0.281, 0.320])$
$(X_{221}, X_{222}, X_{223}, X_{224}, X_{225}, X_{226})$	$([0.226, 0.242], [0.104, 0.118], [0.226, 0.242], [0.226, 0.242], [0.064, 0.078], [0.104, 0.118])$
$(X_{232}, X_{233}, X_{234}, X_{236})$	$([0.386, 0.409], [0.324, 0.344], [0.158, 0.185], [0.085, 0.099])$
$(X_{241}, X_{242}, X_{243})$	$([0.221, 0.227], [0.221, 0.227], [0.506, 0.595])$

4.2.2 风险综合评估值的确定

综合五位专家对PPP模式养老地产项目风险管理的评价值，从而得出项目风险管理评价得分为[53.843, 87.343]。参照表3可以的得出该项目评分区间60%处于"风险中等"等级、22%处于"风险较低"、18%处于"风险较高"，因此认定该项目存在一定风险且处于中等水平。

4.3 风险评价结果分析

从剔除的风险指标分析，由于我国在大型固定资产项目管理以及绿色项目管理领域起步较早，发展较为完善，在建筑设计、项目招标、内部沟通、工程监理等方面较为成熟，传统建设模式中可能涉及的相关风险的管理也较为完备，继而对PPP模式养老地产项目的顺利实施影响较小。不仅如此，由于我国老年化水平从短期看基本处于稳定，从长期看具有良好的可预测性，PPP模式养老地产项目中老年化风险所带来的不确定性能较好地规避。从优化结果来看，运用信噪比对风险系统进行优化，保留了PPP模式下养老地产项目所存在的特征风险，仅剔除了风险管理较为完善的风险指标。优化后的风险评价系统更为精简、高效，对该项目其风险指标更具有代表性和特征性。因此，运用信噪比对风险系统进行优化，其方法是可行的、科学的、有效的。

首先，从项目评价分析，该 PPP 模式下养老地产项目非系统风险略高于系统风险，主要表现在市场风险和运营风险，说明目前养老地产项目市场竞争激烈，人们的养老需求也正在发生变化，而养老地产项目的运营水平亟待提高，运营体系也亟待完善；其次，PPP 模式引入养老地产项目，考验着政府的决策能力、第三方信用水平和继而出台的养老政策以及项目的融资水平；再次，传统的养老观念和老年人的收入水平也是养老地产项目定位的关键因素；最后，养老地产项目运营时间长，投资回报率低，但成本控制和质量控制仍然是其正常运营的保证。通过与国内相关研究（刘群红等，2014；张敬岳，2013；张黎，2014；桑培东等，2016）进行比较，本文得出上述评价结果与相关研究结论相一致。因此运用群组评价法以及区间数法对 PPP 模式养老地产项目风险进行评价是可行的，其结果是科学、有效的。不仅如此，上述结论也进一步反映出我国 PPP 模式养老地产项目的实施仍处于摸索阶段，其管理仍存在诸多不足有待改进。

5. 总结与策略

本文从项目生命周期内风险因素可控性角度，初步建立了 PPP 模式下养老地产项目较全面的初始风险指标体系。在项目评价过程中，通过信噪比对指标进行筛选和优化风险评价体系，采用区间数理论进行指标赋值，应用群组评价检验专家评价的共识性并修正指标权重，从而确定 PPP 模式下养老地产项目风险的评价等级，有效提高风险描述的准确性和评价的合理性，并结合案例说明了建立的指标体系和评价方法的可行性和实用性。针对 PPP 模式下养老地产项目风险评价提出以下策略：

第一，注重养老服务体系设计，积极完善养老服务供应链，将医疗、护理、旅游、老年娱乐等产业整合于项目之中。加强养老服务人员培训，提高养老服务人员的专业素质，努力将养老服务系统化、规范化、专业化。

第二，促进社会资本进入养老地产项目，完善 PPP 模式养老相关政策，增强养老地产项目的融资能力，改善养老服务供给侧结构，借助开发商的开发能力和管理水平，提高养老服务质量。

第三，扩大社会保障覆盖面，有助于缓解老年人贫困，增加老年人收入，提高老年人收入水平，改善老年人的生活状况，实现老有所养，防止老年人贫困的发生。

第四，完善养老地产项目收费体系，通过将销售盈利、物业盈利、服务盈利、社保基金以及固定资产收益相结合，保障项目的净收益。

第五，认真分析目标客户群体的真实需求、养老服务半径以及相关周边医疗合作等问题，宣传房地产项目养老服务的优势，积极改变养老传统观念，提升项目的影响力，扩大项目需求。

◎ 参考文献

[1]乌云娜，胡新亮，张思维.基于ISM-HHM方法的PPP项目风险识别[J].土木工程与管理学报，2013(3).

[2]曹聪.基于PPP融资模式的公路工程项目风险识别研究[J].重庆三峡学院学报，2013(3).

[3]亓霞，柯永建，王守清.基于案例的中国PPP项目的主要风险因素分析[J].中国软科学，2009(5).

[4]刘宪宁，王建波，赵辉，陈新胜.基于AHP与改进灰色关联度理论的城市轨道交通PPP项目融资风险综合评价[J].项目管理技术，2011(8).

[5]刘玉峰，李正伟，张琦.基于养老地产PFI融资模式的风险分担研究[J].中国房地产，2012(12).

[6]刘群红，钟普平，陈琛.基于AHP方法的老年地产项目投资风险评价研究[J].城市发展研究，2014(11).

[7]冯雪东，郑生钦.养老地产PPP项目投资风险评价研究[J].工程管理学报，2016(3).

[8]焦媛媛，付轼辉，沈志锋.全生命周期视角下PPP项目利益相关者关系网络动态分析[J].项目管理技术，2016，14(8).

[9]彭勇，邵鲁宁，王琛.房地产投资的风险识别与评价[J].上海管理科学，2006，28(2).

[10]沈沛龙.基于马田系统的金融危机预警指标选择研究[J].财贸经济，2011(11).

[11]田菁.基于马田系统对金融危机预警指标的选择与研究[D].山西财经大学学位论文，2011.

[12]陈湘来，顾玉萍，韩之俊.马田系统在数据分类中的应用[J].数学的实践与认识，2010，40(8).

[13]李昭阳，韩之俊.一种新的判别预测方法——马田系统(MTS)[J].管理工程学报，2000，14(2).

[14]张敬岳.我国养老地产发展的问题与建议[J].华中师范大学研究生学报，2013(3).

[15]张黎.养老地产开发项目风险研究[D].华中师范大学学位论文，2014.

[16]桑培东，陈晓棻.基于PPP模式的我国养老地产发展模式[J].工程建设与设计，2016(7).

[17]Cooper，M．C．Gardens as treatment milieu：Two Swedish gardens counteract the effects of stress[J]．*Land-scape Architecture*，2006(5).

[18]Eichholtz，P．，Kok，N．，Wolnicki，B．Who should own senior housing？[J]．*Journal of Real Estate Portfolio Management*，2007，13(3).

[19] Li Bing, Akintoye, A. Peter, J. Edwards et. al. The allocation of risk in PPP/PFI construction projects in the UK [J]. *International Journal of Project Management*, 2005, 23(1).

[20] Thomas, A. V., Kalidindi, S. N., Ananthanarayanan, K. Risk perception analysis of BOT road project participants in India [J]. *Construction Management and Economics*, 2003, 21(4).

[21] Darrin, G., Mervyn, K. Lewis. Evaluating the risks of public private partnerships for infrastructure projects [J]. *International Journal of Project Management*, 2002(2).

[22] Ke Yongjian, Wang Shouqing, et. al. Preferred risk allocation in China's public-private partnership (PPP) projects [J]. *International Journal of Project Management*, 2010, 28(5).

[23] Jin Xiaohua, Zhang Guomin. Modeling optimal risk allocation in PPP projects using artificial neural networks [J]. *International Journal of Project Management*, 2011, 29(5).

[24] Hastak, M., Shaked, A. ICRAM-1: Model for international construction risk assessment [J]. *Journal of Management in Engineering*, 2000, 16(1).

[25] Ke, Y., Wang, S. Q., Chan, A. P. C. Risk allocation in public-private partnership infrastructure projects: Comparative study[J]. *Journal of Infrastructure Systems*, 2010, 16(4).

[26] Ke, Y., Wang, S. Q., Chan, A. P. C., et al. Understanding the risks in China's PPP projects: Ranking of their probability and consequence[J]. *Engineering, Construction and Architectural Management*, 2011, 18(5).

[27] Xu, Y., Yeung, J. F. Y, Chan, A. P. C, et al. Developing a risk assessment model for PPP projects in China — A fuzzy synthetic evaluation approach [J]. *Automation in Construction*, 2010, 19(7).

[28] Kuncheva, L. I. Using degree of consensus in two-level fuzzy pattern recognition [J]. *European Journal of Operational Research*, 1995, 80(2).

Research on Risk Evaluation of the Real Estate
Project for the Aged under PPP Mode

Zhang Luoxi[1]   Wu Shiwei[2]

(1, 2 Economics and Management school of Wuhan University, Wuhan, 430072)

Abstract: Using PPP model in the real estate project for the aged can reduce project financing difficulties, alleviate the pressure on the government financial and operational management, protect the rights of citizens pension and provide optimum aging services. Based on controllability of risk through the real estate project for the aged life cycle, and combining the characteristics of

177

old-age real estate and PPP model, we establish the risk index system. In the process of project evaluation, the index selection and optimization were performed by using SNR. The index weights were determined by using the interval number theory and group evaluation theory which is used to modify weights. Then, the assessment levels of the project were obtained through specialist-scored method. Finally, the feasibility and practicability of the evaluation method and the reasonability of the index system were illustrated by a case, and put forward the relative strategies.

Key words: real estate of aged project; PPP Model; risk evaluation; signal-to-noise ratio; group evaluation

专业主编：许明辉